U0497787

• 本书受巴南区科技局决策咨询与制度创新专项项目资助

新时代"三农"问题研究丛书

公共政策视角下
西部地区农村金融反贫困问题研究

GONGGONG ZHENGCE SHIJIAO XIA
XIBU DIQU NONGCUN JINRONG FANPINKUN WENTI YANJIU

张飞霞 ○ 著

西南财经大学出版社
Southwestern University of Finance & Economics Press
中国·成都

图书在版编目(CIP)数据

公共政策视角下西部地区农村金融反贫困问题研究/张飞霞著.—成都:西南
财经大学出版社,2022.7
ISBN 978-7-5504-5337-1

Ⅰ.①公… Ⅱ.①张… Ⅲ.①农村金融—扶贫—研究—中国
Ⅳ.①F832.35

中国版本图书馆 CIP 数据核字(2022)第 072603 号

公共政策视角下西部地区农村金融反贫困问题研究
张飞霞 著

责任编辑:植苗
责任校对:廖韧
封面设计:何东琳设计工作室
责任印制:朱曼丽

出版发行	西南财经大学出版社(四川省成都市光华村街 55 号)
网　　址	http://cbs.swufe.edu.cn
电子邮件	bookcj@swufe.edu.cn
邮政编码	610074
电　　话	028-87353785
照　　排	四川胜翔数码印务设计有限公司
印　　刷	郫县犀浦印刷厂
成品尺寸	170mm×240mm
印　　张	16
字　　数	350 千字
版　　次	2022 年 7 月第 1 版
印　　次	2022 年 7 月第 1 次印刷
书　　号	ISBN 978-7-5504-5337-1
定　　价	78.00 元

前言

贫困是一个世界性难题，全球各个国家都在努力消除贫困。当前，我国取得了脱贫攻坚战的全面胜利，完成了我国绝对贫困人口脱贫的历史使命，取得了举世瞩目的成就，并创造了世界减贫史上的奇迹。我国能够取得脱贫攻坚战的全面胜利，既是各地区各部门在党中央的坚强领导下积极配合、积极贯彻精准扶贫各项方略的成果，又是各类有效的脱贫攻坚政策多管齐下、合力推动，推进脱贫攻坚战略向更有力度、更有深度和更高精准度的方向纵深发展的成果。在我国实施的多项脱贫举措中，农村金融是打赢脱贫攻坚战的重要力量之一，农村金融精准扶贫是精准扶贫政策中的重要组成部分，在脱贫攻坚战中发挥着不可替代的积极作用。正如习近平总书记曾指出的，"中国要富，农民必须富。农民富不富，与农村金融发展水平密切相关"。脱贫攻坚离不开持续的生产要素的投入，尤其是大量金融资本的投入，这从客观上讲，就需要建立一个覆盖面广、专业化、多层次的农村金融体系。

然而，由于农村金融本身具有逐利倾向、逆向选择和金融排斥等属性，农村金融在直接发挥反贫困作用上具有诸多局限性。因此，要实现农村金融反贫困的实践目标和政策取向，我国必须充分发挥公共政策的作用，对农村金融进行有效的政策引导、政策扶持和市场培育。公共政策的政策引导具有明显的跨学科性，并被广泛应用于社会各个领域。制定和执行公共政策的根本目的是解决社会公共问题，推动社会协调稳定发展。"贫困"被世界各国公认为普遍存在的社会问题，并且贫困问题已经上升为一个国家的政策问题。消除贫困、实现共同富裕是社会主义制度的本质要求，我国政府作为反贫困的政策主体，在反贫困中承担着重要的政策责任。因此，我国政府必须正确制定和有效实施反贫困政策，其中，农村金融反贫困政策是政府引导金融扶贫的重要政策措施之一。本书通过梳理分析农村金融反贫困的系列政策，探索农村金融发展直接的和间接的减贫效应，回顾我国农村金融反贫困的政策变迁历程，优化和规范农村金融反贫困的公共政策体系，以期为扶贫理论的发展和完善提供科学的参考，为政策制定提供有效借鉴，为促进我国政治稳定、民族团结、边疆稳定、社会和谐以及解决反贫困突出问题发挥积极作用，并为进一步推动全球减贫事业的发展起到促进作用。

本书主要从公共政策视角全面分析了西部地区农村金融发展对贫困减缓的理论基础、典型案例、实践效果、突出问题和优化对策，通过总论、理论、实证和对策4个部分共10章内容展开系统分析。其中：第一章为全书的总论部分，全面分析了本书的研究背景与意义、研究内容与框架、研究方法与重难点和研究的创新与不足。第二章至第四章为全书的理论部分，概括论述了公共政策、农村金融、反贫困及农村金融反贫困的基本概念、文献综述、理论溯源与理论应用，并对农村金融作用于反贫困的影响机制以及农村金融反贫困的政策变迁展开了全面回顾。第五章至第七章为全书的实证部分，具体分析了西部地区贫困与反贫困的现状和农村金融的发展现状，并对农户的金融需求状况展开了具体分析，进而发现农村金融反贫困过程中存在的突出问题。但随着政策环境的变化，农村金融反贫困的公共政策在执行中的难度逐步增大，我国现有反贫困的公共政策设计需要逐步趋于系统化、多元化和精准化。由此，第八章至第十章为全书的对策部分，在对国内外可借鉴的典型经验和实践启示进行系统梳理的基础上，从公共政策的主体、客体、内容和工具4个角度在对策层面探讨分析了我国农村金融反贫困的政策优化体系。该部分具体通过优化和提升公共政策主体能力、改善和提高公共政策客体瞄准机制、构建和优化农村金融的公共政策环境、推行和实施高效的公共政策工具等方面，设计了公共政策视角下优化我国农村金融反贫困的政策体系，以期对构建我国宽领域、广覆盖、差异化和多层次的农村金融反贫困的公共政策制度体系起到借鉴作用。在此基础上，本部分还提出新时代农村金融助推乡村振兴的长效政策优化机制，整体研判乡村振兴发展对农村金融的未来需求，以及农村金融助推乡村振兴政策的重点。希望本书的出版，能够为加快推进我国西部大开发建设、降低区域差异和优化资源配置，进一步巩固我国全面建成小康社会的奋斗成果，提供有效的理论分析框架和实践分析借鉴。

本书从反贫困视角出发，将公共政策与农村金融反贫困问题相结合，为农村金融反贫困提供了新的突破口，有利于进一步深化人们对反贫困中的政府角色和政府公共政策的认识。本书全面总结和系统梳理了农村金融反贫困政策，有利于总结、归纳已有经验，对于深化农村金融助力乡村振兴的政策研究具有一定的学术价值和实践价值。

张飞霞

2022 年 3 月

目录

第一章　导论 / 1

第一节　研究背景与意义 / 1

第二节　研究内容与框架　8

第三节　研究方法与重难点 / 11

第四节　研究创新与不足 / 12

第二章　研究综述与典型理论 / 15

第一节　公共政策相关理论 / 15

第二节　贫困与反贫困理论 / 20

第三节　农村金融相关理论 / 33

第四节　农村金融反贫困相关理论 / 41

第五节　文献评论与理论应用 / 49

第三章　农村金融作用于反贫困的影响机制 / 56

第一节　农村金融发展对反贫困的直接作用机制 / 56

第二节　农村金融发展对反贫困的间接作用机制 / 61

第三节　公共政策在农村金融反贫困中的角色演变 / 69

第四章　我国农村金融反贫困的政策演变历程 / 71

第一节　新中国成立以前的农村金融反贫困政策变迁 / 71

第二节　新中国成立初期的农村金融反贫困政策变迁 / 85

第三节　人民公社时期的农村金融反贫困政策变迁 / 89

第四节　改革开放时期的农村金融反贫困政策变迁 / 91

第五节　新时期的农村金融反贫困政策变迁 / 100

第六节　新时代的农村金融反贫困政策变迁 / 104

第七节　我国农村金融反贫困政策变迁的实践效果 / 108

第八节　我国农村金融反贫困政策变迁的时代特征 / 122

第九节　我国农村金融反贫困的政策作用机制 / 127

第五章　西部地区农村贫困状况回顾 / 133

第一节　西部地区农村贫困的区域分布特征 / 133

第二节　西部农村地区总体贫困状况回顾 / 137

第三节　西部地区农户贫困状况微观回顾 / 141

第四节　西部地区农村贫困的主要特征 / 147

第六章　西部地区农村金融反贫困的供需分析 / 149

第一节　西部地区农村金融供给规模分析 / 149

第二节　西部地区农村金融机构发展分析 / 152

第三节　西部地区农户金融需求微观分析 / 157

第七章　西部地区农村金融反贫困突出问题分析 / 162

第一节　强制性的制度变迁　公共政策主体约束 / 162

第二节　金融市场供给失衡　金融主体功能受限 / 165

第三节　扶贫瞄准机制受限　公共政策客体偏差 / 170

第四节　"二元"金融结构　公共政策环境约束 / 173

第五节　金融主体功能不足　公共政策工具失衡 / 176

第八章　国内外农村金融反贫困典型案例分析 / 179

第一节　国内农村金融反贫困的案例分析 / 179

第二节　国内案例对西部农村金融反贫困的政策启示 / 192

第三节　国外农村金融反贫困的案例分析 / 195

第四节　典型国家对西部农村金融反贫困的政策启示 / 205

第九章　西部农村金融反贫困的公共政策优化路径 / 210

第一节　提升公共政策主体服务能力 / 210

第二节　大力发展普惠式农村金融网络体系 / 213

第三节　改善公共政策客体瞄准机制 / 215

第四节　积极优化农村金融的公共政策环境 / 218

第五节　注重创新高效的农村金融产品工具 / 220

第六节　强化金融保障，发挥公共政策合力 / 222

第十章 新时代农村金融助力乡村振兴的政策思考 / 228

　　第一节　西部地区乡村振兴对农村金融需求的新变化 / 228

　　第二节　西部地区农村金融助推乡村振兴的政策重点 / 231

参考文献 / 235

后记 / 244

第一章　导论

第一节　研究背景与意义

一、研究背景

（一）以公共政策的实施本质来看，按照社会主义制度消除贫困、实现共同富裕的本质要求，政府需要运用公共政策对贫困问题予以调控和约束

公共政策的本质是对社会利益进行权威性的分配，具有政策分配功能和调节功能，而贫困问题实质上是社会利益格局分配的不均衡导致的不同社会群体之间的不公平感与生存困难。为了降低社会不同群体间的不公平感，我国就需要发挥政府公共政策的分配功能和调节功能，通过国家权力机关制定和实施公共政策，以优化社会资源在不同社会公众群体中的分配情况；尤其是要加大对社会相对弱势地区、弱势产业和弱势群体的政策引导与帮扶力度，有效地调节社会矛盾。中国共产党成立之初，就一直把"反贫困"作为一项主要工作。新中国成立以后，党和政府更是把反贫困的公共政策制定和执行作为一件大事来抓。纵观我国反贫困的发展历程，我国先后实施了"输血式"、制度式、开发式、产业式、精准式等主体不断细化、内容覆盖完整、政策举措衔接的扶贫开发措施。

在组织机构设置上，1986 年国务院成立扶贫开发领导小组作为专门扶贫开发机构开启了我国全面扶贫工作。在公共政策制定上，我国政府颁布了一系列扶贫政策，包括《国家"八七"扶贫攻坚计划》《中国农村扶贫开发纲要（2001—2010 年）》《中国农村扶贫开发纲要（2011—2020 年）》《"十三五"脱贫攻坚规划》《中共中央 国务院关于打赢脱贫攻坚战的决定》《脱贫攻坚责任制实施办法》《中共中央 国务院关于实现巩固拓展脱贫攻坚成果同乡村振兴有效衔接的意见》等；同时还出台了一系列公共惠农政策，如 2004 年我国开

始免征农业税，2006 年开始大规模的社会主义新农村建设，经济政策由效率优先、兼顾公平调整为效率与公平并重。进入新时期，我国逐步推动农村土地"三权分置"改革、利益联结机制建设、城乡经济社会一体化发展、新型农业经营主体建设等一系列反贫困公共政策的实施，带动我国扶贫事业取得了瞩目成就。全国农村贫困人口从 1978 年的 2.5 亿人下降到 2010 年的 16 567 万人，贫困发生率由 30.7% 下降为 2.8%。随着我国 2010 年贫困线的全面上调，2011 年贫困人口增加至 12 238 万人，但随着一系列精准扶贫政策的实施，2019 年我国贫困人口减少至 551 万人，贫困发生率由 2011 年的 12.7% 下降至 2019 年的 0.6%[①]。新时期更是在以习近平同志为核心的党中央坚强领导下，各地区各部门积极贯彻精准扶贫方略，扎实推进脱贫攻坚战略，促使扶贫工作的力度、深度和精准度不断纵深发展。2021 年我国脱贫攻坚战取得全面胜利，现行标准下的 9 899 万（2012 年贫困人口）农村贫困人口全部脱贫、832 个贫困县全部摘帽、12.8 万个贫困村全部出列，区域性整体贫困得到解决，绝对贫困问题基本消除。

我国现行的反贫困公共政策有效解决了全国贫困问题，尤其是我国西部地区的集中贫困状况。但随着绝对贫困问题的解决，城乡差异和相对贫困问题变得更加突出。例如，2010 年西部地区的贫困人口有 1 751 万人，占全国农村贫困人口的 65.1%；2010 年国家公布的 592 个重点扶贫开发县中，有 377 个在西部地区，占总数的 63.68%；2019 年按现行国家农村贫困标准测算，一半以上的农村贫困人口仍集中在西部地区，西部地区农村贫困人口达到 323 万人，贫困人口占到全国贫困人口的 58.7%，贫困发生率为 1.1%，均高于东部地区和中部地区[②]。目前，我国的绝对贫困问题虽然已经得到解决，但未来相对贫困问题正在进一步向西部地区集中，应该引起我国公共政策制定者的充分重视。

（二）从公共政策工具来看，农村金融反贫困的长效机制尚未建立，亟待进一步优化农村金融反贫困的公共政策体系

大量反贫困理论和实践研究表明，农村贫困在很大程度上是资金缺乏的问题，资金匮乏又源于农村金融政策和制度安排问题（王曙光，2010）。由此可知，农村金融发展逐步成为消除农村贫困的重要手段，农村金融的有效发展能够为西部地区农村反贫困提供资金融通和保障。党和政府历年来都是将农村金融作为反贫困的重要政策工具。1986 年，中国农业银行提供专项扶贫贴息贷

---

① 根据我国相应年份的《中国农村贫困监测报告》整理所得。
② 同①。

款，标志着我国大规模金融扶贫工作的开始。2004年以来，我国连续出台的数个中央一号文件都着重强调要不断加快推进农村金融体系改革和创新，着力提高农村金融服务的质量和水平。2008年，中国共产党第十七届三中全会提出要建立现代农村金融制度，农村金融领域的改革和制度创新被提上历史的新高度。2008年出台的《国务院办公厅关于当前金融促进经济发展的若干意见》明确提出，要加大对农村金融政策的支持力度，引导更多信贷资金投向农村，建立政府扶持、多方参与、市场运作的农村信贷担保机制。2015年出台的《国务院关于开展农村承包土地的经营权和农民住房财产权抵押贷款试点的指导意见》，赋予"两权"抵押融资功能，创新农村金融产品和服务方式，盘活农村土地用益物权的财产属性，加大金融对"三农"的支持力度，增加农业生产中长期和规模化经营的资金投入，为稳步推进农村土地制度改革提供经验和模式，切实满足农户等农村经营主体对金融服务的有效需求。2020年印发的《中共中央关于制定国民经济和社会发展第十四个五年规划和二〇三五年远景目标的建议》明确提出，要健全农村金融服务体系，发展农业保险，从宏观领域为农村金融发展，有效盘活农村资源、资金、资产，促进农民增收致富和农业现代化加快发展提供了明确的政策指向。

据统计，截至2010年年底，我国累计发放了超过2 000亿元的扶贫贷款，1986—2010年，中国农村存款和农村贷款分别由559.64亿元和570.37亿元增长到17 244亿元和21 623亿元[1]。为助力打赢脱贫攻坚战，仅2018—2021年，全国累计发放精准扶贫贷款就达到9.2万亿元，累计支持贫困人口9 000多万人次，涉农扶贫保险累计提供风险保障达到3.5万亿元。为做好金融支持巩固拓展脱贫攻坚成果，在过渡期内，我国将继续保持金融支持力度总体稳定态势，继续支持已脱贫地区和已脱贫人口发展。由此看来，农村金融已经成为现代农村经济的重要支撑。西部农村地区反贫困和经济发展更是离不开金融措施，但是其"金融抑制"、资金外流、逆向选择和金融空白等现象仍然较为突出，金融主体普遍存在农村政策性金融功能受限、国有商业金融弱化、信用社势力单薄、邮政储蓄资金外流、农业保险产品匮乏等农村资本市场发育迟缓的现象，带来农村融资难、农业资本投入不足、农户家庭财产性收入偏低、城乡收入扩大等一系列问题，农村金融服务现状越来越无法满足当地农户尤其是贫困农户的需求，农民对"三农"资金的需求与农村金融供给之间的矛盾日益凸显。

---

① 根据我国相应年份的《中国统计年鉴》整理所得。

（三）从公共政策环境来看，西部农村地区小农意识强烈，农村金融生态环境堪忧，需要政府公共政策加以引导和优化

公共政策是公共政策环境的产物，判断一项公共政策是否具有科学性、合理性和政策生命力，主要取决于该项公共政策是否能够适应和满足公共政策环境的需求（陈庆云，1996）。一方面，西部公共政策环境复杂多变，西部地区是我国民族地区、边疆地区、贫困片区的交叉地带，辖区面积广、地区差异大，各个地区在公共政策的执行过程中面临的区域性特征和政策对象的差异性较大，在政策制定与实施的过程中难以实现因地制宜和地区差异。加之西部地区部分百姓的生活条件面临着较为恶劣的自然地理环境，在一定程度上制约了我国政府反贫困公共政策的实施。尤其针对金融政策的实施面临着较大的市场风险和环境风险，导致金融主体在制定金融产品时承担着较大的市场回报率和普及率的风险，同时对于金融产品使用者在运用金融产品进行产业发展和融资担保时也存在较大的市场风险和对环境的担忧。

另一方面，公共政策环境具有动态性，政策环境的发展变化必然导致公共政策的发展变化。各个地区的公共政策在经济条件的不断优化和经济基础发展壮大的过程中应根据政策环境的变化而进行调整优化。尤其是随着精准扶贫政策的纵深推进，西部地区绝大部分的政策基础发生了较大变化，但金融政策的调整会带来政策成本增加和运行风险的不确定性，由此在一定程度上抑制了西部地区金融政策的时效性。此外，西部地区的政策环境相较于东部地区和中部地区仍面临着较大的政策普及与使用难度，源于西部地区部分农民的小农意识强烈，农村金融的交易环境、监督环境、法律环境、信息环境等金融生态环境尚未完全建立，这在一定程度上制约了政府反贫困政策的优化基础和普遍实施。随着西部大开发与统筹城乡发展战略进一步向纵深推进，农村融资难问题日益突出，普遍存在信贷资金供应不足、信贷抵押物缺乏等农户贷款的"制约瓶颈"，如何有效破解农户融资难问题一直是理论研究的焦点问题之一（林毅夫，2010）。因此，在新时期，相关部门需要对公共政策进行调整与修正优化，以保证公共政策与变化后的公共政策环境相适应，并对公共政策环境加以引导、控制和改造。

二、研究意义

（一）理论意义

从理论层面上看，贫困作为一个世界难题，学术界对反贫困的相关理论研究方兴未艾。与此同时，国内外农村金融的研究也汗牛充栋。相关学者分别从社会学、行政学、经济学、财政学、金融学等角度展开研究。然而，在农村发

展的生产性资本供给层面，农村金融反贫困的研究则相对匮乏，尤其是针对公共政策视角下西部地区农村金融反贫困问题的研究，对进一步拓展公共政策理论、深化反贫困理论和农村金融理论具有一定的理论意义。

1. 公共政策理论方面

农村金融反贫困有利于深入和创新公共政策扶贫的理论基础。将公共政策与农村金融反贫困相结合，为农村金融反贫困提供了新的突破口，有利于进一步深化对反贫困中的政府角色和政府公共政策的认识。源于金融发展能够增加和优化农村经济增长渠道，促进农村的交换和投资增长。本书将立足于农村金融发展和反贫困的理论基础，运用系统、科学的分析方法，梳理农村金融发展与反贫困研究路线，探讨西部农村地区金融扶贫措施；并通过实证分析方法，对西部农村地区金融发展与反贫困展开实证分析，着重探讨西部农村地区金融发展促进反贫困的形成的机制和制度根源，进而构建西部农村地区金融反贫困的运行机制，最后结合目前的相关政策措施提出改进建议。在新时期农村金融反贫困受阻的状态下，本书通过优化我国政府公共政策主体、客体、环境和工具等措施，从公共政策层面建立"政府—经济—社会"相结合的金融反贫困政策机制，不断创新政府的政策工具，规范政府的政策执行，探讨公共政策视角下西部农村地区的金融扶贫措施，为构建西部地区农村金融反贫困的公共政策体系提供理论支撑。

2. 反贫困理论方面

反贫困作为一个世界难题，学术界对反贫困的相关理论研究方兴未艾。在贫困和反贫困方面，许多学者提出了众多著名的理论和模型，如罗森斯坦·罗丹和纳克斯的"平衡增长反贫困理论"、纳尔逊的"低水平均衡陷阱理论"、舒尔茨的"人力资本理论"、缪尔达尔的"循环累积因果理论"，以及阿玛蒂亚·森的"'赋权'反贫困理论"。这些理论虽具有创造性的贡献，但是这些理论集中于从物质资本、文化习俗、人力资本、权利分配等方面讨论贫困的形成机理以及反贫困的战略举措。本书从农村金融角度对反贫困问题进行分析，提供了贫困领域研究的新的突破口，有利于创新反贫困机制的理论基础。尤其是针对农村贫困的生产性资本供给层面，相关反贫困的研究相对匮乏，以反贫困为目的的农村金融发展，有利于改善农村经济结构、增加农民收入、减少西部农村贫困人口，两者之间形成良好的互动机制和传导机制，拓宽了农村金融发展的社会效应。

3. 农村金融反贫困理论方面

20世纪五六十年代，现代金融理论初步形成，经历了"金融结构理论""金融抑制理论""金融深化理论""内生金融增长理论"和"金融约束理论"

等重要阶段。其研究更多地强调了金融发展与经济增长、金融发展与收入分配、金融体系功能以及政府在金融市场的作用等方面。本书将农村金融与反贫困研究相结合，有利于拓宽农村金融发展理论与发展目标。根据要素投入理论，资本投入对于改善我国西部农村地区贫困问题，对扭转城乡收入差距、缩短相对贫困，以及促进我国经济健康发展和社会和谐稳定有着重要的现实意义。现阶段我国农村金融发展滞后已经成为不争的事实，普遍存在农村政策性金融功能局限、国有商业金融弱化、信用社势力单薄、邮政储蓄带动资金外流、农业保险萎缩、农村资本市场发育迟缓等现象；为我国带来的农村融资难、农业资本投入不足、农户家庭财产性收入偏低、城乡收入差距扩大等一系列问题，已成为影响我国反贫困政策绩效的主要瓶颈之一。因此，通过建立促进农村金融发展和降低贫困的相关机制，推动转型时期西部农村地区金融发展和反贫困发展，具有一定的理论意义。

（二）实践意义

公共政策视角下西部地区农村金融反贫困的政策问题研究，将农村金融反贫困纳入公共政策框架下进行统一分析，从公共政策角度提出优化我国公共政策主体、客体、环境和工具等方面的农村金融反贫困政策优化措施，具有重要的现实意义。

1. 农村金融反贫困政策体系的建立对于巩固我国实现全面建成小康社会的奋斗成果具有实践意义

农村金融反贫困政策体系的建立，从根本上进一步加快了我国西部相对贫困地区的发展，统筹城乡区域发展，通过"缩差共富"实现全民共享经济发展成果的创造性实践。贫困问题是制约我国实现全面建设小康社会的重大问题，反贫困是我国解决全面建设小康社会的政策需要。新中国成立以来，党和政府一直把反贫困作为经济发展的大事来抓。纵观我国反贫困的发展历程，主要经历了三次重大改革实践：第一次是新中国成立初期以成立"集体经济单位"为核心的单向救助保障时期，广泛建立城乡集体经济组织对贫困者救助的防范性保障措施；第二次是改革开放以后至20世纪末期以"个体经济单位"为核心的扶贫开发时期，通过实施家庭联产承包责任制、发展乡镇企业，尤其是1986年国务院成立专门扶贫开发机构，制定《国家八七扶贫攻坚计划》，进行有组织、有计划、大规模的扶贫开发，使大量农村人口摆脱贫困，成为我国农村反贫困的黄金时期；第三次是21世纪初以"全面建设小康社会"为核心的扶贫开发新时期，我国颁布了《中国农村扶贫开发纲要（2001—2010年）》和《中国农村扶贫开发纲要（2011—2020年）》，农村反贫困进入新的历史攻坚时期。我国先后实现了由"单向式"向"双向式"以及"救助式"向"开发式"转变的扶贫方式，由全国大规模的绝对贫困救助转向重点区域的相对贫困开发，为全面建设小康社会和实现城乡区域协调发展创造了基础条件。经过全国人民几十年的共同努力，我国的反贫困取得了举世瞩目的成就，并为世界的扶贫事业做出了巨大贡献，探索出一条中国特色扶贫开发道路，为我国反贫困的发展打下良好基础，农村贫困发生率从1978年的31%至2021年全面消除绝对贫困。但是，在新时期，西部农村反贫困仍然面临一系列的新挑战。现阶段西部农村贫困人口的反贫困难度不断增大，贫困程度深、相对贫困问题凸显，返贫现象时有发生。这在客观上就要求，相关部门应在公共政策优化和制度创新方面对西部地区农村反贫困措施深入探索，有效巩固我国全面建设小康社会目标的成果。

2. 积极推动广大西部农村地区以金融手段反贫困，有利于建立西部农村金融反贫困政策工具和长效机制

新中国成立以来，国家向贫困地区投入大量资金，但仅凭传统的反贫困理论，并未能彻底打破贫困的自我循环机制，贫困地区扶贫项目资金的长效运作机制仍未建立，贫困人口进入信贷资本市场的金融制度匮乏，尤其是现今我国西部农村地区显著存在金融资源配置欠缺、金融组织体系不健全、经营和服务能力不足、缺乏竞争和效率低下、经济效益和社会效益矛盾突出等问题，远没有形成有效撬动农村产业发展的金融机制。因此，我国西部农村地区亟须建立一种依靠农村金融发展，促进农民增收与实现农村反贫困良性发展机制，通过公共政策引导、调节和分配功能，增加农民用于生产的经营资金，形成高效的农村造血机制，增强西部农村地区贫困人口的自我发展能力，助推统筹城乡发展战略目标的实现。

3. 农村金融反贫困有利于加快西部大开发步伐，不断优化我国农村地区的区域差异和资源配置

长期以来，西部地区重城市轻农村、重工业轻农业的发展战略在保持城市化水平快速提升的同时，拉大了城乡"二元"经济结构差距，城乡"二元"金融结构特征显著，资源配置不均衡突出。改革开放以来经济的快速增长也在一定程度上强化了西部地区的相对贫困问题，现阶段我国农村贫困人口数量减少的同时，贫困出现诸多新的特点，农村贫困已经从缺衣少粮的绝对贫困普遍存在的状态，进一步演变为农民温饱问题已经解决、收入增长缓慢的相对贫困阶段。此外，现阶段贫困的代际传递性、脆弱性不断增强，城乡收入的差距不断扩大，仅凭传统的反贫困理论，并未能彻底打破贫困的自我循环机制，我国的农村反贫困问题仍然严峻且任务紧迫。因此，统筹西部地区城乡协调发展、缩小城乡收入差距在我国现阶段反贫困工作中显得尤为重要。这就要求相关部

门对西部农村地区的反贫困措施在制度和模式上进行深入探索，以便尽快扭转西部地区城乡差距与地区差距的扩大趋势。通过公共政策优化我国西部金融资源的投入机制，资本投入的改善对于解决我国西部农村地区贫困问题、扭转城乡收入差距、缩减相对贫困，促进我国经济健康发展和西部大开发有着重要的现实意义。

第二节　研究内容与框架

根据本书的研究主题，全书分为总论、理论、实证和对策 4 个部分共 10 章内容，研究的框架结构如图 1-1 所示。其中：第一部分是全书的导论，分析了本书的研究背景和选题的意义等，主要包括第一章内容；第二部分是从公共政策角度对农村金融反贫困的理论溯源、作用机制和政策演变展开论述，包括第二章、第三章、第四章内容；第三部分是农村金融反贫困的现实分析、供需分析、问题分析，包括第五章、第六章、第七章内容；第四部分是农村金融反贫困的政策体系和经验借鉴、优化路径，以及对新时代农村金融助推乡村振兴的政策思考，包括第八章、第九章、第十章内容。

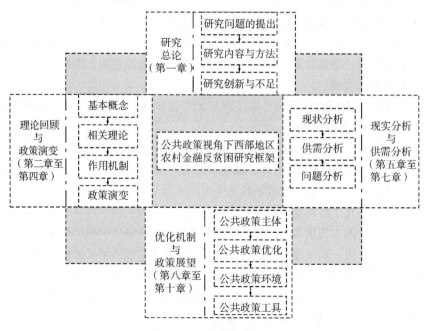

图 1-1　研究的框架结构

本书的具体研究内容如下：

第一章为导论。本章对研究问题的提出、研究框架结构、研究思路和方法、研究意义，以及研究的创新与不足之处等进行了系统说明，并为全书的研究奠定了理论基础。

第二章为研究综述与典型理论。本章分析了公共政策、贫困与反贫困、农村金融等相关概念和文献综述，重点对全书涉及的相关典型理论进行了梳理。本章首先介绍了与公共政策相关的公共福利理论、公共选择理论和公共产品理论；其次系统梳理了贫困和反贫困相关理论，包括马尔萨斯人口抑制减贫论、马克思贫困化理论、罗森斯坦·罗丹和纳克斯的平衡增长反贫困理论以及我国的开发式与精准式扶贫理论；再次分析了农村金融相关的理论，包括金融结构、金融抑制、金融深化、金融约束等；最后分析了农村金融反贫困的相关理论，包括金融信贷补贴理论、农村金融市场论和不完全竞争市场论。在理论回顾的基础上，本章对文献和典型理论在农村金融反贫困中的研究启示展开了具体分析，旨在为全书的后续分析提供坚实的理论基础和逻辑基础。

第三章为农村金融作用于反贫困的影响机制。本章对农村金融对反贫困的直接作用机制和间接作用机制展开系统分析，阐明农村金融的发展如何能够实现贫困减缓的目的，建立两者的直接与间接联系，为后续分析提供了理论思路。同时，本章还对公共政策在农村金融反贫困中的具体角色变化进行了分析。

第四章为我国农村金融反贫困的政策演变历程。本章分别从中国共产党成立之初、新中国成立初期、人民公社时期、改革开放时期、新时期和新时代六个阶段对我国农村金融反贫困的公共政策演变历程进行了系统分析。在此基础上，本章又分析了我国农村金融反贫困政策变迁的实践效果，具体梳理了我国农村金融发展作用于反贫困所取得的成就，以及农村金融作用于反贫困所呈现出的时代特征；还分析了公共政策在我国农村金融反贫困政策演变中的作用机制，通过制度结合机制、组织结合机制和财政贴息政策等方式为农村金融作用于反贫困提供了路径，有效实现农村金融发展对减贫的政策目的。

第五章为我国西部地区农村贫困状况回顾。本章着重对西部地区农村贫困的区域分布特征、总体贫困状况、农户面临的微观贫困状况以及西部地区农村贫困的基本特征展开具体分析，通过大量的数据统计和数据分析，对西部地区农户的贫困状况和生活生产进行回顾。

第六章为西部地区农村金融反贫困的供需分析。本章对西部地区农村金融的供给规模情况、农村金融机构发展情况和农户金融微观需求情况展开详细分析，对西部地区农村金融发展和反贫困情况形成了微观认知。

第七章为西部地区农村金融反贫困突出问题分析。本章通过全面分析农村金融反贫困的具体问题，从公共政策主体、农村金融主体、公共政策客体、公共政策环境和公共政策工具五个方面详细剖析了农村金融发展作用于贫困减缓较为突出的问题，通过问题剖析为全书后续的政策优化机制提供分析框架。

第八章为农村金融反贫困案例借鉴与国际比较。本章分别从国内外两个领域对农村金融反贫困的具体实践展开分析。从国内视角出发，主要介绍了农村金融反贫困的成功案例（广西壮族自治区百色市的田东县探索成功的"田东模式"和安徽省大安市的金寨县探索成功的"金寨模式"），并在此基础上分析这两个案例对农村金融作用于反贫困的经验启示。同时，从国际视角出发，本章全面分析了国际上的典型案例，分别选取美洲、欧洲、亚洲国家农村金融反贫困的公共政策措施，以及典型国家对我国农村金融反贫困的经验启示，为我国西部地区农村金融反贫困的公共政策制定与优化提供经验借鉴。

第九章为西部农村金融反贫困的政策优化路径。本章全面深入探讨西部地区农村金融反贫困的公共政策优化路径，对照第八章的问题分析框架，从公共政策主体、农村金融主体、公共政策客体、政策环境、政策工具和政策保障措施六个方面详细阐述了具体的优化政策；从公共政策主体角度分析了中央机构、地方政府和基层政府三个层面应如何构建有效的农村金融反贫困的制度体系和机构设置；从农村金融主体发展角度分析了政策性农村金融机构、商业性农村金融机构、中小型农村金融机构和新型农村金融机构如何发挥金融主体作用，提供多元化和差异化的农村金融供给；从公共政策客体角度分析了如何完善农村金融反贫困的瞄准机制，充分重视西部地区贫困农户的金融信贷需求，农村金融助力贫困地区特色产业和重点项目发展，提升农户的金融意识，从而能够有效满足和激发西部地区农户的金融需求；从公共政策环境角度分析了如何构建西部农村地区资金回流的政策环境机制，引导农村金融的有效回流，优化西部地区的金融生态环境，持续加强西部地区农村信用环境和信用体系建设；从公共政策工具角度，通过持续优化创新西部农村金融产品和服务，重视和优化农村小额信贷产品，统筹和规范专项扶贫贴息政策工具的管理机制以及持续提高农业保险的风险分担能力，从而构建多层次、宽领域、差异化的金融工具，为农户脱贫增收提供有效的金融保障；而在公共政策保障机制方面，从发挥货币政策、财政政策和差异化的监管政策等角度为农村金融发展提供有效的公共政策合力。

第十章为新时代农村金融助力乡村振兴的政策思考。随着脱贫攻坚战取得了全面胜利，农村金融将为乡村振兴提供长效支持。本章通过具体分析西部地区乡村振兴对农村金融需求的新变化和农村金融助推乡村振兴的政策重点，建立、健全农村金融支持乡村振兴的政策机制，促进乡村快速、健康和全面振兴。

第三节　研究方法与重难点

一、主要研究方法

（一）理论分析与经验分析相结合

理论研究为各项研究的根基，同时也是本书的基础。本书综合运用文献分析法，对国内外最新相关研究文献进行综述，把握研究前沿。相关理论主要包括公共政策理论、公共选择理论、反贫困理论、农村金融反贫困理论等。同时，本书运用案例法对国内外农村金融反贫困的典型做法进行了经验分析。

（二）定性分析与定量分析相结合

首先，对农村金融反贫困的关系进行定性分析，采用公共政策学、发展经济学、制度经济学等学科知识，以及国家政策公开文件、权威性报告等，对我国西部农村金融反贫困过程中的公共政策演变和国际相关经验进行梳理。其次，本书运用年鉴数据对农村金融反贫困情况展开定量分析和供需分析。相关数据主要来源于1978年以来的《中国统计年鉴》《中国金融年鉴》《中国农村统计年鉴》《中国农村住户调查年鉴》《中国农村贫困监测报告》等，以及权威性学术期刊和研究报告、全国优秀博士论文。

（三）规范分析与统计分析相结合

规范分析和实证分析是经济问题研究中不可或缺的研究方式。本书在综合理论分析的基础上，对西部地区农村金融的供给规模情况、农村金融机构发展情况和农户金融微观需求情况展开统计分析。

二、研究的重难点

（一）研究重点

首先，本书在借鉴国外农村金融制度反贫困的经验，并结合我国农村金融制度和反贫困制度的基础上，分析现行西部农村金融制度安排在反贫困方面存在的问题，构建现阶段反贫困的西部农村金融制度模式。其次，在实证的基础上，本书探讨了公共政策视角下农村金融反贫困过程中存在的问题及原因，从制度安排层面对西部农村地区金融发展与反贫困进行模式选择和机制设计，并提出系统、深入的优化路径和政策设计。

（二）研究难点

首先，在研究对象的选择上，本书从我国相对贫困较为集中的西部地区着手，实证分析将受到一定的数据的可得性限制。其次，在研究的方法上，本书将主要通过《中国统计年鉴》《中国农村统计年鉴》《中国金融年鉴》等权威资料选取相关数据进行实证分析。最后，从公共政策优化上，本书对西部农村金融反贫困提出具有操作性的对策建议也为难点之一。在实证分析结论基础之上，本书对农村金融反贫困进行原因及机制设计的探究，以及结合西部地区实际，选取或是制定有关促进农村金融反贫困的政策措施。本书在研究的对策建议方面侧重于西部农村金融与反贫困的制度安排建议，倡导构建以农村政策性金融为基础，以农村商业金融、农村合作金融、新型农村金融组织为主体的西部农村现代金融体系。

三、数据来源

本书的数据资料以国家法定或权威数据为主，包括 1978 年以来的《中国统计年鉴》《中国金融年鉴》《中国农村统计年鉴》《中国农村住户调查年鉴》《中国农村贫困监测报告》等，以及权威性学术期刊和研究报告、全国优秀博士论文。其中，权威性学术期刊包括《经济研究》《管理世界》《金融研究》《统计研究》《中国农村经济》《中国经济问题》等；而研究报告则包括中国社会科学院农村发展研究所和国家统计局农村社会经济调查总队所著的《农村绿皮书：中国农村经济形势分析与预测（2021—2022）》、中国人民银行研究局所著的《中国绿色金融发展报告》以及全国优秀博士论文等。研究中的定性资料主要是国家法律和政策公开的文件以及权威性的报告、公告等。

第四节　研究创新与不足

一、研究创新

（一）在研究视角上从公共政策视角对农村金融反贫困展开研究

相关学者对农村金融反贫困问题更多是从经济与实证角度展开分析。然而，随着我国反贫困政策的演变和深入，越来越多的跨学科交叉研究为贫困问题提供了理论支撑，如经济学、政治学、制度学等交叉领域成为研究热点。本书建立了公共政策视角下的西部地区农村金融反贫困的分析框架，源于"贫困"作为政府关注的社会问题，离不开国家公共政策的支持。在这一背景下，本书将农村金融反贫困这一问题研究在公共政策视角下加以分析，拓宽了农村金融反贫困领域的研究范围。

（二）在政策工具上分析促进农村金融反贫困的公共政策工具

我国对反贫困问题的研究一直放在一揽子政策工具体系内，未能就某一政策进行深入分析。因此，本书选择能够促进农村金融反贫困的经济方面的公共政策工具作为突破口，将研究角度细化，旨在通过"农村金融"这一政策工具，寻找新时期我国西部农村金融反贫困的有效出路。

（三）在研究方法上有效运用理论与实践相结合的多种方式

本书首先以文献查阅法为基础，通过查阅我国大量的扶贫开发的相关历史文献，尤其是查阅和梳理农村金融反贫困的历史文献，对中国共产党成立以来、新中国成立初期、改革开放时期、新时期等不同阶段扶贫开发中的文献进行总结，归纳出我国农村金融反贫困的政策变迁历程。其次，充分运用理论分析法，如反贫困理论、公共政策理论等，将公共政策理论与扶贫开发、农村金融与反贫困相联系，建立精准扶贫过程中农村金融反贫困的理论分析框架。最后，通过案例分析法归纳总结国内外农村金融反贫困的典型案例和经验启示，总结农村金融反贫困的主要做法，为新时期金融扶贫提供有效的经验借鉴。

（四）从研究结论上构建了农村金融反贫困的政策体系

本书运用公共政策系统分析法，从公共政策的主体、客体、环境和工具4个维度阐述农村金融反贫困的政策优化体系，在制度体系的构建上从公共政策优化层面，探索西部农村金融带动农民脱贫的公共政策体系，为农村金融反贫困提供全方位、多角度、具体化的政策优化体系，进一步完善农村金融反贫困的系统政策框架。

二、研究不足

（一）本书所涉及的贫困地区农村金融数据较难收集

《中国农村贫困监测报告》《中国扶贫开发年鉴》和《中国县市社会经济统计年鉴》有关各贫困县金融的数据仅限于城乡居民储蓄存款余额、金融机构存款余额和金融机构贷款余额，对于各县市"支农"贷款投放规模、扶贫贷款发放数量、金融机构准备金比率、新型金融机构设立数量等相关数据均未涉及；再进一步聚焦于西部地区11个省份的农村金融数据则更难以获得，或者数据在统计整理上存在一定偏差，从而导致本书金融指标在统计年限和具体指标上存在一定局限性。

（二）贫困测度指标的维度过于单一

随着贫困地区的经济发展，贫困不仅表现为物质的匮乏，更表现为能力的欠缺、权力的缺失和发展机会贫困。但受限于统计资料，本书仅从经济角度测度贫困，并尽量从更为全面的角度反映我国的贫困深度。当然，这里提及的"贫困"，均为相对贫困。

（三）农村金融机构研究主体较为复杂，难以细致区分

农村金融机构包括政策性金融、商业金融、民间金融和小额信贷等多种金融主体，各类主体无论是具体措施还是金融统计口径都存在一定差异，在贫困减缓和作用机制上也存在差异。但是本书在刻画农村金融对贫困减缓的作用机制时，并未对其具体区分。此外，本书未能从制度和历史角度追溯金融减贫的机制缺陷，将经验结果理论抽象为更为深入的观点，可能会导致全书欠缺一定的理论积淀。

第二章 研究综述与典型理论

第一节 公共政策相关理论

一、公共政策内涵与综述

公共政策（public policy）作为现代政策科学，是在 20 世纪 50 年代以后发展起来的一门社会科学。在 19 世纪 80 年代以前，政策研究附属于经济学科，随着公共行政研究的深入，公共政策研究也进入公共行政领域。首先，公共政策突出"公共"二字，意味着公共政策更加强调公共性，公共性则意味着政府与公民之间是横向的平等关系，需要政府与公民一起来关心与解决公共利益问题（胡宁生，2000），这与政府行政（government administration）之间的垂直关系具有本质区别。其次，对"政策（policy）"二字的理解也尤为重要。"政策"一词最早来源于希腊文，词根"police"为城、邦之意，加上"pur"为邦，于是演变成"politia（邦）"，后演变为英文字"policia"，意思为"公共事务的处理"。汉语中的"政策"由"政"和"策"组合而成，"政"在古汉语中是指政权、政事，而"策"是指计策和策划。《牛津英语词典》中将政策界定为"政府、政党、统治者和政治家等采取或追求的一系列活动"。从公共政策发展历程来看，具有代表性的公共政策内涵大体有以下几种：一是在1887 年，被誉为公共行政学之父的伍罗德·威尔逊在《行政学研究》中从公共政策角度将政治和行政区分为两个领域，认为政治制度只负责制定或决定公共政策，而公共行政负责执行公共政策，并认为公共政策是由政治家即具有立法权者制定的，而由行政人员执行的法律和法规（Woddrow Wilson，1887）。二是在1943 年，拉斯韦尔在其于卡普兰合著的《权力和社会：政治研究的框架》一书中，正式使用"政策科学"一词，并对政策科学的性质、研究方向和发展方向进行详尽论述，认为政策科学主要关心社会中人的基本问题，解释政策制定和政策执行的过程，并认为公共政策是一种具有目标、价值和策略的大型计划（Harold D. Lasswell, 2012）。叶海卡·德罗尔在1968—1971年出版了政策科学三部曲，即《公共政策制定检讨》（1968）、《政策科学构想》（1971）和《政策科学进展》（1971），继承和发扬了拉斯韦尔的思想，主张政府机构、政党、社团、公众等各方共同参与政策的制定和实施，坚持民主和公平的价值取向。三是公共政策作为一个有目的的活动，是为处理某一问题或事物而采取的行动（詹姆斯·E. 安德森，1996）。四是美国学者托马斯·戴伊（1996）用更加通俗的表述来定义公共政策，认为政府决定做或者不做的事情就是公共政策。五是我国学者张国庆（2004）认为，公共政策是公权力主体制定并执行的用以确定和调整广泛社会关系的行为规范。

本书借用张国庆的观点，认为公共政策是以政府为核心的社会公共部门为解决社会公共问题，调节经济关系、社会关系、人与自然关系，规范和指导有关机构、团体或个人的行动，在广泛的参与下所制定的行为规范和准则。公共政策的本质是政府对社会利益实行的权威性分配。

同时，由公共政策的内涵可以总结出其四个属性：第一，公共政策具有主体性。其主体就是直接或者间接参与政策制定、执行、评估和监控的个人、团体或组织，其中国家行政机关属于核心政策主体。公共政策的主体能力的高低直接影响着公共政策结果的好坏，因此需要不断优化公共政策主体能力，保证高效的公共政策出台且有效执行。第二，公共政策具有客体性。公共政策客体包括其所针对的社会问题和所影响的社会群体两个方面。随着公众和政府对部分社会问题的关注升级，社会问题会上升为政策问题，必须通过公共政策予以解决。第三，公共政策具有环境性。公共政策环境是对公共政策的运行发展产生直接影响和间接影响的系统外部各种因素的总和。就国内政策环境而言，其包括自然、地理、经济、法律和文化环境。政策环境的现实需要是公共政策制定的前提，而公共政策环境的发展变化也必然导致公共政策的变化。第四，公共政策具有工具性。公共政策目标的实现需要采用某一具体手段和方式加以保证，公共政策工具是政府把公共政策变为现实的桥梁。相关学者依据不同的标准将公共政策工具划分为不同的类型，包括政治政策、经济政策、行政政策、社会政策和文化政策。公共政策工具及其特征见表2-1。

表 2-1 公共政策工具及其特征

公共政策		提供物品/行动	具体工具	供给系统
政治政策	硬性资源	强势措施	警察、武装、政党、民族	政府
	软性资源	软性措施	财富、威望、知识、信息	政府
	社会管制	社会保护	规制、法律、法规	政府或管制者
经济政策	产业结构政策	进入或比率控制	污水排放指标、价格、工资、利润、付费标准	管制委员会
	财政性政策	政府调控	税率、税收优惠、资金、罚款、保险、补助	政府相关部门
	货币利率政策	政府调控	存款准备金、贷款、担保、利率	中国人民银行、商业银行
	拨款、直接付款	物品或服务	付款或现金支付	政府或非营利性组织
	合同签订	物品或服务	合同或现金给付	商业和非营利性组织
行政政策	行政层次	行政方式	行政命令、指标、规定、规章制度	中央—地方—基层
	行政系统	行政方式	行政干预、行政奖惩、行政诱导	政府
	政府公司	物品或服务	直接提供或贷款	准公共机构
社会政策	社会调节	政府调控	人口、社会保障、环境保护、应急救援等	政府
文化政策	社会发展	文化调节	教育、科技、文化、卫生	政府

总而言之，公共政策必须以实现公共利益、提升社会公共福利为价值目标。全书将围绕公共政策的四要素（公共政策政府主体、公共政策对象客体、公共政策环境和公共政策工具）展开公共政策视角下农村金融反贫困的系统研究，从而为公共政策提供一个有效的分析框架。

二、公共政策相关理论

（一）公共福利理论

公共政策的本质是以实现社会公共利益，提升社会公共福利为价值目标，因此政府基于公共福利最大化制定相应的公共政策，由此公共政策的研究必须引入"公共福利理论"（庇古，1972）①。传统的公共政策理论主张政治中立和价值中立，把效率作为公共行政的基本目标，在一定程度上忽视了公共政策更为广泛的社会责任，导致经济发展过程中各种社会问题频出，如贫困问题、社会公平问题、环境问题等，公共行政理论面临前所未有的合法性危机。因此，新阶段公共政策理论更加强调"公共性"作为研究的重心，将公共福利的价值取向引入公共政策的制定和执行的过程中来，具体包含三个含义：第一，公共政策的制定必须坚持从社会的整体利益出发，以实现社会福利的最优化为根本目标；第二，公共政策必须关注社会中个人的福利，并要求个人福利服从公共福利为前提，然而评价一种公共政策的效果好坏，最后还是需要看个人的福利是否得到改善；第三，公共政策在关心社会福利的前提下，必须把经济福利放在优先考虑角度，在公共政策的制定过程中，相关部门必须坚持以社会经济福利优先的原则，同时注重政治福利、文化福利和经济福利的协调发展。因此，在公共福利理论的指导下，倡导关注意义和价值，形成以社会公平为核心，民主、效率和责任并重的价值体系，促进公共政策更加符合社会的需求，提高管理机构的效率，适应公民更深层次的人性需要。公共福利理论为公共政策的制定提供依据，揭示公共政策制定和执行的内涵与本质，要求公共政策的制定从公共福利角度出发，为本书农村金融反贫困的公共政策优化提供了坚实的理论基础。

（二）公共选择理论

20 世纪 50 年代，詹姆斯·布坎南（James Buchanan）和戈登·图洛克（Gordon Tullock）以经济学方法研究政治领域内公共产品的生产决策规律，提出了一个完整的关于公共选择的理论。公共选择理论的观点主要体现在以下几个方面：首先，人类社会存在两个市场，即经济市场和政治市场，经济市场交易的是私人物品，交易目标是利润最大化（James Buchanan，1866）；政治市场交易的是公共物品，交易目标是公共物品的社会效益和政治支持的最大化。其次，公共选择理论重视宪政等政治制度和规则的实施，认为政治交易优先于并影响着市场交易，政府政治决策必须建立约束和监督决策者的有效机制，主张重新界定政府、市场、社会三者之间在提供公共产品和服务过程中的作用，主张缩小政府的职能并扩大市场和社会的作用（Gordon Tullock，2007）。最后，主张政治市场中政府官员符合"经济人"的假设，按照自利性从事公共政治

① 英国经济学家庇古（Arthur Cecil Pigou）的《福利经济学》（1920）的出版，标志着福利经济学的产生，由此提出衡量社会经济福利的两个标准：一是国民收入愈大，福利愈大；二是收入分配愈均等，福利愈大。

活动，坚持以市场机制或者类似市场的公共政策选择机构，主张通过竞争性的民主选择的方法进行公共产品的有效决策；反对官僚机构垄断公共产品的决策权，反对依赖中央集权和政府组织提供公共产品，导致公共产品决策的不合理和公共服务的低效化。公共选择理论作为公共政策制定过程中政策选择的出发点，为研究提供了具有借鉴性的理论基础：一方面，其主张使用经济学的分析方法解释政治问题，为本书的农村金融与反贫困关系的实证分析提供了理论借鉴；另一方面，反贫困公共产品中的公共政策优化问题也源于公共选择理论。

（三）公共产品理论

在公共经济学的理论中，认为社会的产品可以分为私人产品与公共产品两种。由于外部效应的存在，私人产品不能有效提供也会造成供给不足，这就需要政府出面弥补这种"市场缺陷"，提供相关的公共产品或劳务。公共产品就是个人对其消费不会导致其他人对其消费的减少这样一种产品或劳务（保罗·萨缪尔森，2008）。私人产品可以被分割成许多可以买卖的单位，谁付款，谁受益。公共产品是不可分割的，国防、外交、治安等最为典型。同时，私人产品就是那些可以由消费者个人占有并享用，且具有排他性、可分性和敌对性的一些产品。公共产品又可以划分为纯公共产品、准公共产品或混合产品，其中准公共产品在非竞争性和非排他性上都具有一定的限制。由此来看，公共产品理论对政府行为边界及其公共产品生产效率进行研究有很强的现实意义，农村金融反贫困的政策改革作为一个制度变迁过程，其本身就是公共选择的结果。

（四）公共政策过程理论

公共政策过程理论主要是指关于公共政策的制定、执行、监控、评价、终结的过程的理论，研究政策制定过程，分析政策主体、政策客体及其与政策环境的相互联系和相互作用。公共政策过程的各阶段、环节和功能一般包括几个方面：政策制定、政策执行、政策监控、政策评价和政策终结（陈谭，2003）。公共政策过程即现行公共政策的一个完整循环，其优势在于通过将过程的复杂性划分为有限的各个阶段，对这些阶段可以单独考察，使得人们能够更容易理解公共政策的制定；同时，人们可以考察与一项政策有关的所有行动主体和机构的角色，而不仅限于正式承担任务的政府机构。其劣势在于它可能会被误解为建议政策制定者解决公共问题时严格遵守系统的、线性的僵化模式。而现实中，问题的界定和方案的开发执行通常是一个根据政策环境、决策者意图变化的个别化的过程。尽管政策循环的逻辑在抽象描述下是完善的，但是在实践中某些阶段通常会被压缩或跳过，或者并非按照固定的逻辑次序进行。

第二节　贫困与反贫困理论

一、贫困与反贫困的内涵

贫困一直是制约人类社会发展的普遍性世界难题，由此展开的"反贫困"研究应运而生。国内外针对贫困与反贫困的研究起源较早，最早可追溯至19世纪末英国学者朗特里（Rowntree）针对贫困内涵及其测定的研究。此后相关学者、专家也一直致力于贫困的成因、贫困测定及其分解以及反贫困相关理论和途径的研究，许多国际组织、国家政府也积极探索反贫困实践计划。源于对贫困内涵的不同界定，反贫困侧重的途径也有所差别。

（一）贫困的内涵

贫困的内涵是展开反贫困问题研究的基础和前提。对于贫困的定义，在不同的社会历史和学科背景下，其含义具有一定差异，其中最具代表性的有"物质缺乏"定义、"机会剥夺"定义、"能力因素"定义、"生存状态"定义几种。

1. "物质缺乏"定义

多数学者从物质和收入缺乏角度对贫困进行定义。马尔萨斯在《人口原理》中指出，贫困的根源是人口过剩以及人口增长超过食物增长。最早定义贫困内涵的朗特里（1901）认为，如果一个家庭的总收入不足以维持家庭人口最基本的生存活动要求，那么这个家庭就基本陷入了贫困之中。奥本海默（1993）认为，如果一个家庭获得的收入不能达到仅维持物质生活的水平，那么就处于贫困。

2. "机会剥夺"定义

汤森（1979）认为，政治资源的缺失是贫困的根源，某些个体、家庭和群体缺乏获得食物、生活条件和参加某种活动的机会。原欧共体委员会（1993）认为，贫困是一种"社会排斥"，被排斥在就业岗位、保障制度之外特定边缘群体的状态[1]。

3. "能力因素"定义

《1990年世界发展报告》将"贫困"定义为"缺乏达到最低生活水平的

---

[1]　原欧共体委员会在《向贫困开展的共同体特别行动计划的中期报告》一文中转载了阿特金森（Atkinson）的《法定贫困线的设立和经济政策》，并载入《福利国家计划论丛》1993年98卷。

能力"（世界银行，1990）。《2000/2001 年世界发展报告》则指出，贫困不仅代表了收入低微和人力发展不足，还代表了人对外部冲击的脆弱性，包括缺少发言权、权利排斥等（世界银行，2001）。1996 年，联合国开发计划署在《人类发展报告》中提出，贫困不仅是缺少收入，更是基本生存和发展能力的匮乏（联合国开发计划署，2001）。阿玛蒂亚·森（2001）在《发展的自由》一文中提出，贫困是缺乏对教育、健康、社会网络、资源控制的掌握。

4."生存状态"定义

贫困是一种生存状态，人不能获得基本的物质条件和参与社会的机会，导致一个人低于生理和文化可接受的生活水准（康晓光，1995）。Samuelson（1982）认为，贫困是一种人们没有足够收入的状况，低于所估计的维持生存的生活水平所需的费用。

这些定义为各国和国际社会制定反贫困战略提供了重要依据，从中可以看出贫困含义的四个共性：①经济层面的贫困是基础性的致贫因素，贫困者的全部收入难以维持基本生存需求；②对贫困的认识逐步深入，产生了从经济之外的政治、文化等多角度的能力、权力贫困研究；③贫困具有一定的社会公认性和评价标准；④"能力""机会"的贫困由一定的社会环境和社会政策导致。由此本书认为，贫困是在一定的环境（政治、经济、社会、自然等）下，由于社会结构变迁及社会政策构建造成的物质的匮乏和权利的缺乏。

（二）反贫困的内涵

反贫困是探讨贫困产生的原因以及如何消除贫困的理论。缪尔达尔（1994）在关于发展中国家贫困问题研究中最早提出"反贫困（Anti-Poverty）"术语，他在《亚洲的戏剧：南亚国家贫困问题研究》和《世界贫困的挑战：世界反贫困大纲》两本书中从贫困的政策治理层面提出了反贫困的概念，对以后的学者使用反贫困的概念产生较大影响。其具体使用了几种表述：①减少贫困，注重从量上减少贫困；②减轻、缓和贫困，注重减少贫困的手段和措施；③扶持贫困，侧重从公共政策角度研究和实践反贫困政策和项目（这一概念在我国广泛运用）；④根除贫困，强调反贫困的目的，暂时性和绝对性的贫困可能消除，但是相对贫困并不能完全根除（缪尔达尔，1994）。这一概念深刻地反映出人类社会对贫困问题坚持不懈的目标和态度。上述反贫困的概念也恰恰反映出了反贫困问题的发展历程，即由减少到缓解直至消除贫困的渐进过程和社会预期。

二、贫困与反贫困相关问题研究综述

(一) 贫困问题研究综述

在公共政策领域展开农村金融反贫困问题研究，应先把握贫困问题。如果一个家庭的总收入不足以维持家庭人口最基本的生存活动要求，那么，这个家庭就基本陷入了贫困之中（Rowntree，1899）。纵观国内外已有文献，学者们主要从收入贫困、能力贫困、权力贫困等角度展开论述。

从收入角度来看，在国外研究中，汤森（1997）认为贫困是由收入的多少来决定的；文森特·奥斯特罗姆（1995）同样认为贫困是指生活必需品的缺乏；冈纳·尔达尔（2001）认为生活和社交资源的不足导致个人、家庭和群体陷入贫困；C. K. 普拉哈拉德（2005）从收入不足的角度对贫困加以定义；马丁·瑞沃林（2005）认为贫困是一种人们没有足够收入的状况，低于所估计的维持生存的生活水平所需的费用，而此前如罗伯特·索洛（1992）、迈克尔·托达罗（1992）、艾君·森古达布（2005）等同样持有此类观点。在国内研究中，汪三贵（1994）、安树伟（1999）、樊怀玉（2002）、李兴江（2005）等也从经济范畴对贫困展开研究，认为人们缺乏生活资料，缺少劳动力的生产物质条件导致贫困。

随着时代的进步，人们对"贫困"的认识逐步深入，产生了从经济之外的政治、文化等多角度的能力贫困、权力贫困研究。如西奥多·舒尔茨（1990）认为，贫困是一个复杂的社会经济状态；奥本海默（1993）认为，贫困是物质上、社会上、情感上的匮乏；Jason. Ken（1996）认为，贫困是一种特殊的无权利状态；Sen（1999）认为，贫困是对人类基本能力和权力的剥夺，能力不足是导致贫困的根源。又如国内学者赵冬缓和兰徐民（1994）、林闽纲（1994）、康晓光（1995）、周彬彬（1991）、夏英（1995）、杨秋宝（1999）等从物质与精神、经济与权力等角度对贫困展开研究，认为社会权利的贫困是经济贫困的深层根源。

综上所述，本书发现，贫困涉及经济、社会、文化、心理等方面，但是收入贫困仍是许多国家和地区判断及量化贫困程度的主流观念，也是各国反贫困的重要概念。本书主要将贫困界定在收入贫困的范围内。针对贫困内涵的不同理解，学者们对贫困外延划分也具有不同的视角，如绝对贫困与相对贫困、物质贫困与文化贫困、生产贫困与社会贫困、历史贫困与地域贫困、普遍性贫困与制度性贫困、区域性贫困与阶层性贫困。其中，第一类绝对贫困与相对贫困的划分是最主要的研究标准。最早定义绝对贫困的 Rowntree（1983）认为，绝对贫困是低于维持身体健康而必须购买的简单物品；世界银行（2003）认为，绝对贫困是低于延续生命的最低要求；中国国家统计局农调总队（1989）将"贫困"定义为"个人或家庭依靠劳动所得和其他合法收入不能维持其最基本的生存需求，生活不得温饱，劳动力再生产难以维持。"绝对贫困也被称为"生存贫困"，包括我国在内的发展中国家对贫困的界定、贫困的测量与统计、反贫困的对策等主要是以绝对贫困为计量标准。相对贫困是一种比较而言的贫困，李彦昌（2004）、金峰峰（2005）、童星（2007）等认为，相对贫困是温饱基本解决，简单再生产能够维持，但低于社会公认的基本生活水平，缺乏扩大再生产的能力或能力很弱。相对贫困随经济发展、收入水平和社会环境变化，具有很强的动态性。综上所述，对"贫困"的内涵和分类的界定是反贫困研究的起点，同时也需要对贫困进行量的界定和研究。

（二）贫困线及测定方法综述

贫困线是满足人们最基本的生存所必需的费用标准，它是对贫困的量化标准和研究起点，也是正确制定和实施反贫困政策的依据与基础。依据贫困的划分标准，相关学者也将贫困线划分为绝对贫困线和相对贫困线两大类以及对应的测定方法。

绝对贫困线的测定方法包括：Rowntree（1941）的生活必需品法或"一篮子法"，通过生计调查确定必需的生活消费和劳务项目，进而得出基本生活费用，确定为贫困线。Qusanski（1965）改进了 Rowntree 的方法，通过将必须食物支出除以特定恩格尔系数所得的商作为贫困标准，建立了美国的贫困线，这种方法至今仍为许多学者和国际组织广泛运用。马丁（1994）通过由食品贫困线加上最高或最低非食品贫困线建立了"低"贫困线和"高"贫困线，此方法也成为"马丁法"。相对贫困线的测定方法则包括收入比例法、商品相对不足法和线性支出系统模型法。随着对"贫困"界定的深入探讨，学者们对"贫困线"的界定也更加多元化，延伸到健康、教育、营养、住房、卫生等领域。如 Lal 和 Myint（1996）用身体素质指数（PQLI）（平均寿命、婴儿死亡率和识字率）来衡量贫困；World Bank（2000）把教育方面的文盲率作为衡量贫困的主要参数；Weiss（2002）认为，相对于收入，把消费作为度量贫困的尺度更真实。

对贫困线以下人口的贫困状况还需要我们进一步深入研究，从不同角度测度贫困程度和反映贫困分布特征。Rowntree（1901）最早提出贫困发生率（PR）即贫困人口比重指标，它是指贫困人口在人口总体中所占的比例，反映贫困现象的社会存在范围，用来测度贫困的广度和规模，但是不能反映贫困人口的分布状况和收入差异。收入缺口比率（PGR）又被称为"贫困差距指数"，测量贫困人口的收入与贫困线之间的差距，是反映贫困人口的深度指标和一定程度上的分布状况，但是不能完全反映贫困人口分布的实际情况，尤其是贫困人口之间的收入转移并不改变贫困深度。Sen（1974）提出"森贫困指数"，将 PR 和 PGR 相乘结合起来，把贫困人口收入的绝对差异和相对差异都反映出来。现在被学者们广泛使用的是由 Forster、Greer 和 Thorbecke（1984）提出的 FGT 贫困指数，也被称为"平方贫困距指数"，赋予贫困人口更大的权数，充分反映了贫困强度和贫困人口的内部收入分配状况。S. R. Chakravarty（1983）提出的贫困相对程度指数是用来测算实现贫困人口的脱贫所需要的财力支持，衡量政府确定扶贫资金的总规模以及地区对扶贫资金的承受能力。此外，用来衡量贫困状况的指数还包括阿尔柯克（1993）等提出的 C-H-U 贫困指数、Thon 指数、Kakwani 指数、贫困距、基尼系数等。

（三）反贫困问题研究综述

随着学术界对贫困问题的深入研究，相关学者对"贫困"的认识由一元性收入贫困发展为多元性健康、教育、信息贫困，如何反贫困也成为探讨的热点问题。因此，20 世纪 40 年代以来，探讨如何减缓贫困成为相关学者研究的主题，反贫困相关理论也应运而生。反贫困是探讨贫困产生的原因以及消除贫困的途径的理论。反贫困研究也从生产函数的某一要素或者不同要素的相关组合进而过渡到制度、人口学等多维角度。学者们对反贫困问题的探讨主要是从贫困产生原因和反贫困相关理论进行分析，进而寻找减贫切入点；而对贫困的成因分析则主要是从要素层面、制度层面和人口学层面进行研究和解释。

1. 从要素层面研究反贫困

发展经济学认为，在资本、劳动和自然资源等生产要素中，资本最为稀缺。尤其是早期的经济发展理论中特别强调资本匮乏与普遍贫困之间的必然联系。因此，资本等要素的引导和调节需要政府财政、产业结构、货币利率等政策的引导和支持，促进贫困地区资本的形成。倒"U"形假说[①]将反贫困的手段集中在收入、GDP（国内生产总值）增长上，认为经济增长可以创造更多就业机会并减缓贫困（库兹涅茨，1993）。R. R. Nelson（1956）认为，发展中国家劳动者人均资本存量的增长与人口增长速度相当，致使人均收入无法增长、净投资不足，使得发展中国家掉入"低水平收入均衡陷阱"。Gunnar

---

① 库兹涅茨认为在经济增长初期，不同居民群体之间的收入分配有"恶化"趋势，即向高收入群体集中的趋势；而在经济增长后期，在收入分配方面会出现好转，即在高收入群体和低收入群体之间收入分配相对公平，呈现出倒"U"形发展趋势。

Myrdal（1957）提出，资本形成不足和收入分配的不平等是造成贫困的主要原因。Harvey Leibenstsin（1957）认为，发展中国家要打破低收入与贫困之间的恶性循环，必须先保证足够高的投资率，以使国民收入的增长超过人口的增长，从而使人均收入水平得到明显提高。我国的相关学者樊怀玉（2002）、李琼（2003）、叶普万（2004）、童星（2005）等认为，我国提高投资引诱增加储蓄以促进资本形成，使生产率和产出水平提高以带动人均收入水平的提高，进而增加广大贫困群众的消费，是发展中国家从贫困的积累性循环中解救出来的有效方法。

2. 从制度层面研究反贫困

马克思（1963）认为资本主义制度是无产阶级贫困的根源，这是最早的制度不利理论，揭示了资本主义制度下资本对剩余价值的无限追求提出了批评。现阶段，越来越多的学者认识到制定政策本身、政策的失误或不当的政策导向都将引起不平等，进而导致贫困。兰克（1993）认为制度是贫困的根源，反贫困需要从更广泛的制度层面提供解决措施。文森特（1986）通过对20世纪英国贫困史的研究认为，贫困和政策的相互作用决定了贫困者在社会分层结构中的地位，贫困者是由那些反映贫困的经济政策创造和再创造的。Townsend（1993）使用结构观点认为，个人贫困不受个人因素或文化因素的影响，而是社会与经济构建的结果。《2000/2001年世界发展报告》指出，各种政治、法律和文化壁垒的消除，以及对穷人获得财产的途径和制度安排的改善是减少贫困的途径。我国学者在制度反贫困方面的研究包括：王曙光（2011）提出我国农村制度短缺，在很大程度上表现为制度供给不足，而合理的教育和培训制度、医疗卫生制度、收入分配制度、金融与信贷制度、公共财政制度、社会保障制度、土地制度及与之相匹配的法律体系的缺失，是导致我国贫困的基础性原因。张根东（2010）研究认为，由于对传统反贫困制度的路径依赖，非正式制度安排缺失以及反贫困制度初始界定的非均衡性和歧视性，导致我国现今农村反贫困陷入了制度性陷阱。因此，政府需要通过加强制度建设，利用财政政策加大对贫困地区的转移支付力度，对国民收入进行再分配以带动贫困地区的收入分配均衡化发展，使得贫困地区人口能够共享经济发展成果。

3. 从人口学层面研究反贫困

Malthus（1803）提出人口数量挤压贫困理论，认为人口的几何增长速度大于生活资料的算术增长速度，资本增长赶不上人口增长，致使大多数人的情况恶化并陷入贫困。Milton friedman（1956）提出了人口素质挤压贫困理论，从人口素质方面揭示贫困，认为贫困的根源在于人口素质低下。舒尔茨

（1999）认为，对农民进行人力资本投资是改造传统农业、避免农民贫困的主要措施和要素投入。

三、贫困与反贫困的相关理论

反贫困问题作为一个社会问题，存在巨大的外部效应且不能由市场自发解决。反贫困理论主要从贫困的成因分析，探讨消除贫困的措施，包括资本形成决定理论、经济增长理论、不平衡增长理论、人力资本形成理论等。因此，就需要政府提供相应的鼓励制度和倾斜性的公共政策措施加以引导和调节，尤其需要政府按照一定程序制定公共政策以保证政策的公共性。贫困与反贫困相关理论如表2-2所示。

表2-2　贫困与反贫困相关理论

提出时间	提出者	理论名称	主要内容
1789年	马尔萨斯	人口抑制减贫理论	人口增长速度快于物资增长速度，要消除贫困必须从根本上消除穷人，通过抑制人口增长来实现物资增长和人口增长之间的平衡
1867年	马克思	贫困化理论	资本主义的生产方式是催化贫困的根源，资本家通过占有无产阶级的剩余劳动而获得更多的剩余价值，资本积累的后果必然是财富集聚于少数人手中，与贫困落后并存
20世纪50年代	罗森斯坦·罗丹	平衡增长反贫困理论	资本和投资的匮乏是持续低增长的主要因素，发展中国家摆脱贫困的出路就是通过大量使用资本
	纳克斯		从资本供给和需求两个方面分析了发展中国家资本形成不足问题，打破恶性循环的途径就是施行平衡增长战略
1956年	纳尔逊莱宾斯坦	低水平均衡陷阱理论	将人口因素引入贫困分析，人均收入的增长率低于人口的增长率是一个"低水平均衡陷阱"；只有收入的增长高于人口增长，才能摆脱"贫困陷阱"，打破贫困的恶性循环
1957年	缪尔达尔	循环累积因果关系理论	经济发展更体现为整个社会、经济、政治、文化和制度等各个方面的变化。各种因素之间呈现相互联系、相互影响、互为因果的关系，并通过"循环累积"的方式影响经济的发展
1960年	舒尔茨	人力资本理论	仅靠物质增加和劳动力投入带动经济增长已不能更好地服务于现代经济，知识、技能、素质、健康等人力资本的提高，对经济增长的贡献更为显著

表2-2（续）

提出时间	提出者	理论名称	主要内容
1981年	阿玛蒂亚·森	"赋权"反贫困理论	贫困的根源在于权利的匮乏，要摆脱贫困，就要先保证穷人的食物权力。通过制度革新，设立能够让穷人享有公平与自由、参与与决策，并获取基本生活所需的医疗、教育和公共服务的权力
1989年	江泽民	开发式扶贫理论	在国家公共政策的支持下，对某一特定贫困群体或区域的贫困对象发展进行开发性建设，结合贫困地区的自然资源条件提供所缺乏的资本、技术、物资、培训等生产要素，充分依靠和发掘贫困者的自身力量，增强贫困者自我积累的能力
2013年	习近平	精准扶贫理论	扶贫对象精准、项目安排精准、资金使用精准、措施到户精准、因村派人精准、脱贫成效精准

（一）马尔萨斯的人口抑制减贫理论

学术界有关反贫困的研究文献相当丰富，相关研究成果已经形成较为独立和完整的体系。1789年马尔萨斯在《人口原理》中提出了著名的"人口剩余致贫论"[①]，并在此基础上探寻了贫困的原因：人口增长速度快于物资增长速度，前者以几何级数速度增长，后者以算术级数增长。导致过剩人口的出现和贫困的产生，这是不以人类意志为转移的客观规律。因此，若要消除贫困，就必须从根本上消除穷人，通过抑制人口增长来实现物资增长和人口增长之间的平衡。而抑制人口增长有两种办法：一是"道德抑制"，即通过节育、晚婚等方式来抑制人口增长；二是"积极抑制"，即通过疾病、饥荒、战争等方法使人口减少。马尔萨斯关于贫困的观点是消极的、片面的、机械化的，不仅忽略了技术进步和生产力发展的重要作用，而且还为资本主义制度开脱，掩盖了人民贫困的本质根源。因此，恩格斯批判其为"现存最冷酷无情、最野蛮的理论"。

（二）马克思的贫困化理论

1867年，《资本论》第一卷公开出版，这标志着马克思的贫困化理论体系正式形成。马克思从制度层面研究资本主义制度下贫困产生的原因以及反贫困路径，得出资本主义的生产方式是催化贫困的根源。为了破解资本主义生产的

---

① 马尔萨斯的"人口剩余致贫论"认为，人口增长速度快于食物供应的增长速度，随时间推移，最后因食物不足导致人口过剩，必然导致贫困、恶习等出现。他认为资本主义私有制并不是贫困和罪恶的根源，相反地，它是实现人口增殖同生活资料之间平衡的最有效和最好的制度，也是永恒存在的社会制度。进而其指出，要解救工人、消除贫困的唯一办法不是革命，不是实行平等的社会制度，而在于直接"抑制人口增长"。

秘密，找到无产阶级贫困的根源，马克思资产阶级古典经济学的劳动价值论进行了革命性的改造，解决了什么是劳动创造价值和怎样创造价值的问题，揭示了资本主义生产的剩余价值规律，从资本主义经济运动规律的高度抓住了无产阶级贫困化的根源。"最勤劳的工人阶层的饥饿痛苦和富人……的奢侈浪费之间的内在联系，只有当人们认识了经济规律时才能揭露出来。"① 由于资本主义的本质就是生产剩余价值，资本家通过占有无产阶级的剩余劳动而获得更多的剩余价值。剩余价值的一部分用于资本家的日常生活及挥霍，另一部分转化为资本，用于扩大再生产。扩大再生产带来了资本积累，而追逐资本积累获取更多剩余价值的过程中，资本家会应用新技术来提高劳动生产率。这不仅致使资本有机构成提升，劳动力需求相对减少，还促使劳动力对资本的供给绝对增加。其结果导致相对过剩劳动力的产生，涌现了大量的失业人口。因此，资本积累的后果必然是财富集聚于少数人手中与贫困落后并存。由此可见，马克思认为无产阶级贫困的根源在于资本主义制度本身，要改变无产阶级贫困的命运，显然不能依靠资本主义社会的发展，只有通过消灭私有制，摒弃雇佣劳动制，做到"剥夺剥夺者"，革新资本主义制度，推翻资产阶级统治，才能用新的制度来消除贫困（王朝阳，2008）。与马尔萨斯机械化的研究不同，马克思揭示了无产阶级贫困化的趋势，并站在穷人的角度，为穷人的利益呐喊。然而，马克思反贫困理论也有自身局限性，其所处的时代是早期资本主义社会，对当前发展中国家和社会主义国家贫困问题并未进行研究和探索。

（三）罗森斯坦·罗丹和纳克斯的平衡增长反贫困理论

20 世纪 50 年代开始，一大批发展经济学家针对贫困与反贫困问题进行广泛研究，不仅深化了反贫困理论，并将反贫困思想模型化。该阶段的思想非常注重资本和工业化的带动作用，强调稀缺的资本和投资的匮乏是持续低增长的主要因素。罗森斯坦·罗丹提出以农业为主的发展中国家，摆脱贫困的出路就是通过大量使用资本，投入基础设施部门和其他相关部门，保证基础部门的先决发展，带动其他部门的配合发展，加速国家工业化进程，走出贫困困境。罗森斯坦·罗丹认为，由于经济各部门是相互联系、相互依赖的，如果仅对单个工业部门投资，不能形成大规模的投资效益，因此要对国民经济各部门同时施行大规模投资，并保证各部门按同一或不同的比例获得投资资金，从而形成"大推进式的平衡增长"。而纳克斯的观点与罗森斯坦·罗丹极为相似，主张

---

① 马克思. 资本论：第 1 卷 [M]. 中共中央马克思恩格斯列宁斯大林著作编译局，译. 北京：人民出版社，2004：257.

全面大规模地在经济各部门投资，推行平衡增长战略来消除贫困。他将发展中国家贫困根源归纳为"一个国家因为穷所以穷"，正是由于一国贫穷，导致储蓄率低、资本匮乏、缺少投资，进而造成经济增长缓慢，陷入"贫困恶性循环"① 之中，两个循环相互作用，从而使经济发展走入停滞和贫困的怪圈。而打破恶性循环的途径就是施行平衡增长战略，其有三方面原因：一是各部门平衡增长可以产生扩大市场规模形式的外在经济，进而导致收益递增；二是能够促进供给和需求平衡增长，使经济快速发展；三是各部门之间的相互依存性也要求各部门同时得到发展。罗森斯坦·罗丹与纳克斯的平衡增长理论都渗透着国家干预和制定全面的经济发展计划的思想。虽然对于欠发达国家的发展提供了一种战略思路，但现实中实行起来难度很大，而过多的国家干预又阻碍了市场机制的作用。

（四）纳尔逊的低水平均衡陷阱理论

1956 年，美国经济学家纳尔逊（R. R. Nelson）发表了以《不发达国家的一种低水平均衡陷阱》为题的论文，利用数学模型考察了发展中国家人均资本与人均收入、人口增长与人均收入增长、产出增长与人均收入增长的关系，并综合研究了在人均收入和人口按照不同速率增长的情况下，人均资本的增长与资本形成问题，从而形成了低水平均衡陷阱理论。该理论将人口因素引入贫困分析之中，认为人口增长率和人均国民收入存在高度相关，即当人均收入的增长率高于人口的增长率时，人民生活质量将提高，从而死亡率降低、出生率提高，致使人口增长率上升，但人口增长过快又会将人均收入拉回至原来的水平，如同一个"低水平均衡陷阱"。发展中国家人口的过快增长是阻碍人均收入迅速提高的"陷阱"，只有进行"临界最小努力"的资本投资，进行大规模投资，使投资和产出超过人口增长，实现人均收入的大幅度提高和经济增长。若要冲出这个陷阱，人均收入就必须大幅度地、迅速地增加，使得资本投资所带来的国民收入增长持续地快于人口的增长，最终促使收入的增长高于人口增长，才能摆脱"贫困陷阱"，打破贫困的恶性循环。值得一提的是，莱宾斯坦的思想与纳克斯思想非常相近，同样强调"临界最小努力理论"的重要性，认为要打破贫困，外界的刺激和内部的努力非常重要，当外界刺激和内部努力程度小于临界点时，则不能打破贫困恶性循环；而当外界刺激和内部努力程度

①　贫困恶性循环理论从资本供给和需求两个方面分析了发展中国家资本形成不足的问题。在资本供给方面，形成"低收入—低储蓄能力—低资本形成—低生产率—低产出—低收入"的恶性循环，而在资本需求方面，形成"低收入—低购买力—投资引诱不足—低资本形成—低产出—低收入"的恶性循环。

大于临界点时，则可打破贫困均衡。

罗森斯坦·罗丹、纳克斯、纳尔逊和莱宾斯坦等早期发展经济学家的观点表明，资本积累和投资规模的大小是阻碍经济发展和贫困减缓的主要瓶颈，而投资所需的资金作为重要的经济资源和财富，其获取不仅包括经济体本源的积累，还需要现代经济的核心"金融"融通整个社会经济活动，有效配置资金余缺，促使货币资金的筹集、流通和使用充分而有活力，打开"贫困恶性循环"的链条，促进国民经济良性循环发展。

（五）缪尔达尔的循环累积因果关系理论

不同于以往新古典经济学家静态均衡的方法，1957年结构主义经济学家缪尔达尔从整体和动态角度出发，对贫困进行讨论，后经卡尔多、迪克逊和瑟尔沃尔等人发展并具体化为模型。在一个动态的社会过程中，社会经济各因素之间存在着循环累积的因果关系。某一个社会经济因素的变化，会引起另一个社会经济因素的变化，后一个因素的变化反过来又加强了前一个因素的变化，并导致社会经济过程沿着最初那个因素变化的方向发展，从而形成累积性的循环发展趋势。他们认为事物的发展呈现一定的规律：初始变化—次级强化—上升或下降的结果—初始变化。同时，社会经济的发展由多重复杂的因素共同影响，如政治、制度、文化、习俗、技术、资源等。产出增长只是经济发展的一个方面，经济发展更体现为整个社会、经济、政治、文化和制度等各个方面的变化。各种因素之间呈现出相互联系、相互影响、互为因果的关系，并通过"循环累积"的方式影响经济的发展。缪尔达尔的研究从制度角度探寻了发展中国家贫困的原因，人均收入较低是国家贫困的原因，而低收入又是社会、经济、制度、政治多方面综合作用的结果。他认为应通过改革制度来改变贫困的状况，如通过对土地、教育、社会保障等制度进行改革以实现收入均等，从而刺激穷人的消费，带来更多的投资，引致生产率和产出水平的提高，以及整个国家人均收入水平的提高。

（六）舒尔茨的人力资本理论

战后"唯资本论"为许多发展中国家政府所接纳，成为制定反贫困战略的理论指导。然而发展中国家贫困的致因并非仅是资本的匮乏，许多国家投资增加并未带来产出的快速提升，对于缓解贫困的效果不大。1960年，美国经济学家舒尔茨在关注农业经济研究的基础上，在《人力资本投资》的演说中阐述了许多无法用传统经济理论解释的经济增长问题，明确提出人力资本是当今时代促进国民经济增长的主要原因，认为"人口质量和知识投资在很大程度上决定了人类未来的前景"。提出仅靠物质增加和劳动力投入带动经济增长已不能更好地服务于现代经济，知识、技能、素质、健康等人力资本的提高，对经济增长的贡献更为显著。同时，舒尔茨对资本进行了重新界定，认为资本包含物质资本和人力资本两种形式。人力资本也有量和质之分，量是指劳动者数量，而质是指劳动者身上所具备的知识、健康、技能、素质等。与传统经济发展理论不同，他认为发展中国家经济落后的根源并不是物质资本的短缺，而是人力资本的缺乏和人力资本投资的不足。

（七）阿玛蒂亚·森的"赋权"反贫困理论

1981年阿玛蒂亚·森在《贫困与饥荒》中指出：无论在经济繁荣或衰退时期，饥荒都可能发生。而实际中最严重的饥荒，是因为穷人未能获得充分的食物权利，即在生产粮食能力不变的情况下，如果权力关系变化也会产生最严重的贫困和饥荒。"赋权"是指"赋予权力、使有能力"，赋权的对象是失权的个体或群体。因此，要改变贫困与饥荒，就应该回归至权利体系的调整。而权力关系的好坏决定着一个人是否有权力得到足够的食物以避免饥饿。从而阿玛蒂亚·森提出了非常重要的观点，即贫困的根源在于权利的匮乏，要摆脱贫困，就要先保证穷人的食物权力；通过制度革新，设立能够让穷人享有公平与自由、参与与决策，并获取基本生活所需的医疗、教育和公共服务的权力。从权力的角度，阿玛蒂亚·森对贫困问题进行了开创式的分析和研究，并且解释了"涓流理论"[①]无法解释的问题，即在经济增长下贫困不减反增的现象。这是由于穷人和富人所拥有的权利差距较大，穷人权利的匮乏致使其难以分享经济增长的好处，反而贫富差距进一步增大、地位更为悬殊、贫困更为加剧。

（八）江泽民的开发式扶贫理论

开发式扶贫是与救济式扶贫（输血式扶贫）相对应的扶贫方式，针对重点区域给钱给物等"输血"救济式的扶贫措施也取得了一定的成效。不过，随着市场化改革的深入，农村经济增长对减缓贫困的作用日趋减弱，继续采用以往的增长为主、适当救济为辅的反贫困战略，已经很难有效地对减缓贫困产生积极作用。基于这种形势，我国政府从1986年开始了大规模的农村扶贫开发工作，确立了开发式扶贫方针。1989年9月，江泽民同志在陕西考察工作时指出，要想脱贫致富，改变落后面貌，用救济式的办法很难实现，只有用开发性的办法来脱贫，才有强大的生命力。救济只能救急，而要真正把"贫困"

---

① "涓流理论"又被称为"涓滴效应""渗漏效应""滴漏效应"，认为经济结构的重构即建立市场经济和加快经济发展，不断做大经济这块蛋糕，贫困问题就会通过经济的"渗漏"得到解决。在经济发展过程中并不给与贫困阶层、弱势群体或贫困地区特别的优待，而是由优先发展起来的群体或地区通过消费、就业等方面惠及贫困阶层或地区，带动其发展和富裕。

脱掉，国家固然要给一定的帮助，但基点必须依靠我们自力更生和艰苦奋斗。即在国家公共政策的支持下，对某一特定贫困群体或区域的贫困对象发展进行开发性建设，结合贫困地区的自然资源条件提供所缺乏的资本、技术、物资、培训等生产要素，充分依靠和发掘贫困者的自身力量，增强贫困者自我积累的能力。与传统的救济式扶贫方式相对比，开发式扶贫主要体现在几个方面的转变：一是扶贫资金的投入方式的转变。扶贫资金从按照贫困人口数量平均分配资金向按照扶贫开发项目效益分配资金的方式转变。其依靠当地自然资源和人文资源，鼓励、引导和动员贫困人群，进行开发性生产建设和商品生产以增加生活来源。二是扶贫投入要素的转变。这主要是从单纯的资金投入逐步向资金、技术、人力、基础设施等资源相结合的优化配套型服务转变。三是扶贫依靠主体的转变。这主要是从单纯依靠政府公共政策和行政组织逐步向依靠经济组织的转变。

我国的公共政策制定和实施在开发式扶贫过程中起到了至关重要的作用。我国政府在 1985 年左右开始实施开发式扶贫公共政策，开发资金的预算和筹集、管理和执行等一系列反贫困措施都离不开国家的公共政策。1985 年中央政府每年援助 40 亿元的救助资金，用于贫困地区的生产性基础建设以及种植业、养殖业、畜牧业和农产品加工等产业发展。援助资金的来源主要来自 3 个方面：一是财政部的 8 亿元资金援助；二是中国人民银行的 10 亿元"老少边穷地区开发贷款"和 3 亿元"县办企业贷款"；三是由中国农业银行提供的 3 亿元"支持不发达地区的发展经济贷款"、10 亿元"专项扶贫贴息贷款"①。这些开发式扶贫的公共政策为缓解区域性贫困和改善贫困地区的基础设施建设起到了积极作用，促进我国反贫困建设取得了巨大成功。

（九）习近平的精准扶贫理论

习近平总书记在 2013 年 11 月于湖南湘西考察时，首次提出"精准扶贫"的重要思想，明确指出"扶贫要实事求是，因地制宜。要精准扶贫，切忌喊口号，也不要定好高骛远的目标"。"精准扶贫"思想提出后，我国的扶贫工作由大水漫灌式的项目扶贫向精准扶贫推进。2013 年 12 月，中共中央办公厅、国务院办公厅印发了《中共中央办公厅 国务院办公厅关于创新机制扎实推进农村扶贫开发工作的意见》，提出以建立精准扶贫工作机制为核心的 6 项机制创新和 10 项重点工作。随后，国务院相关机构又出台了《国务院扶贫办关于印发〈建立精准扶贫工作机制实施方案〉的通知》《关于印发〈扶贫开发建档

---

① 根据我国相应年份的《中国农村贫困监测报告》整理所得。

立卡工作方案〉的通知》，对精准扶贫工作模式的顶层设计、总体布局和工作机制等方面都做了详尽规制。具体而言，精准扶贫思想概括为"扶贫对象精准、项目安排精准、资金使用精准、措施到户精准、因村派人精准、脱贫成效精准"。

习近平在2015年详细论述了其分批分类的扶贫理念，并概括为"四个一批"，即"通过扶持生产和就业发展一批，通过移民搬迁安置一批，通过低保政策兜底一批，通过医疗救助扶持一批"。精准识别是精准扶贫的首要流程，要求防止目标偏移，保证瞄准扶贫对象；精准帮扶要求依照贫困户致贫原因和脱贫条件，以针对性办法扶持贫困群体；动态管理要求对扶贫工作进行实时跟踪和把控，根据扶贫进展及时调整；精准考核是保证"脱贫成效精准"的必要手段，要及时对政策实施后的扶贫效果进行评估。最终形成在扶贫工作中的目标识别、贫困治理、动态管理、成效考核、成功脱贫、后续跟踪的一系列反应过程。在精准扶贫理论的指导下形成完整的精准扶贫政策体系。精准扶贫政策涉及金融支持、社会救助、产业发展等多个领域的公共政策过程，落实习近平精准扶贫思想的主要抓手是要形成完整的精准扶贫政策体系。在精准扶贫理论的指导下，各省（自治区、直辖市）、县、乡、村，直至农户，根据每个地区及贫困户的贫困原因、程度、特点，脱贫的禀赋、资源、机遇，以及返贫的可能性等因地制宜、因人定策，灵活开展个性化扶贫工作，保证贫困地区和贫困户如期实现脱贫。

第三节　农村金融相关理论

一、农村金融内涵

"农村金融"是中国特有的学术用语、政治话语和经济用语。《新帕尔格雷夫货币金融大辞典》中并没有"农村金融"这一词语，与"农村金融"语义内涵接近的是"农业金融"。显然，被赋予经济、金融、政治、社会、文化等内涵的"农村金融"与西方单一的、所谓具有金融内涵的"农业金融"具有本质上的区别。"农村金融"的提出是中国农村金融改革对世界农村金融学术话语的重要贡献。随着研究的进一步发展和深入，关于农村金融的内涵也在不断发生变化。

对农村金融的理解来看，刘达（1994）、王绍仪（2002）等主流金融观认为农村金融就是农村货币资金的融通①；李树生（1998）认为，农村金融是以信用手段为农民、农业、农村经济服务而筹集、分配和管理农村资金的活动。随着新制度经济学的发展，主流金融观望文生义的弊端逐渐暴露，更多学者对"农村金融"的含义重新界定。冉光和（1998）认为，农村金融由农村行政性金融和农村业务性金融构成；张杰（2003）认为，受农村社会圈层结构的影响，农村金融具有家庭内援融资和外源融资的逻辑特征；熊德平（2009）从交易和功能视角较为全面地分析农村金融的范式特征，认为农村金融是分工和交换产生的交易，形成的内部功能结构复杂的系统，从生成机制上划分为农村内生金融和外生金融。

从既有学术文献来看，农村金融的内涵主要包括三个层次：第一个层次相对比较浅显，把农村金融肢解为"农村+金融"，认为所谓的农村金融是指金融资源要素、金融产品在农村的流动和配置，为农村发展提供金融服务和金融工具；第二个层次是把农村金融置于城乡二元格局下进行考察和分解，不仅回答了农村金融的成因，而且还特别突出了发展农村金融的必要性和现实意义，由此赋予了农村金融更多的政治与社会内容；第三个层次是从历史和宏观的视角对农村金融内涵进行界定，主张透过二元经济背景对农村金融进行整体认识和把握，认为农村金融是一个历史范畴、相对范畴和关系范畴（杨德平，2014）。

本书对农村金融的研究采用我国农村金融领域的研究专家熊德平的观点，认为农村金融是指与从事金融交易活动相关的金融组织体系和运行机制的总称，包括与其相关的市场、机构、组织和制度等，由政策性金融和非政策性金融构成；同时对农村金融的分析建立在历史范畴、相对范畴和关系范畴三个层次的认识定位上，重点在于对第三个层次的深入研究。首先，本书将农村金融放置于一个历史范畴展开研究，着重对中国共产党成立以来农村金融的发展阶段、发展改革进行回顾与分析。其次，本书将农村金融放置于相对应的概念进行分析，贯穿着农村正规金融与非正规金融，农村金融与城市金融，西部地区与东部地区、中部地区的金融发展情况的比较分析。

二、农村金融的相关问题研究综述

美国经济学家雷蒙德·W. 戈德史密斯（Raymond. W. Goldsmith）提出的

---

① 王绍仪（2002）认为金融就是货币资金的融通，指通过货币流通和信用渠道以融通资金的经济活动。

金融相关率①（financial interr-ralations ratio，FIR）是衡量一国金融发展水平的重要指标之一。我国城乡金融发展则呈现显著的二元分层结构，两者间的金融发展差距日益扩大，农户作为农村金融真正的需求者却很难从该领域获得所需的各种金融服务，普遍存在农村金融市场落后、金融体制效率低下、金融需求抑制、金融服务盲区等问题，进而直接导致我国农村资源的逆向流动和逆向配置。因此，加强对我国农村金融的研究是逐步改革和完善我国农村金融体系的关键性问题和战略性问题，也是致力于农村居民反贫困的有效途径和方法。

（一）关于农村金融需求角度的研究

关于农村金融需求角度的研究主要集中于农户金融需求的行为与动机研究、农村金融需求的理论研究、作为农户金融需求研究重点的实证研究三部分。

1. 农户金融需求的行为与动机研究

关于农户的金融需求行为，学者们的研究主要形成四种基本假设，分别是T. W. Schultz（1964）和S. Popkin（1979）的"理性小农"，Polanyi（1957）、Scott（1976）、Chayanov（1986）为代表的小农学派坚持的"道义小农"（"非理性小农"），黄宗智（2000）的"商品小农"（同时提出著名的"拐杖逻辑"②），以及费孝通（1985）的"乡村小农"。本书是从"理性小农"的角度分析农户的金融需求。

2. 农村金融需求的理论研究

Hugh. T. Patrick 和 Yshiko Kido（1966）提出"需求追随型金融"③ 和"供给领先型金融"④，与发展中国家农业和经济发展不同阶段相适应，具有重要理论指导意义。何广文（2001）提出要构建需求导向性农村金融结构体系，以均衡农村金融的供求。姚海明（2007）通过对相关数据进行分析，指出我国农村金融需求巨大、具有多层次性，正规金融供给萎缩，农村资金流失严重的问题。王芳（2005）认为，在农户的信贷需求中需要生产性贷款和生活性贷款，非生产性需求贷款往往占更大比例，这决定了我国农村信贷的互助性、

---

① "金融相关率"是指某一日期一国全部金融资产价值与该国经济活动总量的比值。

② "拐杖逻辑"是指农户不能解雇自身的劳动力，游离于农业生产之外的农户必然会一直附着于农村社会结构，所以务工收入只是农户支撑农村社会生活的"拐杖"而已，也就是"以末致富，以本守之"。

③ "需求追随型金融"即经济增长是金融发展的动因，金融发展只是完全被动地适应经济增长的要求，现代金融机构的产生、金融资产的提供和相应的金融服务仅是针对实体经济活动中的参与者而言。

④ "供给领先型金融"强调农村金融组织及相关服务的供给先于农村经济主体的需求。

友情性和高利贷性。张杰（2005）认为，农户借贷需求应长期遵循"农业收入—非农收入—友情信贷—国家信贷—高息借贷"的逻辑顺序。

3. 作为农户金融需求研究重点的实证研究

耶鲁大学经济学家休·T. 帕特里克（Hugh. T. Patrick, 1966）最早提出"需求追随模式"，强调农户对金融服务的需求导致金融服务的供给先于需求；同时提出"供给领先模式"，强调农村金融服务的供给引领需求。这两种模式与农村经济发展的不同阶段相适应，对我国农村金融制度供给具有理论指导意义。Pagano M（1993）运用两种计量经济学模型对影响金融市场效率的7个要素进行了分析；King R 和 Levine R（1993）分析了资本在农业经济中所起的作用，并指出美国农村资本市场中存在的缺陷，从扩大社区银行的可贷资金、发展农村二级市场、开发农村股票市场3个方面发展农村资本市场。

此外，围绕农户借贷特征与正规金融信贷配给行为之间的关系，研究对象多集中在发展中国家。国外的代表研究包括：Zeller（1994）对马达加斯加189个农户调查表明，贷款者家庭的"债务—收入"比会影响贷款者被信贷配给的可能性；Pham 和 lzumida（2002）于1997年对越南三省300多个农户的调查分析发现，农户选择正规借贷还是非正规借贷与农户借款目的、生产能力、年龄、受教育程度及所处地区有关。国内学者在农户金融需求层面也做了大量的实证研究。例如，史清华等（2002）对山西745个农户的调查发现，农村借贷活动逐渐频繁，由生存性借贷向发展性借贷转化，传统"道义小农"向市场"契约金融"转变，金融政策应及时调整，以适应农村借贷发展需求；张杰（2003）从一个全新的视角考察了中国农户的借贷行为，对中国农村金融制度的结构、变迁和政策进行了系统性的研究，对我国农村金融改革具有重要的借鉴意义；李锐等（2004）对10省份30个县3 000个农户的调查显示，农户借款中有72.8%来自各种非正规渠道。崔艳娟（2012）通过对农户固定观察点的数据进行分析，认为低成本、灵活和敏捷是理想的农户金融服务需求的一般性特征，而复杂多样性、层次性和不断升级性是我国农户金融服务需求的个性化特征。

（二）关于农村金融供给角度研究

在农村金融供给层面，相关研究主要集中于政策性金融、正规金融、非正规金融（民间金融）等金融类型。

1. 在政策性金融方面

相关研究主要集中于政策性金融的作用机制和政策性农业保险等方面。如白钦先和郭纲（2000）认为，政策性金融是政府财政和商业性金融的巧妙结合；吕永斌（2001）分别对几个实行农业保险的国家进行了经验总结，认为选择政府主导下的商业保险公司经营模式比较可行；吕晓英（2003）主张推进政府诱导型农业保险发展模式等。

2. 在正规金融方面

相关研究主要集中于农村信用合作社方面，包括我国信用合作社的性质、改制模式以及对如何建立适合我国农村经济发展的金融组织机制的探索。其中，何广文（1999）对农村合作金融做了大量的研究，并探讨了现代合作金融组织的激励机制；何广文和李莉莉（2003）通过对比合作金融的创新模式，探讨了有利于农村金融服务需求满足的农村信用合作社改革的创新路径；汪三贵（2004）对中国西部地区118个农村信用合作社的资料进行调查，从权利分配、激励、约束与监督机制等方面进行分析，提出农村信用合作社改革的必要性；谢平（2001）、林万龙（2012）、孙若梅（2006）等分别从不同的角度探讨了农村信用合作社、小额信贷的改革模式；周小川（2004）则在研究中强调，在新一轮的农村金融改革中，应按照股份制和股份合作制的方式改革农村信用合作社。

3. 在非正规金融（民间金融）方面

相关研究主要集中于民间借贷方面，通过大量的实地调查分析，考察我国的民间借贷情况。温铁军（2002）对东、中、西部地区15个省份的24个市县的41个村落进行了民间借贷调查，发现民间借贷的发生率高达95%，其中高息借贷发生率为85%，农村民间高利贷引发了很多社会问题，也引起了社会的广泛关注。此外，黄建新（2008）、赵晓菊（2011）、苏静（2013）等也广泛关注民间借贷等方面的研究。

4. 农户金融借贷地区差异的研究

相关研究主要集中于东、西部地区之间的差异。史清华（2002）比较了沿海农户和内地农户借贷之间的差异，发现随着时间的推移，内地农户的借贷偏向生活，沿海农户的借贷则偏向生产。李延敏（2006）研究发现，我国农户借贷需求行为整体呈现东、中、西部地区梯级递减格局。伍艳（2009）对比发现，东部地区农户金融供给繁荣、活跃，市场化程度高；西部则与此相反。在其影响因素的分析上，国外学者主要围绕农户借贷特征与正规金融信贷配给之间的关系展开系统性研究，研究对象多集中在发展中国家。如 Zeller（1994）对马达加斯加189个农户调查表明，贷款者家庭的"债务—收入"比会影响贷款者被信贷配给的可能性；Pham 和 lzumida（2002）于1997年对越南三省300多个农户的调查分析发现，农户选择正规借贷还是非正规借贷与农户借款目的、生产能力、年龄、受教育程度及所处地区有关。而国内学者在农户金融需求层面也做了大量的实证研究。如史清华等（2002）对山西745个农户的调查发现，农村借贷活动逐渐频繁，正由生存性借贷向发展性借贷、传统"道义小农"向"契约金融"转变；黄祖辉等（2007）通过控制信贷可得性的意愿调查与假想式问题的改进思路，分析出大部分农户对正规与非正规信贷需求均是以消费型为主。

三、农村金融相关理论

西方古典经济学家将研究焦点集中于实体经济，认为金融虽然具有货币流通和资金融通的功能，但是在经济发展中的作用并不凸显，甚至持有货币"面纱观"的思想。维克赛尔和凯恩斯尽管肯定了货币对经济增长的实际作用，但并未系统化分析金融发展与经济增长之间的关系，也未体现金融对于经济增长的重要地位。直到20世纪中叶，约翰格林和爱德华·肖专门辩证分析了金融与经济之间的作用，并提出"一国经济有效运行与否，在很大程度上取决于金融制度效率"的观点，拉开了金融发展理论研究的序幕。根据金融理论提出的时间阶段、背景和重要内容，其主要划分为四个时期（见表2-3），其中我们对金融结构理论、金融抑制理论、金融深化理论、金融约束理论进行重点说明。

表2-3　农村金融相关理论

提出时间	名称	主要内容
20世纪70年代以前	金融结构理论	提出金融结构和金融发展水平的指标，用金融相关率（FIR）来衡量金融结构
	金融抑制理论	政府对农村金融的管制和干预过多，政府对金融机构和金融工具政策设计，导致金融市场机制失衡，资源配置效率低下，影响农村金融和农村经济发展
	金融深化理论	采取金融与经济相互发展的政策，促进农村金融发展
20世纪七八十年代	金融排斥理论	农村贫困人群和弱势群体被排斥在农村金融服务及产品之外，包括价格排斥、需求方自我排斥、机构排斥
	金融信贷补贴理论	强调农村金融低利率政策，并引进外部政策性资金和建立非营利性专门金融机构
20世纪90年代	金融市场理论	主张完善农村金融市场，完全依赖于市场机制发展农村金融，主张利率市场化
	内生金融增长理论	以内生增长思想分析金融中介和金融市场的形成，讨论金融体系如何在经济发展过程中内生形成

表2-3(续)

提出时间	名称	主要内容
20世纪90年代以后	金融约束理论或"不完全竞争市场理论"	针对金融自由化市场失灵现状,主张通过政府适度干预促进农村金融深化发展
	金融协调理论	主张根据农村金融自身规律,以政府引导和调控以及市场配置,促进农村金融与农村经济和社会协调发展

（一）金融结构理论

20世纪五六十年代,约翰·G.格林、爱德华·肖、H.T.帕特里克和戈德·史密斯等人的观点为金融发展理论的形成奠定了基础。1966年,H.T.帕特里克试图分析金融发展与经济增长的作用关系,提出"需求追随"和"供给领先"两种金融发展方式。在经济发展初期,主要以"供给领先"型金融为主,而在经济发展高级阶段,"需求追随"型金融更有优势。对于经济欠发达国家,应采取金融优先发展的货币供给带动政策。1969年,戈德·史密斯出版的著作《金融结构与发展》,为金融发展理论奠定了基石。首先,国家的金融结构是由不同类型的金融工具、金融机构和金融上层建筑与经济基础的关系共同组成,而金融的发展就是金融结构的变化,包括金融工具多元化和金融机构多样化。其次,戈德·史密斯提出了衡量国家金融结构和金融发展程度的指标,如金融相关比率（FIR）,以反映国家或地区的金融发展水平,具体是将一个国家的全部金融资产价值与全部实物价值进行对比。金融结构理论第一次独立地将金融发展引入经济增长的分析过程中,并进行了较为系统的研究,其所提出的金融相关比率（FIR）指标,仍是学术界衡量金融发展的重要依据,被看成金融发展理论的基石。

（二）金融抑制理论

1973年,罗纳德·麦金农（McKinnon）在《经济发展中的货币与资本》一书中提出了"金融抑制理论"。麦金农和肖认为金融因素和金融制度对于经济增长并非是中性的,金融可以促进或阻碍经济增长,其关键取决于政府的制度选择。"金融抑制"[①]是导致发展中国家经济落后和人民贫困的主要原因。这一理论认为国家对金融的管制和干预过多,在一定程度上导致农村金融市场的扭曲,资源配置效率低下,政府强制性金融制度变迁在一定程度上导致

---

① "金融抑制"是指政府通过对金融活动和金融体系的过多干预抑制了金融体系的发展,而金融体系的发展滞后又阻碍了经济的发展,从而造成了金融抑制和经济落后的恶性循环。这些手段包括政府所采取的使金融价格发生扭曲的利率、汇率等在内的金融政策和金融工具。

"金融抑制"现象出现。一方面,政府通过对金融工具和金融机构的限制,制约了金融部门的增长;另一方面,在国家金融政策的导向下,农村资本供需总量矛盾突出,信用工具不足、信用形式单一,金融抑制成为农村贫穷落后的根源。金融抑制可通过几个方面影响经济增长:①控制存贷款名义利率,致使实际利率为负,抑制社会对金融中介机构实际贷款需求存量;②制定偏高的商业银行法定存款准备金率,对公营部门实行低息贷款率,促使国内资源流向公营部门;③通过税收和法律条文对市场的进入和退出严格管制,抑制私营部门的竞争。由于"金融抑制"阻碍了金融体系的健康发展,并且促使经济与金融陷入恶性循环,因此相关国家或地区应当推行"金融深化"改革,促进资源的优化配置和资本的积累。

(三)金融深化理论

针对"金融抑制"阻碍经济增长、技术进步和资本累积的状况,肖(Shaw,1973)提出"金融深化"的理念,即金融资产以快于非金融资产积累的速度而积累,可体现在金融资产品种增加、金融资产流量以国内储蓄为主、金融体系规模扩大等方面。其呼吁发展中国家应该摒弃政府对金融的过多干预,推行金融自由化政策,使利率和汇率通过市场机制以更好地反映资本市场的供求状况。而放松管制后较高的利率水平,可以吸引更多的储蓄和投资,从而带动经济发展。此外,还要关注动员国内储蓄,有效抑制通胀,实现利率、储蓄、投资和经济的良性循环。由于麦金农和肖都分析了金融抑制与金融深化问题,并得出了相似的结论,因此其观点统称为"麦金农—肖"理论。此后,许多学者延续他们的思想,从不同的角度补充了金融深化理论。如加尔比斯(V. Galbis,1977)从利率政策和投资角度进行分析,认为高利率会促使资金从效率低的部门转向效率高的部门,提升投资质量来促进经济增长;弗莱(MJ. Fry,1978)也认为利率水平提高将降低过度的资金需求,提升投资资金的平均收益。

(四)金融约束理论

20世纪90年代,全球金融危机大范围爆发,许多经济学家开始质疑金融深化理论的可靠性,探寻金融市场失效的根源,如斯蒂格利茨、赫尔曼和默尔多克等。其中,斯蒂格利茨(Stiglitz,1990)提出了金融约束理论,认为政府通过实施控制存贷款利率水平、限制金融市场准入和管制直接竞争等一系列金融政策,在民间部门创造更多的租金机会;通过租金创造和租金在生产部门与金融部门的重新分配,从而激励金融部门、生产部门和家庭之间生产、投资及储蓄的积极性,促进经济协调发展。与金融抑制理论和金融深化理论不同,

"金融约束"处于"金融抑制"和"金融自由化"的过渡阶段。而东南亚金融危机的爆发，更凸显了只有具备一定宏观经济环境和微观基础的国家，才适合通过"金融自由化"推动金融发展。对于发展中国家而言，选择性政府干预对金融发展更具重要性。

第四节　农村金融反贫困相关理论

一、农村金融反贫困的内涵

对于农村金融反贫困的理解，纳克斯（1966）在贫困的恶性循环理论[①]中阐述了发展中国家长期存在贫困现象的根本原因是资本的缺乏和不足。麦金农（Mckinnon，1973）和肖（Shaw，1973）在金融深化理论中提出的"导管效应"[②]又被称为"渠道效应"[③]，他们认为金融发展作用于经济对贫困产生间接作用，同时穷人也能获得发展自身经济的能力从而实现减贫。滕征辉（2003）认为，农村金融发展反贫困是指在一定的金融政策指导下，使信贷资金流向贫困人口，利用外界力量增加贫困人口可利用的资本存量，使贫困人口的收入增加。

综上所述，农村金融反贫困主要是指金融部门向穷人提供的信贷服务，帮助穷人获得投资于原料、机器、技术、健康和教育的能力，这都有利于穷人生活水平和生产力的提高。从穷人持有的资产比例来看，农户获得的信贷服务使其有能力投资高收益产业从而降低他们所从事的低收益产业的比例，增加长期收入。因此，农村金融发展对反贫困具有积极作用。农村金融反贫困一方面通过金融服务和金融产品影响农户的资本积累；另一方面农村金融发展的好坏与是否健全包括机构设置、制度和政策安排、金融产品供给等，从深层次影响农户金融服务的可获得性，需要国家公共政策层面的金融扶贫措施，以激励农村金融机构向穷人提供金融服务和产品。

[①]　贫困的恶性循环理论认为，从供给角度形成"低收入—低储蓄—低资本形成—低生产率—低产出—低收入"的恶性循环，从需求角度形成"低收入—低购买力—低投资引诱—低资本形成—低生产效率—低产出—低收入"的恶性循环。

[②]　麦金农认为实际利率的上升会导致投资的增加，他将实际利率对投资的正向影响称为货币的"导管效应"。

[③]　如果货币的实际收益率——真实利率增加，内源融资的资本形成机会也会扩大，这就是所谓的"渠道效应"。

二、农村金融与反贫困研究综述

对于公共政策视角下农村金融发展和反贫困的问题研究，已有文献主要集中于三个路径展开：一是农村金融发展与贫困问题关系的研究，包括直接关系和间接关系的研究，论证了农村金融发展的好坏是否有助于减少农村贫困；二是公共政策下农村金融反贫困的制度研究，包括公共政策构建与农村金融反贫困研究，这一角度偏向宏观性的制度和机构研究；三是公共政策工具对农村金融反贫困的研究，主张发展农村贫困家庭直接可接触性金融工具、金融服务，这一角度偏向微观性的工具与实践研究。

（一）农村金融与反贫困的关系研究综述

对于农村金融发展和反贫困关系的研究，已有文献主要集中于两条路径展开：一是农村金融和反贫困的直接研究，主要集中于农村贫困家庭直接接触到的金融工具、金融服务、金融机构带来的效应展开农村对反贫困的直接影响；二是两者关系的间接研究，主要集中于以农村经济增长为媒介，考虑农村金融发展—农村经济增长—农户收入增加—农村贫困减少循环机制。

1. 农村金融发展与反贫困之间关系的直接研究

综观有关农村金融发展与反贫困关系的研究，我们发现，金融发展与农民收入增长关系特别是农村金融制度安排与农村反贫困的研究一直被金融发展与经济增长的关系所代替，直接研究金融发展与农民收入增长或者农村制度安排与农村反贫困关系的文献相对较少，但也取得了初步的成果。

国外的研究主要集中于金融服务和金融工具对于提高穷人生产力、帮助最贫困人群抵抗风险的能力。如 Ledgewood 和 Matin（1999）对贫困人口金融产品的设计进行研究，包括微型金融产品设计、风险管理等方面；Burgess 和 Pande（2003）运用 1977—1990 年印度农村地区的银行部门的数据，检验了穷人直接参与金融活动对农村贫困产生的影响，对金融机构数量与农村贫困关系进行实证研究，发现银行机构在农村设立数量每增加 1%，将降低农村 1.34% 的贫困率；Aresis 和 Cancer（2004）从金融自由化角度来说明金融发展对贫困减少的消极影响，认为尤其在发展中国家和经济转型国家，穷人较少接触金融服务，金融自由化是更多的资金投入低效率部门，资金配置的非优化使穷人的收入减少；Geda（2006）使用 1994—2000 年埃塞俄比亚城市和农村富有家庭的数据，运用金融贫困模型检验了埃塞俄比亚金融和贫困之间的关系，发现金融产品的使用能显著平滑消费，进而减少贫困。由此看来，国内外多数学者普遍认为在短期内农村金融的发展能够带动农村减贫，并促进农村经济的发展。

然而，对于农村金融发展与反贫困间的关系的研究，并未都是产生积极影响。如 Thorsten 和 Asli（2007）认为，金融信息可获得性和合同成本都使得金融对缺乏抵押和信用历史的贫困群体具有忽略性；Noel 和 Stephen（2007）认为，金融深化和自由化并没有使得金融向穷人和中小企业延伸。

我国关于农村金融如反贫困的直接研究则主要集中于农村小额信贷的发展对于农户贫困扶持的作用机制。汪三贵（2001）经过近十年的实验，证明小额信贷是一种为穷人提供信贷服务的有效方式，尤其在传递信贷资源和提高贷款回收率方面，小额信贷明显好于传统的贴息贷款项目。但是我国目前的小额信贷项目大部分仍处于发展初期，要达到可持续发展仍面临一系列的障碍以及需要大量的政策改革和制度创新。孙天琦（2001）从制度交易、制度竞争和均衡化方面阐述农村小额信贷制度本土化创新模式，强调农村小额信贷的扶贫模式应尽量能市场化、本土化、内生化，同时规避政府介入产生的"路径依赖"。吴国宝（2003）认为，小额信贷能够直接有助于改善穷人持续获得资金的机会和途径。阮红新和杨海军（2003）认为，小额信贷作为一项支持低收入群体发展的信贷业务，面临较大的产业、市场、政策、利率、信用风险，需要政府、农村信用合作社和农户共同努力，建立小额农贷风险准备体系，逐步降低小额农贷的系统性风险，促进小额农贷的更快发展。张立军和湛永（2006）采用反锁定模型对中国 1994—2004 年的时间序列和 2004 年的截面数据进行实证分析，发现小额信贷通过对产业、技术和结构的反锁定增加了农民家庭经营收入，从而减少了贫困，克服了农民增产不增收的窘境。

2. 农村金融发展与反贫困之间关系的间接研究

相关学者对农村金融发展与反贫困之间关系的研究，多选取金融发展、经济增长和收入分配 3 个因素作为研究对象，进而揭示农村金融发展与反贫困之间的关系。

此外，Greenwood 和 Jovanovich（1990）提出金融发展与收入分配之间存在着倒"U"形关系，即在早期阶段，金融发展对收入分配的效应不利于穷人；当越过拐点后，金融发展有利于穷人积累更多的财富，缩小与富人的收入分配差距。Ravallion 和 Datt（1999）运用一个双经济模型，对 1960—1994 年印度各州之间经济增长和贫困减少关系的研究发现，在这期间印度的贫困发生率由 45% 降为 13%，推动经济增长逃离绝对贫困。Dollar 和 Kraay（2001）认为，随着世界经济增长和全球化进程加快，金融将成为推动经济增长的有利因素，其结果可能带来居民平均收入水平的提高，而穷人收入倾向于随平均收入成比例的上升或下降。Ravallion（2001）在对经济增长、收入差距和贫困的理论分析上，得出"穷人能从经济增长中获得好处"的结论。但是，在收入分配差距的影响下，不同国家的穷人从各国经济增长中获得的收益是不同的，即使在同一国家经济增长对穷人的影响也是不一致的。Rajan 和 Zingales（2003）认为金融与贫困间的关系与金融发展程度密切相关，一个健康非垄断的金融政策体系能使贫困家庭和微企业摆脱中间商的剥削；然而保守且无竞争力的金融体系则让富人收益，金融发展并不有益于摆脱贫困。

Jalilian 和 Kirkpatrick（2001）以经济增长作为中介对 26 个国家进行实证分析，发现发展中国家的金融发展每提高 1%，穷人收入将增长 0.4%。因此，低收入国家中政府应关注并加强农村金融制度安排，设计具体的金融机构政策和项目作为减少贫困的工具。Jeanneney 和 Kpodar（2005）通过建立金融发展和金融波动的贫困决定模型，发现金融发展有利于贫困减少，但是金融的不稳定性对贫困的危害更加显著。Burgess 和 Pande（2005）对 1977—1990 年印度农村银行分支机构数据进行测算，检验证明农村金融机构数量每增加 1%，能够降低 1.34%的农村贫困发生率，同时通过促进农业多样化带动农业总产量增加 0.55%。Berhane（2009）利用固定效用模型对埃塞俄比亚的 351 个贫困家庭 10 年间的小额信贷的情况观察发现，持续的信贷效应能够有效地减少贫困并增加消费。

国内学者针对农村金融发展与反贫困关系的间接研究，由于我国现阶段正规金融体系中，商业银行还没有专门针对贫困人群开发和设计的金融产品，小额信贷也处于初步发展阶段，微观金融尚不真正存在，中国减少贫困的途径还主要依赖于经济增长。因此，国内相关研究也多采用金融发展、经济增长和收入分配三者关系展开。杨俊等（2008）选取金融发展、经济增长和收入分配三个因素作为自向量回归模型的解释变量，对我国整体、城镇、农村的金融发展对贫困减少的长期与短期影响进行分析，发现短期具有促进作用，但效果不明显；而从长期来看，农村金融发展抑制了农村贫困的减少。杨小玲（2009）利用 1978—2007 年的相关数据，就中国农村金融发展对农村贫困减少的长、短期影响和 Gmnger 因果关系等进行经验研究。他发现中国农村金融发展对农村贫困减少具有短期的促进作用，但还没有成为促进农村贫困减少的重要因素。罗楚亮（2012）利用 1988—2007 年的微观住户调查数据，根据 Datt - Ravallion 分解和 Shapley 分解，估计了不同年份贫困变动的经济增长效应和收入分配效应，发现我国不同年份贫困减缓的经济增长弹性在下降，分配弹性在逐年上升。从长期来看，提高农村经济金融化程度、农村金融发展效率有利于农村贫困的减少，但是现在农村金融发展结构则抑制了农村贫困的减少。因此，这就进一步加大了农村金融改革力度，转变农村金融机构的信贷观念，使农村金融发展成为农村贫困减少的可行之路。王曙光（2009）认为，建立系统的农村金融反贫困政策框架是发展民族地区经济和消除贫困的有效途径之一，同时强调相关部门应运用制度化的手段保障金融反贫困的推进。

（二）公共政策构建与农村金融反贫困的研究综述

国内外学者普遍认为政府公共政策与农村金融制度的构建不可分割，农村金融制度对反贫困具有重要影响。Joseph E. Stiglitz 和 Andrew Weiss（1981）对政府在农村金融市场中的作用进行深入研究后发现，政府在金融市场中的作用和市场调节机制两者缺一不可，具有重大作用和意义。林毅夫（1994）指出我国的农村金融体系矛盾突出，导致区域性信贷不平衡、缺乏资金的横向流动、对机构农业信贷规模及非正规信贷市场的发育等具有政策限制。韩俊（2003）认为，对农村金融体制改革的重点是解决农村信用合作社所有权不清晰、法人治理结构不完整、缺乏有效的激励机制和内部控制机制的问题，我国需要对农村金融机构进行重新定位和功能调整，建立一个完善的且为"三农"服务的农村金融制度。何广文（2005）认为，源于农村金融发展的区域性差异，在农村金融的总体制度安排上体现差异化，对于西部欠发达地区应充分利用政策性金融优势，强调国家对该地区的扶持，同时借助合作金融推动农村经济的全面发展。孟加拉国乡村银行的创始者穆罕默德·尤努斯（2006）认为，贫困是制度安排和机制失败的结果，是"人为"导致的，若是给穷人一个平等的机会，他们就会创造一个没有贫困的世界。王曙光（2006）认为，建立系统的农村金融反贫困政策框架是发展民族地区经济和消除贫困的有效途径之一，同时强调相关部门应该运用制度化的手段以保障金融反贫困的推进。

（三）公共政策工具与农村金融反贫困的研究综述

关于农村金融反贫困的公共政策工具主要包括财税工具和金融工具，相关部门通过政策工具提高农村金融的发展水平，进一步提高穷人生产力和抵抗风险的能力。

首先，政府对农村金融反贫困的公共政策工具的研究主要集中于财政政策方面。财政政策工具主要包括政府财政收入、财政支出（包括购买性支出和转移性支出）、政府公债和财政预算；而反贫困过程中的财政政策则主要运用财政支出政策，包括财政补贴、税收优惠等具体政策。李海平（2008）认为，通过政府的财税补贴工具，尤其是由扶持补贴向激励补贴转变，能够鼓励农村金融产品的创新，鼓励农村金融机构按照市场化需要进行金融机构改革。李阳（2009）建议实施财政直补的方式和税收优惠政策，按照农业生产周期适当延长扶贫信贷贴息期限等政策，促进农村反贫困的发展。丁志国（2011）认为，我国的财政政策出现了"目标偏移"问题，在制定财政政策和贷款利率政策时，相关部门应根据区域情况实施区别性财政政策。师荣蓉（2013）阐述了政府部门在扶贫开发过程中，对财政政策和金融政策工具的创新研究，建议政府滚动使用财政资金，并安排一部分用于补贴贷款利息和规避风险的保险费。这一方面可以放大资金的使用效果；另一方面则可以增加金融资金的可靠来源，使信贷资本的安全有基本保障。

其次，在反贫困过程中政府金融政策工具方面，金融政策工具包括信贷、票据、债券和期货，而反贫困过程中主要运用金融信贷工具。刘冬梅（2003）建议创新和完善农村的抵押与担保制度安排，农村的抵押物选择应依据农村经济发展的特点确定，采用倾斜性的信贷政策支持，建立扶贫性金融政策和机制，以保证扶贫信贷投入的有效性。李阳（2009）建议使用区域差异化的存款准备金政策、再贴现政策来调节欠发达地区内的货币活动和货币量，建议降低西部地区农村金融机构的存款准备金。此外，在农村金融监管方面，韩俊（2003）认为，相关部门应通过加强对金融中介的监管、放松利率管制等金融措施，创造一个促进农村金融市场发展的金融环境。

最后，小额信贷金融政策工具被国内外普遍认为是反贫困的有效金融政策工具。在国外，Khandker 和 Shahidur（1998）对孟加拉国乡村银行（Grameen Bank）、农村促进委员会（BRAC）和农村发展委员会（BRDB）的三个小额信贷项目调研发现，通过农村小额信贷每年有5%的农户摆脱贫困，且参与此计划的村庄农业产量是未参加村庄的两倍。1994年中国扶贫经济合作社成立，正式将孟加拉乡村银行模式（GB模式）引入我国扶贫领域，标志着我国以扶贫攻坚为主要目标的小额信贷扶贫试验正式开始。张立军等（2006）采用小额信贷的反锁定模型对我国1994—2004年数据实证检验发现，小额信贷具有显著减少贫困的效应，能够克服农民增产不增收的窘境。陈银娥等（2011）认为，相关部门应该将面向贫困地区开展的小额信贷与教育培训等社会项目相结合，共同满足贫困家庭的不同需求，以实现减贫的最佳效果。

三、农村金融反贫困理论

长期以来，大量学者就贫困理论和金融发展理论进行了讨论及深化分析。贫困理论的研究集中于物质资本、文化习俗、人力资本、权利分配等方面，而金融发展的研究则集中于经济增长、收入分配和制度设定等方面。而将金融发展和贫困减缓结合在一起进行系统性分析的学者并不常见，尚未有直接反映金融发展与贫困减缓的经典理论。但是农村金融的相关理论侧面分析了农村金融发展措施对经济发展、农民储蓄与增收之间的联系。具体而言，农村金融的理论思想和政策内容受到不同时期现代金融发展理论的影响，发展历程也可分为农村金融信贷补贴理论、农村金融市场理论和不完全竞争市场理论三个阶段，其核心内容主要围绕农村信贷、农村金融体系建设以及政府在农村金融市场的作用地位等方面展开论述。

（一）农村金融信贷补贴理论

20 世纪 80 年代以前，农村金融信贷补贴理论（Subsidized Credit Paradigm）是农村金融发展的主导理论，该理论认为农村居民尤其是贫困阶层没有储蓄能力且面临资金不足问题，农村经济发展滞后，农村居民收入水平低下，农村资金供给显著不足。此外，农业具有脆弱性、周期性、不确定性和收入偏低的特点，而农业信贷又具有担保抵押不健全、信用水平落后等特点，因而以追求商业利润为目标的商业性金融机构不会将农业作为服务对象，限制了商业银行的融资发展。在农村地区较为活跃的民间借贷组织，又由于其贷款利率偏高而加重了农村居民的生活负担。因此，这就需要政府向农村注入政策性资金，发放贴息或免息的政策性贷款；设立由政府控制的非营利性农村金融机构，为农村金融发展给予资金支持；主张政府金融政策干预和引导，缓解农村贫困和缩小农业与其他产业间的结构性收入差距；主张农业的融资利率必须低于其他产业，同时引进外部政策性资金和建立非营利性金融机构。根据这一理论，20 世纪六七十年代，许多发展中国家建立了政策性金融机构，将大量贴息贷款运用于农业领域，从一定程度上促进了农村的经济增长。但是，这一理论也同时带来了一些负面影响，如过分依赖于政府外部资金，农村内部储蓄能力不足；贷款质量与效率不高，存在高违约和拖欠的现象；贷款对象目标偏移，贫困群体获贷机会较少等问题。因此，这一理论注重建立有倾向性的政府农村金融政策，广泛使用农村金融低利率措施，带动农村金融借贷市场的发展（张军，1997；张元红，2002）。

（二）农村金融市场理论

20 世纪 80 年代以后，农村金融市场理论又被称为"农村金融系统理论"（rural financial systems paradigm），并代替了农村信贷补贴理论。该理论与农村信贷补贴理论恰恰相反，认为农村金融完全依赖于市场机制，反对政策性金融对市场的扭曲，尤其强调利率的市场化（麦金农，1973；肖，1973）。该理论强调政府对金融监督，发挥市场的调节作用引导农村金融的发展。由于农业信贷补贴理论忽视了农户储蓄的能力，过度注重政府对农村金融市场的干预和控制，抑制了市场的活力。因此，20 世纪 80 年代后期，伴随麦金农和肖的"金融抑制"与"金融深化"理论的广泛影响，这一理论以"金融深化"理论为基础，注重市场机制的作用，具有浓厚的新古典经济学思想。该理论认为金融制度的不合理是导致农村地区资金匮乏的根本原因；政府对于金融市场的过度干预与低利率，会影响农户的储蓄积极性和金融机构的运行效率，抑制了金融市场的健康发展。因此，相关部门应减少政府干预，尽量发挥金融市场自身的作用。其主要政策观点包括：①充分发挥农村金融中介的作用，调动农村居民储蓄积极性；②运用市场机制决定利率水平，取消存贷款利率限制；③不需要实行特定贷款制度；④根据农村金融机构资金中介量的多少以及是否具有经营独立性和可持续性，判断农村金融能否成功；⑤鼓励农村非正规金融的发展等。

（三）不完全竞争市场理论

20 世纪 90 年代，"金融深化"理论的推行并未取得理想的效果，过度宽松的政策导致了东南亚市场经济国家金融危机的爆发。完全依靠市场机制自身来调节金融市场发展是不行的，金融市场的稳定需要政府的适当干预。因此，斯蒂格利茨的不完全竞争市场理论逐渐成为主流观点。他认为发展中国家的金融市场是一个不完全竞争市场，存在信息不对称和市场失效，有必要采取政府适当介入和借款人组织化等非市场因素进入金融市场的方式（Stiglitz et al.，1981；Stiglitz，1989）。该理论以不完全竞争和不完全信息为基础，认为市场失灵是普遍性问题，而政府在一定程度上干预市场、弥补市场失灵的不足是非常必要的。斯蒂格利茨总结了金融市场失败的原因，如金融机构与获贷方信息不对称、金融市场不完善、帕累托无效率等问题，并且认为可以通过五种措施推动金融市场发展：一是维持低通货膨胀率的良好宏观经济环境；二是金融市场不成熟时，不主张利率自由化，而应通过政府的适当干预，保证实际利率为正；三是建立政策性金融机构；四是利用组内担保、信贷小组等方式缓解信贷过程的信息不对称性；五是政府引导非正规金融机构发展。该理论主张发挥"服务性政府"作用，通过制度和政策的制定和引导，调节农村金融中的市场失灵问题，尤其主张借款人的组织化建设，为农村金融担保、信用制度的建设提供依据。

第五节　文献评论与理论应用

一、文献评论

国内外学者对贫困地区农村金融的减贫效应和模式进行了多方面探索，对农村金融减贫效果、减贫机制、实证研究和发展困境形成多角度探讨，相关结论为该问题的深入研究起到了支撑作用，也为进一步创新农村金融反贫困的供需体制与机制奠定了重要基础。结合对贫困地区农村金融实践的把握，如下问题需要在以后的研究中加以关注和进一步深入研究：

（一）农村金融反贫困的政策体系研究有待进一步深化

根据上述研究综述我们发现，在合理的公共政策安排下，农村金融能够促进反贫困发展，但是公共政策和相关金融制度的短缺会导致制度供给不足以及缺乏公共性，制度公共性的缺失会使政府政策执行中对弱势群体的利益失去保障。因此，发展中国家可以通过政府的公共政策设计，利用财政政策、货币政策和金融政策等具体的公共政策工具，优化农村金融反贫困政策安排。

（二）研究对象和研究区域需要进一步聚焦贫困地区和贫困人群

以往研究虽关注金融发展的减贫效果和作用机制，但研究方法多是论证农村金融与减贫的间接关系，采用数据并未直接瞄准我国贫困地区，而多采用不同省份贫困指标（多为人均收入、人均消费等）衡量贫困程度，进而用金融发展等指标构建时间序列或面板模型，从整体层面和间接层面测度金融发展对贫困减缓的关系。然而在我国东、中、西部地区中，即使在同一省份，不同地区的经济发展差异仍然较大，笼统的研究不足以客观反映金融发展的反贫困效应。因此，研究应集中关注贫困地区，尤其是我国广大的西部地区、西部乡村和民族地区以及国家划定的连片特困区的金融发展状况。目前集中于西部的大范围全面研究和分析的文献较少，主要从全国的范围集中研究，以及某一省份、民族地区、偏远地区也具有相关研究，而针对西部地区的研究更能够直接深入地揭示金融发展的减贫效果。

（三）研究问题的交叉性、综合性问题尚需进一步延伸

从研究的对象上看，贫困问题是一个交叉性、综合性的复杂问题。目前，不同学者从政治学、经济学、社会学、心理学等学科展开多重研究，但是对贫困问题交叉领域的研究较少，多是关注贫困和反贫困的概念描述、贫困线的指标测度等相关问题；而对贫困深层次的原因探究、机制运行、制度重构等问

题，学者们的关注度还有待提升，尤其是经济学与政治学、金融学与社会学等领域的交叉研究较少。制度经济学理论认为，制度对长期经济增长具有决定性作用。实现反贫困的发展，不仅局限于目标设定，从长期来看，最终将是一种机制约束或制度的激励。因此，从公共政策领域研究农村金融反贫困问题能够拓展研究范围和研究框架。

（四）已有实证分析尚未得出一致性结论

从已有农村金融发展与反贫困关系实证文献来看，关于农村金融与经济增长关系的相关研究结论较为一致，增长效应对反贫困的促进作用明显。但是关于金融发展与收入分配关系的研究，由于其研究视角不同，选择的研究方法与数据也各异，因此研究结论也存在较大差异，研究指标未能准确测度贫困状况与金融发展现实。目前，文献研究贫困的指标主要运用恩格尔系数、人均消费水平、人均收入水平、FGT贫困指数等静态指标，忽视了贫困减缓的动态性以及对机会贫困的测量。这实际上也暗含着农村金融反贫困问题仍然需要我们进一步探索和研究。

二、典型理论在农村金融反贫困中的研究启示

本书对研究涉及的公共政策领域、贫困与反贫困领域、现代金融与农村金融领域的相关理论进行了系统全面的列表概括及文字梳理，究其原因，在于相关领域的既有理论对全书的后续研究具有微观的指导作用和直接的研究启示。

（一）公共政策相关理论的研究启示

贫困作为一种普遍的社会问题和政策问题，反贫困过程中无论是制度引导还是增加资本要素投入都离不开国家的公共政策支持，需要政府通过公共政策措施予以解决。因此，基于反贫困理论的公共政策设计为深刻理解政府公共政策在农村金融反贫困中的作用提供了借鉴。

1. 公共福利理论的研究启示

公共政策的核心，是以实现社会的公共利益最大化、提升社会公共福利为价值目标。因此，从社会的整体利益来讲，公共政策的制定必须以实现社会公共福利的最大化为根本目标。公共政策的制定需要同时考虑个人福利和社会公共福利，其中社会公共福利优先于个人福利。但是公共政策的评价主体为个人，评价公共政策的效果好坏也要考虑个人福利是否得到改进，需要兼顾社会整体与公民个人的福利获得性，尤其是低收入群体的获得性，确保制定的公共政策更加符合社会的需求，符合公民的需求。这就要求相关部门在制定公共政策的时候要以公共福利最优化为目标，从公共福利角度出发，同时为公共政策的制定提供依据。公共福利的价值取向正是要求社会福利的最优化，农村金融反贫困正是政府实施资源调配和金融政策时，要以实现社会公共福利最大化为政策指向。

2. 公共选择理论的研究启示

该理论坚持认为，政府组织及其官员在进行社会资源的分配或面临所解决的公共问题时，本身具有自利性的特征。换言之，作为精准扶贫政策执行的重要主体的基层政府同样有着自身的利益诉求，这些诉求不仅包含基于公共利益的，还包含基于自身利益的。在相关的激励与监督机制并不完善的情形下，将促使其在公共政策执行时做出并非总是将公共利益和提高执行效果作为其参与政策执行活动的目标选择，而是会因自身价值观、偏好等因素的影响，做出符合有利于实现自身利益最大化的选择。政府的"自利性"表明，其往往在权力没有受到有效限制的情况下，充分利用手中的自由裁量权，根据"本部门、政府集体或个人"的利益需求来决定精准扶贫政策执行的方式和力度，使精准扶贫政策偏离"以公共利益为价值导向"的执行轨道，致使其在执行之中出现偏差问题。因此，在执行公共政策时，为"充分保障个人利益和公共利益"，相关部门需要对其执行过程和结果进行必要的监督与决策反馈。

3. 公共产品理论的研究启示

公共产品或劳务具有与私人产品或劳务显著不同的三个特征：效用的不可分割性、消费的非竞争性和受益的非排他性。即使某种公共产品带给人们的利益要大于生产的成本，私人也不愿提供这种产品，因为公共产品具有非排他性和非竞争性的特征，在公共产品消费中人们存在一种"搭便车"行为。因此，在制定农村金融政策时，尤其是农村政策性银行提供的金融政策时，其本质上更倾向于准公共产品的行列。根据公共产品理论，对于那些准公共产品的供给，应在政府和市场的公共分担下进行，尽量避免"搭便车"行为的产生，这为农村政策金融的产生奠定了一定的基础。

（二）贫困与反贫困理论的研究启示

人们对贫困的认识经历了从经济到政治、从肤浅到深入、从局部到全面，以及贫困与人力资源、教育、经济社会发展、货币政策、经济政策的密切交织的过程，这对于我们认识现阶段我国农村贫困状况具有重要启迪作用，也是探索我国反贫困措施的理论基础。

1. 马克思的贫困化理论的研究启示

马克思的贫困理论主要从早期的资本主义国家贫困对象入手，重点在于用贫困现象去说明、论证、阐明其政治主张，并没有从研究贫困本身来解释贫困产生的根源。马克思经典的贫困理论对我们今天研究贫困理论有一定的参考价值，尤其是马克思的基本立场、观点和方法，是指导我们进行贫困研究的重要参照，但其基本主题与我们今天贫困理论的基本主题不同。因此，我们应吸收其基本立场、观点和方法，将其作为整个贫困理论研究的理论背景。

2. 贫困的恶性循环理论的研究启示

贫困的恶性循环理论提出以后，受到了不少专家学者的批评。一些学者认为，发展中国家储蓄率低并不仅是因为收入水平低，还因为社会、政治和其他制度方面缺乏鼓励人们储蓄和把储蓄用于生产性投资的刺激因素；同时，即使有了足够的储蓄和资本形成，如果没有有效的劳动力、管理、技术、企业家精神等要素的配合，经济增长也会受到限制。因此，单靠增加储蓄和加大投资力度还不足以促进经济的增长。此外，纳克斯把个人储蓄作为储蓄的唯一来源，忽视了企业储蓄和政府储蓄的作用，低估了发展中国家的储蓄能力。事实上，一些低收入发展中国家具有很大的潜在储蓄能力，很多国家能够在非常时期动用政府的力量迅速集中起大量资金。通过直接投资、贷款和援助等形式，国外储蓄也可以成为国内投资的来源。因此，在农村金融反贫困的实践过程中，相关部门要充分重视低收入群体的储蓄和再投资的作用，尤其要注重利用金融产品和工具扩大再生产的作用。

3. 低水平均衡陷阱理论的研究启示

低水平均衡陷阱理论从多方面探讨了发展中国家贫困的原因，分析了资本稀缺、人口过快增长对经济增长的阻碍，强调了资本形成对摆脱"低水平均衡陷阱"的决定性作用，这对于研究发展中国家的贫困问题以及寻找实现经济发展的途径具有很大的启发意义。低水平均衡陷阱理论的意义在于，它说明了发展中国家经济贫穷落后的主要原因，是人均收入过低，导致储蓄能力过低、投资量小和资本形成不足，而人均收入低的原因又在于资本形成不足。由此可见，资本稀缺是经济发展的主要障碍和关键所在。发展中国家必须进行全面且大规模的投资，尤其需要注重农村金融的规模和农村储蓄的回流，从而以大幅度提高资本形成率实现经济增长的目标。

4. 循环累积因果关系理论的研究启示

在发展中国家的低收入与贫困的循环累积因果关系中，包含着经济、政治和制度等诸多方面的因素，其中最重要的因素是资本形成不足和收入分配不平等。相关部门应当通过权利关系、土地关系以及教育体制等方面的改革，使人们的收入趋于平等，增加贫困人口的消费，从而提高投资引诱并增加储蓄，以促使资本形成，提高产出水平和生产率，带动人均收入水平的提高。这样一来，发展中国家将从低收入和贫困的循环积累的困境中摆脱出来，进入一个良性循环积累的运动过程。

5. 精准扶贫理论的研究启示

"精准扶贫"作为当前我国重要的扶贫理念，经过一系列具体政策实践，成为新时期我国扶贫工作的重要指导思想，具有重大的指导意义。虽然这一政策思想的提出时间年限不长，但广大学者、政府官员、媒体等对该政策的解读非常全面，与以往的"粗放式扶贫""一刀切式扶贫""漫灌式扶贫"相比，"精准扶贫"进一步将扶贫目标细化"到户、到人"，也就是要通过针对性地扶持贫困群体，有效增强贫困群体独立发展和"自我脱贫的能力"。整体来看，其主要内容也集中体现于三个方面："精准识别""精确帮扶"和"精确管理"。即要通过识别出具体的贫困户和贫困家庭，摸清其致贫的具体原因，继而在此基础上采取针对性的帮扶措施，根据贫困人口脱贫的具体情况采取"能进、能出"的动态化管理；能够使各项扶贫资源切实、有效地用到真正需要的地方上，并最终实现"真扶贫、扶真贫"的具体目标。精准到人的扶贫措施，为农村金融的精准性提供了更为有效的市场空间，尤其是小额信贷、扶贫贴息等政策的实施需要以扶贫对象的精准性作为前提和保障。

（三）农村金融相关理论的研究启示

1. 金融结构理论的研究启示

金融结构理论为金融研究提供了重要的方法理论参考和分析基础，也是各种金融发展理论的重要渊源。根据金融结构理论，农村金融体系的完善情况对农村经济影响巨大，我国农村金融体系不完善的一个突出的表现是：农村金融资源短缺与农村金融资源外流并存，农村金融边缘化、脆弱化，严重影响我国农村经济的增长和发展。本书在实证分析中，将应用金融结构相关指标对农村金融结构展开分析。总之，戈德史密斯的金融结构理论对于推进适应我国需要的金融体系重构具有重要的借鉴意义。

2. 金融深化理论的研究启示

该理论分析了发展中国家的资本市场不发达、货币化程度不高以及国家对金融过度干预的情况，这些情况的确在发展中国家大量存在，理论一经提出就引起广泛关注，并得到广大专家学者的认可，其研究对象的分析比较符合多数发展中国家的实际。此外，该理论提出的政策建议也较为符合实际，如放松利率管制、放宽金融机构进入限制、促进金融竞争等，它们大多被广大的发展中国家所采纳，有力地促进了发展中国家的经济发展。金融深化理论对我国农村金融发展具有具体的指导意义，比较符合我国的实际国情。在广大发展中国家的农村金融抑制广泛存在的背景下，对农村影响较为严重，如农户和农村中小企业在借贷市场上经常处于弱势地位，难以从正规金融部门获得足够的借贷资金。因此，相关部门有必要借鉴金融深化理论，进一步放宽金融机构进入限制，加快农村金融体系的构建，充分发挥农村金融体系对农村经济增长和发展的促进作用。同时我们也要看到该理论的不足和缺陷，即把发展中国家经济发展的根本原因归因于金融发展，政策主张也过分依赖于建立有效的信贷市场，忽视了对经济发展的根本影响因素；强调金融政策的改变，忽略了对发展中国家金融制度的建设。

3. 农业补贴信贷理论的研究启示

该理论支持的是一种信贷供给先行的农村金融战略，直到现在包括我国在内和很多发展中国家都广泛实行这种农村金融理论的政策，实践也表明该理论的确具有相当的实践价值。通过政府机构供给农村信贷有利于帮助贫困农户消灭或削弱高利贷，对于贫穷的农户更具有吸引力，这既促进了农业生产增长，又扩大了向农村部门的融资。同时也不可否认，该理论存在严重不足，包括对本国储蓄动员不力，过分依赖于外援资金，贷款回收率低下，偏好向中、上层融资，只能满足少数人的需要等弊端。对于促进农业发展、帮助农民脱贫和搭建有效率的农村金融体系来说，该理论的实践效果存在一定欠缺。因此，我们在实践过程中需要对该理论进行进一步优化：一是需要避免贷款逆向选择。我们必须改变当前在政策实行中面临的以优惠利率所发放贷款的大部分并未用于农业，背离了通过低息贷款来增加农业经济的资金投入的初衷；二是避免贷款政策偏差，低息贷款政策偏离向穷人倾斜的收入再分配目标，实际上是对贫困农户的歧视。由于低息贷款是一种配给制，贷款程序至少有一部分是由政治因素来决定的，得到优惠贷款好处的总是一些相对富有且有权势的家庭，而穷人却难以获得贷款。因此，相关部门需要通过增加农户贷款的可得性、精准性来降低政策偏差。

4. 农村金融市场理论的研究启示

该理论是在对农业补贴信贷理论进行批判的基础上产生的，强调市场机制的作用，极力反对政策性金融扭曲农村市场，在21世纪受到了人们的广泛关注，至今还是农村金融理论的重要理论之一。但是必须承认，由于该理论与广大发展中国家的实际情况存在巨大的差异，在实践中未取得理论设想的效果，发展中国家不具备农村金融完全市场化的现实条件，因为其研究对象是私有制经济基础完善的市场经济国家，实际上其更适用于发达资本主义国家，而对于发展中国家特别是经济欠发达地区而言，则并不完全适用。这表明农村金融改革必须以市场化为基础，而又不能完全市场化。

上述四类农村金融理论反映出政府的金融政策和制度对农村金融的发展会产生重要影响，具体的农村金融政策包含在相关的农村金融理论中；同时，要想突破农村地区的金融抑制，需要把农村金融深化和农村扶贫开发紧密结合，通过政府对农村政策性金融和农村金融市场进行干预，发挥公共政策的金融调节手段，为贫困地区的经济增长创造条件，挖掘欠发达地区的闲置资金，用现代金融机构取代金融空白，为农村经济发展和反贫困提供充足的信贷资金。

第三章　农村金融作用于反贫困的影响机制

金融扶贫作为"造血式扶贫"的重要途径，我们通过文献综述分析可以发现，生活、生产和发展资金匮乏成为制约农村地区贫困群体摆脱贫困状态的一个重要因素。因此，农村金融对于反贫困无论是现实要求还是减贫需求都具有重要的战略和实践意义。在我国特有的城乡二元经济结构条件下，农村金融作为我国金融的重要组成部分，我国政府将农村金融作为减缓贫困的重要政策资源、支撑力量和主要政策工具。因此，农村金融发展对反贫困而言，既有与普惠金融相一致的服务功能，也因其服务我国农村广大地域而具备自身个性独特的发展特性。

农村金融发展作用于农村贫困减缓的影响机制，包含直接作用机制和间接作用机制。从直接作用机制来看，农村金融机构向农村居民特别是贫困群体提供的信贷、储蓄、结算、融资投资、保险证券和金融信息咨询等金融服务及其服务的深度和广度，能够影响到农村个体的初始财富水平、接受教育和培训的机会与程度、获取金融服务的机会、改善社会福利的机会等，进而对农村贫困产生影响。从间接作用机制来看，农村金融的发展和深化可以促进农村经济增长、改善农村内部收入分配状况，而农村经济增长、收入分配改善又会影响贫困群体的收入水平和其他福利，从而影响农村贫困状况。本章就我国农村金融发展作用于农村贫困减缓的直接机制和间接机制进行系统研究，为农村金融发展的减贫效应奠定理论基础。

第一节　农村金融发展对反贫困的直接作用机制

农村金融作用于农村贫困减缓的直接机制主要是通过穷人对金融服务的参

与和可及性实现预期目标。农村金融机构向农村居民提供的信贷、储蓄、结算、融资投资、保险证券、金融信息咨询、风险管理等金融服务及其服务的深度和广度，能够影响到农村个体的初始财富水平、接受教育和培训的机会与程度、获取金融服务的机会等，进而对农村贫困产生影响。如通过为有发展需要的贫困户提供资金，有利于促进贫困户的生产积极性；为贫困户提供信贷补贴和保险补贴，有利于降低重大风险危害，提升贫困户抗击风险能力。农村金融直接面向农户的一般是生产性贷款和消费性贷款，对不同收入层次的农户带来的效用和减贫效果也不同。农村金融服务既包括正规金融服务又包括非正规金融服务，正规金融和非正规金融在其中发挥的作用也存在差别，且两者的服务机制既存在共性又存在个性。因此，本节分别从正规金融和非正规金融入手，深入分析农村正规金融和非正规金融对贫困减缓的影响机制。

一、农村正规金融服务对反贫困的作用机制

农村正规金融服务主要包括信贷、储蓄、融资投资、结算、保险证券和金融信息咨询、风险管理等。贫困群体对这些金融服务的参与和可获得性是农村正规金融发展直接减缓贫困的重要渠道，主要通过家庭储蓄服务、小额信贷服务、融资服务和保险服务作用于农村贫困减缓。

（一）农村金融的家庭储蓄服务能够增强农户的资金积累

储蓄服务是农村正规金融机构的主要功能之一。农村正规金融机构通过为各类群体包括贫困群体提供储蓄服务，促进农户增加收入积累和提高个人收入，进而促进贫困减缓。

1. 储蓄服务为贫困群体提供了一种安全的资金积累方式

现阶段农户家庭储蓄主要依靠金融机构实现储蓄规模的不断扩大，同时使得贫困群体能够获得一定的利息收入，并降低资金闲置的机会成本。正规金融机构储蓄服务的保本付息特征注定了其具有明显的保值性和收益性。农户可以利用家庭储蓄收入进行教育投资、生产投资、养老储蓄等活动。

2. 储蓄服务提高了贫困者的生活经济保障

储蓄可以帮助贫困者在不可意料的收入波动中实现消费平滑，从而帮助贫困者抵御收入不确定性带来的风险，这对于收入低且不稳定的贫困群体来说非常重要。贫困者的经济储蓄为其降低面临风险冲击时的脆弱性以及摆脱贫困提供了重要的生活保障。

3. 储蓄服务可以提高贫困者应对风险冲击的能力

一般而言，面临风险冲击时的脆弱性往往会导致贫困者财产、人员等各项损失，引起贫困家庭福利水平的下降甚至生活质量的下滑等。储蓄服务使贫困者在面临冲击时不至于终止正在进行的生产、减少食物摄入量、出卖牲畜和家产甚至使子女辍学来维持生计，增强了贫困者从冲击中尽快获得恢复的可能性，提高了贫困者面临经济、健康、灾害等风险打击的适应能力和自我激励能力，降低了由此而导致的更深层次贫困的关联性。

（二）小额信贷服务对农村产业发展提供资金保障

小额信贷服务是农村金融机构的一个基本且重要的服务构成。根据信贷服务的用途，其主要有生产性贷款和消费性贷款两类。

1. 生产性贷款

生产性贷款一般是指农村金融机构面向"三农"和中小企业，信贷金额标准为1万元以上、20万元以下的农业贷款。在脱贫攻坚过程中，银行主要为贫困户提供了1万~5万元的生产性贷款。小额信贷服务不仅增加了贫困者对原材料、设备、厂房、人力资源和技术等生产性资产的投资机会，还可以促使贫困者利用资金发展乡村服务业，如饭店、超市、交通运输等。小额信贷扩大了农户生产的资金来源，提高了农户依靠自身力量发展的积极性；在提高贫困者劳动生产力和预期收入的同时，还能够提高他们的发展能力，增加其长期收入，进而帮助他们摆脱贫困。当前，农村正规金融支持下的贴息贷款为农民扩大农业生产和非农创业提供了资金支持，不仅直接降低了农民获得信贷资金的成本，还使得农民的农业生产得以顺利进行，进而带来收入增加和贫困减缓。但长期以来我国的农村正规信贷由于农户抵押物缺乏而被排斥在外，因为享受农村正规金融机构的信贷服务存在门槛制约，需要农户提供抵押物，然而贫困者实物抵押和担保的缺乏导致其难以跨越信贷服务门槛，进而阻碍了贫困者通过信贷减缓贫困的可能。近年来，正规金融开始明确农户抵押物的范围和农村小额信贷的发展，重视农村信用体系建设，加大了农村金融的供给力度，增加了农户贷款的可获得性，对民间借贷形成了一定的挤出效应。

2. 消费性贷款

在消费性贷款方面，正规金融机构往往对无法判断信用状况的农户拒绝贷款，如信用卡在贫困农村地区的普及率偏低。不同于生产性贷款，如果农户所需的消费资金是生活必需品（疾病就医、教育经费等），农户会借助于高利贷或向亲友借贷，高额的利息是对家庭物质与精神上的双重打击，也将增大农户致贫的可能。因此，在有效防控风险的基础上发展消费型金融方面的正规金融，能加大资金供给力度，降低农户因高利贷致贫或返贫的概率。在农村抵押贷款受限的背景下，诸多金融机构尤其是互联网金融机构推出小额信用贷款，如支付宝的"花呗"、腾讯的"微粒贷"、京东的"金融白条"等，基于个人的信用评分向农户提供消费贷款额度，明确了信贷资金用途。农户能实时查到自己的信用状况，这种简单的方式让农户理解信用的重要性，能够促使其形成按需消费和按时还款的习惯。

（三）生产性企业融资服务增加农户就业收入

资金是企业经济活动的主要推动力，企业能否获得稳定的资金来源，保证生产要素组合所需资金的及时、足额筹集，是企业能否实现正常经营和发展的关键。企业融资既可以通过外源融资也可以通过内源融资来解决，尤其针对现阶段我国快速发展的专业大户、家庭农场、农民合作社、农业产业化龙头企业等新型农业经营主体而言，各类新型农业经营主体和服务主体快速发展，总量超过300万家，成为推动现代农业发展的重要力量。截至2018年年底，全国家庭农场有近60万家，其中县级以上示范家庭农场达8.3万家。全国依法登记的农民合作社达217.3万家，是2012年年底的3倍多，其中县级以上示范社达18万家。全国从事农业生产托管的社会化服务组织数量达到37万个①。在投资周期长、风险高和资金投入大的条件下，农业企业贷款对于新型农业经营主体的发展壮大十分必要，银行信贷成为农村新型经营主体最主要、最重要的资金来源。金融机构为企业提供融资服务，在实现自身盈利的同时促进企业发展与成长，从而有利于创造更多的就业岗位，增加贫困群体的就业机会，拓展贫困群体的就业途径，进而促进贫困者收入的增加，有利于贫困减缓。因此，企业融资服务也是减缓贫困的途径之一。

（四）农村金融保险服务增强农户抵御风险的能力

保险服务的基本功能是保障功能。具体而言，金融保险分为农业险和人身险。保险作为一种有可能带来收益也有可能带来损失的互动发展式社会资金，能够提高贫困者在面临突发事件时寻求外界支持与服务的能力，保险服务对财产损失的补偿和对人身危害的给付，能够降低贫困者在生产和生活中因突发事件带来的损失，进而降低他们应对金融风险时的脆弱性。其一是对农业险而言，其能够降低农业经营的风险，但长期以来农业金融保险无论是业务、市场普及度还是农业险种和农村受众，发展均十分缓慢；其二是对人身险而言，现阶段农村的人身健康险的市场发展迅速，广大农户在购买新型农村合作医疗（以下简称"新农合"）的基础上，经济条件允许的情况下可以购买人身商业

---

① 数据来源于农业农村部印发的《新型农业经营主体和服务主体高质量发展规划（2020—2022）》。

保险，进一步降低生活中突发意外事件致贫的风险。

二、农村非正规金融服务对反贫困的作用机制

大多数国家特别是发展中国家的农村地区，金融市场普遍不完善，这是贫困产生的重要原因。金融市场的不完善，导致组织化程度相对较高的正规金融服务部门难以处理和应对如信息不对称、抵押物缺乏、小规模借贷成本和风险高以及消费信贷旺盛等问题，只得采取信贷配给政策，而贫困群体就是被配给的主要对象。这就使得贫困群体普遍难以得到必需的金融服务。在面临迫切的金融服务需求而又无法从正规金融部门得到满足的情况下，贫困群体就转而求助于非正规金融。

（一）非正规金融可以有效缓解农户的信贷配给

长期以来，农村非正规金融是正规金融的重要补充。根据农村金融市场理论，对非正规金融的开放有利于增加农村金融供给。农村地区的金融基础设施普遍落后于城市，特别是贫困地区经济落后、金融组织化程度低、金融覆盖的广度和深度严重不足。贫困群众多数受到信贷配给的限制，难以获得信贷的支持发展生产和进行必要的消费。在通过正规金融无法获得信贷支持的情况下，多数有信贷需求的农户会诉诸非正规金融的帮助。从非正规金融获取资金可以提高农户的市场参与度，扩充生产能力，改变农户固有的资源禀赋，进而改变农户贫困的状况。同时，非正规金融多扎根于基层农村，对农村环境和农户情况较为了解，这是相对于正规金融的天然优势。非正规金融依靠信息优势可以有效防控风险，进而放宽对农户抵押和担保的限制，扩大农村金融供给，缓解农村的信贷配给程度。非正规金融除了提供资金外，往往还提供资金配套服务，这为农户带来了较大帮助。许多农户除了日常的农业生产外，还会以家庭作坊、个体工商户等形式参与市场，为农村市场以及通过电商为城市市场提供产品和服务。非正规金融依靠对于本地农村市场的熟悉度和对商业服务的专业性，可以为农户提供融资相关的配套服务，包括产品、营销和管理等方面的咨询、培训等附加服务。农户融资获得更多有针对性的服务，这一方面提高了农户生产获得盈利的可能性，另一方面非正规金融机构对于农户资金的使用有了更多的掌控，保障了资金的安全。这里可以发现，农村非正规金融的融资业务发展与农户生产发展关系紧密。非正规金融机构只有更好地为农户提供信贷融资和配套服务，才能在农户收入增长的同时获得相应的回报。

（二）非正规金融在农户收入增长上存在一定的负面效应

非正规金融缓解农户借贷需求困难的同时，也存在一定程度的发展不规范

问题。一些非正规金融还会打着服务农户的旗号，实质上是类似高利贷组织，对急需用钱的农户提供高息借贷。这类借贷一般存在利息高、利滚利、诱骗式贷款等问题。农户通过这种方式获得的资金，往往资金成本高、周期短，虽解决了农户一时的困难，却给农户带来了更大的长期困难，给农户的日常生活带来了更多困扰。高利息不仅侵蚀了农户收益，也对农户精神带来打击，降低了农户发展生产、增加收入的积极性。根据农村市场不完全竞争理论，政府应对非正规金融进行合理的监督和干预，降低非正规金融的负面影响。从非正规金融信贷资金对农户收入的整体效应上看，非正规金融的正面作用显著。政府应充分发挥非正规金融融资对农户资金需求的正向支持作用，强化非正规金融融资配套综合服务，缓解农村信贷配给；同时，需要警惕非正规金融的负面影响，从制度上规范非正规金融发展，压缩高利贷在农村的生存空间。

第二节　农村金融发展对反贫困的间接作用机制

总体来看，农村金融作用于农村贫困缓解的间接机制主要是借助于农村经济增长和收入分配这两条重要的作用渠道实现的，主要通过增长效应和分配效应来体现。具体而言，这主要体现在为农村企业发放贷款，通过扩大企业生产规模和吸引企业加入农村扶贫，实现贫困户就业以增加收入；通过为贫困户提供技能培训，帮助贫困户获得相应的劳动技能。

一、增长效应：农村金融发展对经济增长与贫困减缓的影响

农村金融发展减缓农村贫困的经济增长作用机制取决于两个环节：一是农村金融发展对农村经济增长的作用机制；二是农村经济增长对反贫困的作用机制。

（一）农村金融发展对农村经济增长的作用机制

金融深化理论和内生金融发展理论均就农村金融发展支持农村经济增长的机理进行了系统的阐释，并且就农村金融发展对农村经济发展的作用而言，内生金融发展理论的阐释与金融深化理论的阐释大致相同。因此，学者们主要是借用内生增长模型（AK模型）来系统研究农村金融发展作用于农村经济增长的机制。具体而言，农村金融发展主要就是通过储蓄效应、投资效应和资源配置效应来促进农村经济发展的。

1. 农村储蓄对经济的增长效应

储蓄是农户需求最基础的金融服务，金融机构通过吸收存款可以聚集农村地区的闲置资金，这是农村金融提供信贷服务的资金基础。随着农村金融体制和市场的不断完善，推动农村金融储蓄产品日趋丰富，从而可以吸引有储蓄能力和储蓄愿望的农村经济个体积极进行储蓄。储蓄对减贫的具体效应体现在三个方面：一是避免因病返贫。农村因病致贫的情况非常普遍，国家近些年由政府主导且发动农户自愿参与的新农合获得了广泛的普及，农户的基本医疗有了保障。但遇到一些疑难杂症或大病时，新农合的保障能力有限，农户的储蓄率提高可以为应对将来可能面临的各种不确定性提供一定的经济保障。二是加大了教育投入力度。储蓄率的提高能够为农户子女的教育投入提供基础保障，教育从短期来看是消费，但长期来看是一种无形投资。从长远来看，教育被视为一种人力资本投资。近年来，针对广大农村地区的农户尤其是贫困农户，农村越来越重视在教育领域的资金投入，通过储蓄率的提升能够为子女教育条件提供更加可靠的保障。三是降低不确定性。在中国农村社会保障水平不高、农村居民就业与收入稳定性不高的情况下，农户主要是通过压缩过度消费、增加家庭储蓄等方式，以应对将来可能面临的农村养老、子女成家、意外支出等多种因素导致返贫的不确定性。

2. 农村投资对经济的增长效应

农村储蓄为农村经济发展带来了资金的聚集和可用的信贷资金，这是开展农村经济运行的基础。要使可用的信贷资金产生投资效应，就需要有完善的农村金融体系服务于资金供给方和资金需求者，发展农村金融市场，减少两者之间的信息不对称，降低投资风险，创造良好的投资环境。具体来看，农村金融市场的发展能够推进投资发展，对减贫的具体效应体现在扩大农业投资再生产上。

农村金融市场的完善，能够推动储蓄向投资转化比例的提高，有效满足农村本地资金需求。但是，当前农村地区存在很大的一个问题是有效资金需求不足，缺少内生的增长动力。农业生产受天气等自然因素影响较多，风险偏大，农户普遍无抵押、无担保，难以获得贷款。在这样的背景下就尤其需要政府公共政策等一系列政策配套措施的优化完善，通过优化农村金融环境、寻找担保抵押物、推动农村信用市场建设等措施推动农村金融市场的完善。通过一定的政策倾斜和财政保障措施，减少农村投资尤其是城市资金的投资顾虑，将使信贷资金为投资带来加成效应，扩大农村的投资规模。信贷资金规模的扩大能够促进农村投资活动的开展，推动农村经济增长。在推动农村投资发展的过程中，政府尤其要重视通过对农村金融市场的完善，增加农村资金供给。这一方面要保持和提高农村的储蓄率，增加农村资金来源；另一方面还要改善农村投资环境，提高投资的期望收益，降低投资风险，把储蓄资金留在农村，将农村储蓄资金转化为农村投资，避免农村资金的外流。

3. 资源配置对农村经济的增长效应

农村金融中介和农村金融市场的发展和完善，使得金融机构能够对资金需求主体进行评估、甄别和监督，进而把资金配置到生产效率相对较高的企业或项目上，带来资本边际生产效率的提高和经济产出的增长。在农村资金的使用和流通过程中，当部分农村个体和农村企业在自身投资及消费之余还有过剩的资金，而同时又有部分农村个体和农村企业缺乏必要的资金进行投资与消费时，农村金融中介将通过利率杠杆最大限度地将农村社会暂时闲置的资金集中起来，并将资金配置到需求最迫切、收益最高效的地方，促进农村资金配置效率的提高和农村总产出的增长。

具体而言，这就需要我们进一步分析农村资金配置效率的具体影响因素，包括资金在农村地区的使用是否合理、投资是否能收回成本、项目能否产生较高的收益吸引投资，以及交通及教育状况、投资生产的产品是否有良好的市场销路等。农村吸引投资的优势在于土地租金和人力成本相对较低，但仅有这些还不足以吸引投资。交通便利的农村地区，特别是离城市较近的地区，一般会更有优势，更易得到城市资金的覆盖。投资效率的提升，将产生良性循环效应，产生的收益可以再次投入本地的项目中。要使投资更有效率，首先需要金融机构对信贷资金需求进行有效的甄别，详细评估风险，结合农村发展实际和市场状况，对信贷资金进行合理的配置；要避免对好项目的惜贷，也要避免忽视市场规律对农业产能扩张的盲目支持。其次需要政府对农村金融系统自身无法解决的问题进行政策支持，完善农村土地租种权和农户的宅基地抵押等相关法律及资产处置办法，建立风险保障基金激发金融机构的信贷积极性，消除金融机构的后顾之忧。再次要充分尊重市场规律，金融机构通过资金的价格即利率进行信贷资金的配置，减少政府对利率的过度干预，减少利率的补贴。最后要依靠市场优化信贷资源配置，通过市场化信贷激发农村产业发展，将信贷资金投放到高收益和对农村经济有带动作用的地方，从而提高农村经济总产出水平。

我国贫困地区大多分布在集中连片的山区，尤其是我国的西部地区，吸引投资能力较弱，资源不能有效流动，阻碍了当地农村经济的发展。要提升投资效率，尤其需要政府对贫困农村地区进行帮扶和指导，通过财政资金支持，打破交通与物流上的闭塞问题，加强公共基础设施建设，为农村打造一个良好的投资环境。政府只有做好基础建设工作，才能更加有效地引入资本、提高投资效率。

通过对以上三个方面的分析可知，农村吸收储蓄、扩大投资和提高投资效率本质上都是为了提高农村投入产出比，促进农村资本积累，提升农村经济的发展成效。农村有效投资的扩大，会对农村人力资本产生正向影响，在项目及产业发展中提升农户的综合技能水平，进而影响农村的经济增长率。另外，农村有效投资的扩大，会加速农村技术进步，通过投资带动农村走出之前的低效率循环，用更高的劳动生产率水平获得更多回报。金融机构充分利用信贷对农村经济产生的正外部性，不仅能强化投资效率，还能在信贷资源配置上更多地从农村全局与惠及更多贫困农户的角度考虑，推进农村机械化、规模化、产业化，从而有效提升农村经济发展的内在质量。

（二）农村经济增长对反贫困的作用机制

农村经济增长促进了农村总产出增加，这为反贫困提供了重要的物质前提。一方面，农村经济增长所带来的农村社会整体物质水平的提高，将会通过"涓滴效应"增加低收入群体的收入，并使其他福利得到改善，进而影响农村贫困减缓。如经济增长促进了农村企业、农业产业的发展，并使得农村与农业经济发展方式转变，推动现代农业服务体系建设，这将在一定程度上影响农村居民收入、消费等经济福利。另一方面，农村经济增长将促进政府财政收入增加，进而使得政府财政支出相应得到增加。其中，政府购买性支出增加将促进农村公共设施、公共产品、公共事务的建设和投资增加，而农村公共设施、公共产品、公共事务建设的正外部性将使得更多的贫困人群从中受益；政府转移支付的增加将提高直接针对农村贫困群体的救济金、补贴金、失业补助、社会保障福利津贴等，使得贫困群体直接从中受益。我们具体可以通过以下几种渠道实现农村经济增长对农户减贫的影响：

1. 农村经济发展将促进农村基础设施建设

农村基础设施建设将通过增加非农就业、降低运输成本及农村劳动力转移成本、提高农业劳动生产率、促进农业产业结构调整这四条途径对农村贫困减缓产生积极影响。基础设施作为农村城镇化进程中的"先行资本"，从短期来看，直接参与生产过程的交通、通信、能源供给等经济性基础设施建设投资的增加将对建筑、采掘、建材制造等相关行业的产出及最终需求产生一定的拉动作用；间接参与生产过程的教育、科技、医疗等社会性基础设施建设投资的增加，将促进地区人力、社会和文化三大资本的形成，转变贫困人口社会服务的可获得性并降低其遇到金融风险时的脆弱性，这都将促进农村社会的发展和经济的增长，并不同程度地为农村贫困群体带来各项福利的改善。

2. 农村经济增长将促进地方政府财政收入增加

地方财政收入将进一步增强政府安老扶弱、助残养孤、扶危济困等扶贫能力，为相关部门增加专门针对农村贫困群体的转移支付提供更多的保障资金，进而改善农村居民内部的收入分配状况，促进农村贫困群体收入的增加和经济福利的改善；同时，也将增强政府提供公共产品和向社会购买公共服务的资本与能力。财政上的支出会直接增加农村公共品的供给，如道路、水利、公共娱乐设施、中小学教育、新技术培训等，为农村公共设施、公共事业、公共服务等领域提供更多的建设资金，从而增加农村和农户的整体福利，促进农村基础设施和生态环境的改善，使得贫困群体从中享受到更多的社会福利和经济福利。同时，农村交通、网络通信、基础教育等基础设施环境的改善，将缩小农村与城市之间的硬件差距，加强城乡之间的经济联系，提升交易效率。基础设施的改善，为农户提供了更多的就业机会，也可以增加他们的收入。

3. 地方转移支付进一步促进减贫发展

地方经济的增长还有利于政府通过贫困户补贴、失业救济等转移支付的方式直接帮扶贫困户。只有农村经济保持一定的增长率，政府才能有足够的税收帮助最需要帮扶的因病或因高龄丧失劳动能力或部分丧失劳动能力的农村人群。另外，政府税收的增加，可以逐步扩大农村社会福利的保障范围，缩小与城市福利保障的差距，减轻农户发展生产的生活顾虑，进一步激活农村经济。

4. 农业产业化发展带动农村地区脱贫致富

农村经济的发展和农业产业化的发展相互作用，农业产业规模化、现代化为地区脱贫致富找到了有效的出路。许多农村地区的经济发展，都是从找到特色产业作为发展契机开始致富的。如陕西富平柿饼、寿光蔬菜、东北大米等，都是农业产业化发展带动农村经济增长的范例。信贷支持农村发展特色产业，形成规模效应，可以提高土地的使用效率，提高单位面积土地的收益。农村特色产业的发展具有示范效应，可以带动区域农户统一发展这一产业，通过有效组织可以统一对外出售，提高农户的收益。另外，产业发展需要有配套的技能培训和技术升级，规模化发展易于推广新技术，农户从自身增收的角度考虑，会更有学习热情，以拓展产业发展新技能、提高劳动生产率。农户参与农业产业化，既可以出租土地收取租金，又可以使用自有土地参与规模化发展，还可以通过土地流转扩大规模，这都将促进农户增收。

需要指出的是，虽然农村经济增长具有减缓贫困的作用，但是这种作用的发挥是有前提条件的，经济增长促进农村贫困减缓需要有广泛的基础（资源、初始财富与收入等）和包容性（对贫困群体的惠及性）。虽然农村经济增长会带动农户收入的增长，但收入增长幅度在农户间不尽相同。即使不同农户的收入增长率相同，收入基数的初始差别也会引起贫富差距的扩大。富裕农户和农业企业主更易得到信贷支持，通过信贷资本的杠杆和加成效应，财富得以快速积累。而低收入水平农户普遍受信贷配给约束，难以获得信贷的支持来发展生产。针对此类问题，相关地区只有实施"利贫式"的经济增长才是促进农村贫困减缓的关键，与之相对的"资本式""自利式"的经济增长则会进一步加剧贫富差距。针对上述问题可知，要避免贫富差距的扩大，就需要切实有效的公共政策的制定和引导。政府除了转移支付外，尤其需要健全和完善农村金融体系，不断进行农村金融创新，完善农村信用评级，全面获取农户数据和减少信息不对称；在信贷配置上更多地发挥无抵押、无担保的小额信贷的作用，为农户发展农业产业提供信贷资金助力；在农村经济保持平稳增长的前提下，信贷资源向小农户倾斜，提升小农户的资本可得性，从资源配置层面降低信贷资源的不平等分配。

二、分配效应：农村金融发展对收入分配与贫困减缓的影响

农村金融发展的作用既应该体现在效率上，即对农村经济发展的影响，又应该体现在公平上，即对农村内部收入分配的影响。因此，农村金融发展不仅可以通过经济增长的作用机制来影响贫困，还可以通过收入分配的作用机制来影响贫困。农村金融发展作用于农村贫困减缓的收入分配作用机制同样取决于两个环节：农村金融发展对收入分配的作用机制和收入分配对农村贫困减缓的作用机制。

（一）农村金融发展对收入分配的作用机制

通过已有研究分析发现，农村金融发展对收入分配能够起到影响作用，影响趋势主要通过三个方向，农村金融发展可能缩小收入分配差距也可能扩大收入分配差距，还有可能先扩大后缩小收入分配差距。不论两者之间存在何种关系，都表明金融发展能够影响收入分配。由于金融功能的存在，农村金融将通过经济增长、人力资本积累等渠道，影响贫困群体的福利水平或潜在福利水平进而影响收入分配。

1. 农村金融对经济分配方式的作用机制

农村金融发展促进了农村经济增长，农村经济增长进而通过市场分配方式和非市场分配方式来影响收入分配状况。市场分配方式主要通过改变信贷市场格局和劳动力市场格局来实现。就信贷市场而言，农村经济增长推动了农村社会的资本与财富积累，使借贷市场资金充裕，促使原本被排斥在金融服务之外

的农村低收入者能够享受到信贷以及其他金融服务，从而获得更多的经济机会和收入来源，收入分配状况得到改善；就劳动力市场而言，经济增长将增加其对不同技能水平劳动力的需求，并影响其收入回报。农村低收入者由于资金缺乏，在接受教育、培训和获取技术技能等方面都相对弱势，大部分属于低技能水平劳动者。如果经济增长有效刺激了高技能水平劳动力需求，那么将使得贫困群体的收入状况进一步恶化，加剧农村贫困程度；如果农村经济增长有效刺激了低技能水平劳动力需求，那么将使得农村贫困群体的收入状况得到改善，从而促进农村贫困减缓。

2. 农村金融发展对人力资本积累的作用机制

人力资本积累对农村收入分配的影响大小主要表现在农户家庭个体能否获得收入能力或潜在收入能力的培养。农村金融市场是否完善，使得家庭个体所拥有的初始资源禀赋成为决定未来能否获得相对较高收入的关键。而农村金融发展的作用之一就是可以为农户家庭个体提供人力资本投资所需的资金，帮助他们实现人力资本积累，从而最终促进农村收入分配的改善。

（二）收入分配对农村贫困减缓的作用机制

在平均收入同等的情况下，收入分配差距越小意味着贫困群体占有的财富越多，因此降低收入分配差距将有利于减缓农村贫困。但是收入分配对农村贫困的影响效应也受诸多因素的制约，农村经济发展过程中人均收入水平越高，收入不平等引致的贫困效应可能会更强，而收入不平等越严重的地区，贫困对收入不平等的反映可能会越迟钝。因此，收入分配不平等程度的加深将延缓经济增长和收入增长带来的减贫效应。同时，收入分配对农村贫困的影响也受到收入水平的制约。

结合上述理论分析我们发现，在公共政策设计下，农村金融能够促进反贫困的减少，并且需要一系列配套的公共政策完善农村金融反贫困的运行机制。首先，公共政策主体的实施有利于农村金融公共政策的完善，为农村金融发展创造良好条件，有助于引入和发展多元化的农村金融主体，增强金融主体的竞争机制以增加贫困农户金融资本的可获得性。其次，实施针对公共政策客体的瞄准机制，可以纠正扶贫开发过程中的瞄准偏差。最后，通过优化政策环境和设计，有利于完善贫困者的公共政策工具，加强农村金融的公共政策监督，规避农村金融市场的逆向选择和道德风险问题，从而实现公共政策体系优化并带动农村金融反贫困发展。具体的公共政策与农村金融反贫困的运行机制主要依赖于农村金融发展带来的增长效应和分配效应。农村金融发展作用于反贫困的传导机制如图3-1所示。

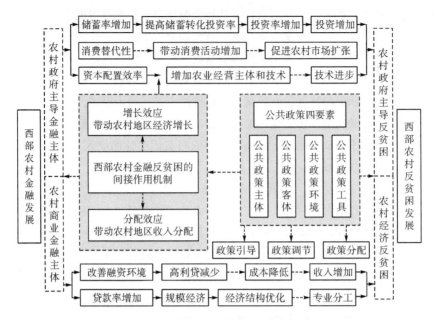

图 3-1　农村金融发展作用于反贫困的传导机制

　　增长效应主要依赖于农村金融信贷资金的注入和转化。资金、技术、劳动力和土地是制约农村贫困的重要投入要素。在特定区域内，资本成为制约农村经济发展的主导因素，农村金融则成为反贫困的主要资金来源，具体通过三条路径影响反贫困：一是农村金融促进农村储蓄率的增加，带动农村金融投资率增长，使农村水利、通信、公路等基础设施得以改善。这一阶段主要依赖于政府主导的金融机构减贫，利用政府贴息贷款和税收优惠等政策工具，为我国农村反贫困搭建良好发展环境。二是通过农村金融市场的发展作用于农村消费市场，激发农村市场的活跃度，带动贫困农户生活水平的改善。三是增加储蓄率的信贷转化水平，增加贫困农户的贷款可获得性，从而增加农户机器、设备投入和投资高收益农业比重，最终实现减贫目标。

　　从分配效应来看，农村金融反贫困公共政策运行机制主要依赖于金融发展带动农村专业分工和收入分配。一是促进资本配置效率的改善，使金融成本降低并带来规模经济，从而优化农村经济和产业结构，带动非农产业的发展和农村专业化分工，提升劳动力市场的活跃度和增加非农劳动力需求，为农户提供更多的就业机会，以增加贫困农户收入来源和减少收入差距；二是融资政策环境的改善，带动有才能和创业激情的贫困农户获得初始资金，创办农业企业，承包土地进行集约化生产，从而减少对高利贷的依赖并降低资金成本。

第三节　公共政策在农村金融反贫困中的角色演变

政府作为公共政策制定的主体，在农村金融发展的不同时期起着不同的作用和扮演着不同的角色，帕特里克（Hugh T. Patrick）针对农村金融发展与农村经济发展间的关系，曾提出"供给领先型"和"需求追随型"两种模式，这两种模式存在优先顺序并与农村经济发展的不同阶段相适应。

一、政府在农村金融发展中充当的"主导者"角色

这一阶段处于农村经济发展的早期，实施政府主导的农村金融政策。由于农村金融制度不完善和存在一定程度的金融抑制，农村金融供给主要是依靠高利贷商人和初级合作金融，并成为制约农村经济发展的主要力量。因此，政府作为"主导者"的角色，健全和完善农村金融供给制度，创立农村金融机构和实施低利率政策，直接干预农村的金融活动，以及政府公有产权性质的农村金融制度安排在促进农业发展、农民收入水平提高的反贫困过程中起到了突出的作用。

二、政府在农村金融发展中担任的"局外人"角色

这一阶段处于农村经济的快速发展期，政府在农村金融市场中起着主导作用。随着市场经济的发展，农村金融由过去的供给不足转化为需求不足，政府主导的农村金融体制在农村经济发展的过程中出现诸多弊端，导致农村金融的低效率和高交易成本，以及政府管理的高成本。为保证农村金融的健康运行，政府将金融制度的安排由供给型向需求型转变，重新界定政府的公有产权界限和资源配置范围。因此，政府主导的农村金融体制逐步向市场化主导的趋势发展，政府对农村金融领域的干预减少，通过市场化的方式，建立市场主导的竞争性金融体系，实施商业化和市场化的农村金融制度，由此在农村金融发展中担任了"局外人"的角色。

三、政府在农村金融发展中担任的"监管者"角色

这一阶段处于农村经济的现代化和成熟期，需要发挥市场和政府相结合的作用。随着农村金融发展规模的壮大和利益主体的增加，农村金融机构的运行风险和"市场失灵"的问题不断增加。同时，由于信息不对称、委托代理机

制不健全和道德风险的增加，使农村金融的交易成本和逆向选择问题不可避免，以及贫困农户担保和抵押品的缺乏，农村金融的局限性受到政府重视。因此，政府开始再次介入农村金融领域，通过设立政策性金融机构以弥补市场机制的不足，同时设立监管机构，强化政府金融监管，使用财政政策和税收政策，在农村公共领域激发农村金融机构的主动性，从而担任起"监管者"的角色。

第四章 我国农村金融反贫困的政策演变历程[①]

我国农村金融发展经历了相对漫长的改革发展历程，纵观我国农村金融的发展可以发现，其具有很强的政府主导性，党的领导和政府的推动促进涉农机构建设成为农村建设和农村金融发展的主力，反映了党和政府对农村经济发展、农村贫困减缓以及农民信贷环境改善的长期支持，实现农村金融发展的主要目标是促进农村经济增长、减少农民的贫困状况。同时，农村金融在发展中受到我国公共政策措施的直接影响，农村金融机构的建立、撤并、外流与我国的公共政策息息相关。因此，纵向分析我国农村金融反贫困的公共政策演变历程，对于发现政策规律、明确政策效果和优化政策措施具有借鉴意义。

第一节 新中国成立以前的农村金融反贫困政策变迁

1921年中国共产党成立以来，我国就十分关注工人和广大农民的生活生产问题，农村金融作为我国农村经济的重要组成部分，在大革命时期（第一次国内革命战争）、抗日战争时期、解放战争时期都是中国共产党推动农村经济工作的重要抓手。中国共产党领导人民开展的农村金融建设历程与农民摆脱贫困、推动农村经济发展密切相关，也是中国共产党领导人民努力探寻，农民摆脱压迫，推动农村走向近代化、现代化的革命历程。回顾历史，长期以来，中国人民受帝国主义、封建主义、官僚资本主义的压迫，深受地主和资本家的剥削，中国的农村凋敝，农民生活贫苦，农业生产落后，农民为了生存不得已

---

① 本章中所提及的相关时间有某一时期的起止时间和某一时期涉及相关内容的所在时间，若时间段中的年份有重叠，均以本书所述内容为准。

向地主借贷，广大农民深受高利贷的压榨和盘剥，高昂的利息成为地主压迫农民的主要渠道之一。在农村，农民迫切需要真正能为农民服务的金融机构。

一、党的成立和大革命时期的农村金融反贫困政策变迁

（一）党的创建时期农村金融思想的萌芽

中国共产党领导人民开展金融运动和革命实践最早起步于 1922 年，毛泽东同志、刘少奇同志先后在江西安源开展安源路矿工人运动，推动创建安源路矿工人消费合作社。1922 年 11 月，陈独秀同志在《中国共产党对于目前实际问题之计划》一文中针对当时的农民问题明确提出"组织农民借贷机关、中国农村向有宗祠、神社、备荒等公款，应利用此等公款及富农合资组织利息极低的借贷机关"[①]。在党的文献中也有明确记载，即"中共中央在《中国共产党对于目前实际问题之计划》中提出组织农民借贷机关和实行低息借贷的建议"[②]。这一建议与当时农民生活的现状息息相关，从农民生产生活角度出发为农民谋取利益。

（二）大革命时期农村金融机构的初创

作为广东农民运动的领袖人物，澎湃同志是我国最早提出建立农民借贷机关和开展农民金融借贷的领导者，他有效结合马克思主义的观点立场并结合我国农村生活生产的实际，制定了《海丰总农会临时章程》和《广东农会章程》，明确提出"可设金融机关以利农民"的规定，并提出了"办理农业银行"和"便利金融"的措施，并在《海丰农民运动》中翔实分析了建设农民银行，开展针对农民的金融借贷的重要性和必要性，首次为保护贫困农民的利益提出建设农村金融机构的政策主张。

但迫于当时中国共产党的革命力量还十分弱小，早在 1927 年，毛泽东同志就已经充分认识到农民问题是中国革命的中心问题。毛泽东同志时任中共中央农民运动委员会书记，具体负责中共中央农民运动委员会和武昌农民运动讲习所的工作，十分善于在分析农民的经济状况中发现革命力量，并大力推动农民运动讲习所的建设，为全国各地培养农民运动骨干力量，还具体从分析农民资本匮乏的问题上提出有效的解决措施。1927 年年初，毛泽东同志在醴陵县（现醴陵市）对农民进行政策宣传时提出，醴陵县要积极"成立地方银行，没收地主的金银财宝，存入地方银行"。同年 3 月 1 日，毛泽东等同志公开发表

---

① 中央档案馆. 中共中央文件选集（一）：中国共产党目前的策略 [M]. 北京：中共中央党校出版社，1991.

② 薛小玉，李晶晶. 中国共产党成立九十周年金融大事记 [J]. 中国金融，2011（13）：86.

了《对农民宣言》，明确提出"努力设立农民银行等条件极低的贷款机关，以解决农民的资本缺乏问题"①。由此可见，设立农民银行解决贫困农户普遍面临的高利贷问题，已成为当时的有效措施。

在毛泽东、澎湃等同志的直接领导和推动下，1926年到1927年的上半年，广东、湖南等一些省份纷纷成立农民协会金融机构，这些金融机构通常被称为"农民银行""平民银行""信用合作社"或"生产合作社信贷部"。据资料统计，其中影响较大的有十几家，主要从事发行货币、筹集资金、发放贷款等工作，真正解决农民在生产生活中的资金问题。毛泽东、澎湃等同志较为全面地论述分析了农民的经济问题，明确提出了在农民运动中应采取确实有效的金融措施，并要求各个省份把农民银行的建设列为重点工作，并在具体的农民运动实践中开办农民金融借贷机构，通过真正为农民建设正规的金融借贷银行来破解农民面临的高昂金融借贷成本的问题，同时也是对孙中山同志提出的"平均地权""耕者有其田"思想的具体落实，自此拉开了中国共产党带领人民推动农村金融建设与发展的历程。但是在短暂的发展中，早期的农民金融银行随着大革命的失败而被扼杀，大革命时期作为我国农村金融的初始阶段和萌芽阶段，为我国农村地区的金融事业发展奠定了思想根基和机构雏形。

二、土地革命时期的农村金融反贫困政策变迁

在土地革命时期，中国共产党的革命重心由城市转入农村，在农村创建了若干革命根据地，建立了工农苏维埃革命政权。随着革命根据地的建立，中国共产党带领人民开展的金融探索也由城市转移至广大农村，中国共产党领导人民推动农村金融改革不断深化发展，为我国农村金融发展的初步创立奠定了基础，也为后续各个时期农村金融反贫困奠定了坚实的基础。

（一）在根据地建立银行金融机构

要巩固革命政权、突破国民党重重包围下的金融封锁、支援革命战争和满足根据地农民的生产生活需要，就要直接满足农民对资金交换流通、筹集资金、调剂金融借贷、日常借贷和发展乡村产业等多项需求。中国共产党开始在广大农村设立金融机构，创立根据地银行。当时的金融机构主要分两大类：第一类是苏维埃银行或根据地银行；第二类是信用合作社或者"贫民借贷所"。1928年海陆丰劳动银行的建立，成为我国革命史上在根据地创立的第一个农民银行。随着根据地的扩大和各地苏维埃政权的建立，根据地银行逐步扩大和

---

① 薛小玉，李晶晶. 中国共产党成立九十周年金融大事记［J］. 中国金融，2011（13）：86.

发展起来。随着革命根据地的快速发展，我国迫切需要统一的国家政权对其进行集中指导。在 1931 年 11 月召开的中国共产党第一次全国苏维埃代表大会上，相关政府制定了苏维埃政权的基本方针政策。其中，金融政策明确规定"取消和废止一切高利借贷，实行低利借贷；成立国家银行及其分支机构；发行苏维埃货币，开展货币兑换业务；实行统一的货币制度和货币政策；对私人银行、钱庄由苏维埃代表进行监督，将帝国主义、官僚资本主义银行收归国有"①。这些金融政策指导思想为国家金融体系的创立确定了工作目标，明确了组织基础和机构框架。1932 年成立的中华苏维埃国家银行，为苏区根据地经济发展、加强革命战争中的资金准备和贯彻统一的货币政策发挥了积极和特殊的作用。1934 年在中国共产党第二次全国苏维埃代表大会中，毛泽东同志进一步总结了根据地货币发行的正面与反面经验。

随着革命形势的发展和第五次反围剿的失败，中国共产党转战陕北，苏维埃共和国国家银行与陕甘宁苏维埃银行合并，成立了国家银行西北分行。1937 年，陕甘宁根据地创立陕甘宁边区银行，开展货币的发行与流通和信贷活动。据文献记载，当时在各个地区的革命根据地银行、信用社等农村金融借贷机构就达 57 个，主要发行纸币、铜币、信用券等金融借贷币 200 余类，为根据地的经济发展和开展革命斗争发挥了重要作用。我国土地革命时期设立的农村金融机构情况一览见表 4-1。

表 4-1　我国土地革命时期设立的农村金融机构情况一览

金融机构创立年份	金融机构名称	主要金融业务、功能
1928	海陆丰劳动银行	我国在根据地最早设立的农村金融机构
1928	"花边厂"（铸币厂）	在井冈山革命根据地设立的"工"字银元专门铸造机构，主要负责货币发行与资金流通
1929	东固平民银行	1930 年改扩建为赣西南政府银行，主要负责纸币发行
1929	闽西工农银行	主要负责分行拓展、机构代理、纸币发行（银元券）
1930	江西工农银行	主要负责设立分行、纸币发行（铜元券）
1931	湘鄂赣省工农银行	主要负责设立分行、收集和兑换已发杂币，发行统一纸币
1931	苏维埃共和国国家银行	主要负责准备金筹集、金融制度建立、设立分支机构、发行苏区纸币、兑换和回收货币，以推进货币统一

---

① 中央档案馆. 中共中央文件选集：七 [M]. 北京：中共中央党校出版社，1991：796-797.

表4-1(续)

金融机构创立年份	金融机构名称	主要金融业务、功能
1932	中央造币厂	主要负责发行货币
1932	闽浙赣工农银行	主要负责设立分行、货币发行、金融借贷
1932	湘赣省工农银行	主要负责设立分行、纸币发行、货币流通
1932	国家银行西北分行	苏维埃共和国国家银行与陕甘宁苏维埃银行合并
1937	陕甘宁边区银行	国家银行西北分行的分支机构,下设分行和办事处

资料来源:石毓符. 中国货币金融史略 [M]. 天津:天津人民出版社,1984;徐唐龄. 中国农村金融史略 [M]. 北京:中国金融出版社,1996;金运. 中国农村金融改革发展历程及改革思路 [D]. 长春:吉林大学,2015.

土地革命时期农村金融机构的建立发挥了重要作用。当时在经济欠发达的农村地区,各式各样的货币、杂钞在市面上流通,百姓用各式各样的钞票购买物品,有时账目都算不清楚,商家和百姓十分头疼,有的地区又回到以物易物的原始交换方式。在这样的背景下,中国共产党设立金融机构的初衷是为了方便百姓、服务农民,并且在货币准备金设立、金融制度的建立以及货币防伪等方面贯彻以农民为中心的金融理念,获得了广大农民群众的极大支持和热烈拥护。当时文献中就有记载:"苏维埃钞票,境内畅行无阻,且信用极高,群众多自愿以银元存入银行,以其兑现充足故也。"[1] 在长征的过程中,苏区发行的纸币仍受到百姓的热情拥护。在长征途中,红军仍然使用的是苏区发行的统一纸币,以方便红军指战员在长征途中购买生活物资品和及时补充部队物资。红军到达陕北后,斯诺在《红星照耀中国》一文中夸赞:"在稳定的苏区,苏币几乎是到处都被接受的,而且有十足的购买力,物价一般比白区略低。""苏币似乎因为人民信任和在市场上有实际购买力而站稳了脚跟。"[2]

(二) 在根据地开展破除高利贷运动

新中国成立以前,农民受到了地主等高利贷者的残酷压迫,高利贷的利率普遍高达30%~50%,有的甚至超过100%,贫困农民由于无法偿还高额债务,被地主豪绅逼迫的家破人亡、妻离子散的情况时有发生,高利贷已经严重影响了农民的生产生活。毛泽东同志在与斯诺交谈时指出:"在许多省份,赋税往

---

[1] 石毓符. 中国货币金融史略 [M]. 天津:天津人民出版社,1984:336.

[2] 斯诺. 红星照耀中国 [M]. 北京:人民文学出版社,2016:231.

往已预征到 60 年或 60 年以上，农民因无力缴付地租和高利贷利息，好几千英亩①的土地都任其荒芜着。"② 当大批农村人口迅速地趋于破产时，土地和财富就随着个体农民的总体衰落而日益集中到少数地主和高利贷者的手里（陈翰笙，1936）。1930 年，毛泽东同志在《寻乌调查》一文中也对该地区的高利贷问题进行了明确阐述，如"钱利三分起码，也是普通利，占百分之七十，加四利占百分之十，加五利占百分之二十。""借一斤，还两斤，借两斤，还四斤，借四斤，还八斤。"③ 等高利贷利滚利的压榨情形。要获得广大农民的拥护支持，实现贫困农民的经济解放，政府就必须解决农民面临的高利贷问题。由此，土地革命时期广大的革命根据地开展了轰轰烈烈的破除高利贷运动。

1927 年年底，毛泽东同志领导的秋收起义工农革命军到达井冈山，并在湘赣边界开展了轰轰烈烈的打土豪分浮财、废债毁约为主要斗争内容的年关斗争运动。1928 年 12 月，在中国共产党的领导下，赣西地区的江西田村和杨梅等地区开展了抗债运动，赣西苏维埃政府制定了明确的《抗债条例》，指明"凡是用利息剥削的叫债"④。1929 年 1 月，在毛泽东同志和朱德同志的带领下，红四军主力向赣南方向进发，到达闽西龙岩地区时，在龙岩地区开展了废除高利贷运动，并发布具体规定，即"工人农民该欠田东债务，一律废止"。同年，毛泽东同志在蛟洋地区召开的中共闽西第一次代表大会上进一步阐述了废除高利贷的具体革命政策。1930 年，中国共产党颁布了《苏维埃土地法》，并明确规定"工农穷人典当物件及房屋予豪绅地主及典业商人的，无条件收回抵押品""苏维埃政权之下，禁止高利借贷。由县苏维埃按照当地金融情形，规定适当利率，但不得超过普通资本在当地一般经济情形中所得利率之数。"⑤

然而在土地革命时期，对于高利贷的具体衡量标准并没有清晰的认识，随着废除高利贷运动的深入，避免高利贷与普通借贷相混淆，政府需要对高利贷的具体界定标准进行细分。1933 年，毛泽东同志在《怎样分析农村阶级》一文中对"高利贷"的内涵进行了界定，指出"依靠高利贷剥削为主要生活来源，其生活状况超过普通中农的人，称为高利贷者，应和地主一例看待"⑥。从而区分了农民生活中的普通借贷行为与高利贷的区别。同时，为了进一步明

---

① 1 亩≈666.7 平方米，1 英亩≈6.07 亩，下同。
② 斯诺. 红星照耀中国 [M]. 北京：人民文学出版社，2016：82.
③ 中共中央文献研究室. 毛泽东文集：第一卷 [M]. 北京：人民出版社，1993：211-213.
④ 湖南省财政厅. 湘赣革命根据地财政经济史料摘编 [M]. 长沙：湖南人民出版社，1986：398.
⑤ 中共中央文献研究室，中央档案馆. 建党以来重要文献选编：第七册 [M]. 北京：中央文献出版社，2011：761.
⑥ 毛泽东. 毛泽东选集：第一卷 [M]. 北京：人民出版社，1991：127-128.

晰高利贷具体涵盖的群体范围，1933 年，毛泽东同志在《中华苏维埃共和国中央政府关于土地斗争中一些问题的决定》中进一步规定了农村的债务问题，即"凡地主富农资本家以金钱或物品贷付于工农贫民者，除店铺贷账外，本利一概取消。凡工农贫民以金钱或物品存放于地主富农资本家者，本利应照数归还。依靠高利贷剥削为全家主要生活来源者，叫作高利贷者，高利贷者照地主成分处理"①，并明确规定了高利贷与普通借贷如何处理的四种情形：一是有高利贷剥削（一切过去及现在的国民党统治区域，不论是城市还是乡村，债务中的大多数都是高利贷剥削），但不是依靠高利贷为其全家主要生活来源的，不能叫作高利贷者而采取完全没收的政策，应各依其成分处理。以为凡有高利贷剥削的都是"高利贷者"，这是不对的。二是一面放债一面欠债的，应将其"欠人""人欠"互相抵销，看其剩余部分的性质和程度，再与本人其他剥削关系总合起来，决定其成分。三是店铺货账必须归还的理由，是为了不使商业受到损害，并且货账一般不能算入高利贷债务范围之内。四是工农贫民相互间的债务应如何处理，由借贷双方自行决定，双方不能决定者，由当地苏维埃政府决定②。

土地革命时期，在中国共产党的直接领导和大力推动下，我国广大农村地区的金融机构取得了长足的发展，根据地普遍建立了服务于农村发展和革命斗争形势发展需求的根据地银行，同时促进了统一货币、回收杂币等行为的产生，为稳定农村地区物价、便于正常物资流通发挥了积极作用，为我国农村金融史的发展积累了宝贵的革命经验。同时，我国通过废除高利贷运动，促进了农村正常金融借贷行为的发展，减轻了农民尤其是贫困农民的经济负担。如1927 年，毛泽东同志在《湖南农民运动考察报告》中对高利贷问题所期待的情形，"惟农会势盛地方，地主惧怕'共产'，完全'卡借'，农村几无放债的事。""……旧债不仅减息，连老本也不许债主有逼取之事。"③破除高利贷运动在广大革命根据地如火如荼地开展，极大地获得了农民尤其是贫困农民的拥护与支持，为农民的生产生活减轻了借贷负担，通过正常借贷为农民减轻贫困负担，为农业产业发展找到了出路，为我国农村金融正规化发展奠定了思想基础和指导基础。

---

① 中央档案馆. 中共中央文件选集：九 [M]. 北京：中共中央党校出版社，1991：568.
② 同①.
③ 毛泽东. 毛泽东选集：第一卷 [M]. 北京：人民出版社，1991：27.

三、抗日战争时期的农村金融反贫困政策变迁

在不同的历史时期，中国共产党面临的主要任务、主要矛盾也在发生变化，党在农村的金融活动、金融措施以及金融机构的建设也会随之进行调整。抗日战争时期，我国的主要矛盾由国内的阶级矛盾转变为中日两国之间的民族矛盾。在这一时期，农村金融政策与在土地革命时期相比也进行了一系列的调整，具体体现为建立抗日根据地金融银行体系、调整抗日根据地的农业贷款政策和在抗日根据地实施农贷减息政策。

（一）建立抗日根据地金融银行体系

抗日战争是在国共①第二次合作组建抗日民族统一战线的基础上开展的反侵略战争。抗日战争期间，日军占领我国东北、华北、华中和华南大部分地区，国民党政府和军队退败至西南、西北八个省份，中国共产党领导的八路军和新四军以及抗日军民在敌后开展英勇顽强的游击战，建立抗日根据地并夺回了大片被日军占领的国土。在中国共产党的领导下，抗日根据地是在敌后被敌人分割包围相对独立的作战区，抗日根据地具有相对独立的军事、政治和经济基础，也因此中国共产党在各个相对独立的作战区都成立了相对独立的银行金融机构，先后在西北、华北和华中地区的抗日根据地组建了银行金融机构，而后又在华南地区建立了银行金融机构并发行了少量的根据地货币。其中，陕甘宁抗日根据地作为抗日的总后方，是中共中央和中央军委的所在地，其根据国共两党的协议对金融机构进行调整。1937 年 10 月 1 日，中华苏维埃人民共和国国家银行西北分行改组成为陕甘宁边区银行。在此基础上，我国逐步形成了由陕甘宁抗日根据地为核心向外围扩散，且呈现出似网状的农村金融结构体系。农村金融结构分布在每一个抗日根据地，并且随着根据地的发展壮大，农村金融机构的数量、分支也逐步发展。我国抗日战争时期农村金融体系发展情况一览见表 4-2。

表 4-2　我国抗日战争时期农村金融体系发展情况一览

金融机构 创立年份	金融机构名称	下设的金融体系结构
1937	陕甘宁边区银行	总部设在延安，下设绥德、关中、三边、陇东四个分行及支行和办事处等系统的分支机构。发行"光华商店代价券""陕甘宁边区贸易公司商业流通券"

---

① 国共即中国国民党和中国共产党的并称。

表4-2(续)

金融机构创立年份	金融机构名称	下设的金融体系结构
1938	晋察冀边区银行	唯一经国民政府批准成立的银行,总行设在山西五台县,在冀晋、冀中和晋热辽设有三个分行,按行政区域和业务需要下设办事处、营业所、兑换所和派出所等,发行晋察冀边币
1938	山东抗日根据地银行	成立北海银行,总部设立在掖县,下设蓬莱、黄县等分行,发行"北海币"
1939	晋冀鲁豫边区银行	成立冀南银行,总部设立在山西黎城县,下设上党、鲁西、冀南、太行区等分行,发行"冀钞"
1940	晋绥边区银行	最早兴建的农业银行,后改组为西北农民银行,发行19种面额的货币(西北币)
1942	华中抗日根据地银行	先后设立"十大银行",如江淮银行、淮南银行、淮北地方银行、盐阜银行、大江银行、江南银行、浙东银行等,后合并为"华中银行",主要发行华中银行币
1942	鄂豫边区银行	总行设立在京山,后迁移至大悟山,下设多个分行和办事处以及三个印钞厂

资料来源:石毓符. 中国货币金融史略 [M]. 天津:天津人民出版社,1984;徐唐龄. 中国农村金融史略 [M]. 北京:中国金融出版社,1996;金运. 中国农村金融改革发展历程及改革思路 [D]. 长春:吉林大学,2015.

当时在复杂的经济和军事环境中,毛泽东等同志作为中央领导,十分重视货币政策、经济政策和金融政策。1938 年 8 月,毛泽东同志在《边区的货币政策》一文中明确提出,边区货币政策应遵循 6 条原则:一是边区应有比较稳定的货币,以备同日寇做持久的斗争;二是边区的纸币数目不应超过边区市场上的需求数量;三是边区的纸币应该有准备金;四是边区应该有适当的对外贸易政策,以作货币政策之后盾;五是财政货币政策应着眼于将来军费之来源;六是边区纸币数量不宜过多,应维持不低于伪币之比价[①]。该原则为边区的金融政策稳定和币值的稳定指明了发展方向,有益于保护边区广大农民的经济权益。1944 年,毛泽东同志在《必须做好经济建设工作》一文中再一次充分论述了经济工作的重要性,指出"认识金融、贸易、财政是组织全部经济生活的重要环节,离开它们,或对它们采取了错误方针,全部经济生活就会停

---

① 中共中央文献研究室. 毛泽东文集:第二卷 [M]. 北京:人民出版社,1993.

滞"①。这进一步凸显了金融货币政策在抗日战争过程中的重要性。

在抗日战争后期也证明了金融货币的极端重要作用，在对敌作战中，时任中央太行分局书记的邓小平同志指出："我们鉴于敌人大发伪钞，掌握法币，大量掠夺人民物质的危险，所以发行了冀南钞票，作为本战略区的地方本币。实行的结果，打击了敌人利用法币的阴谋，缩小了伪钞的市场，强化了对敌经济斗争的阵容，给了根据地经济建设以有力的保障。"② 同时，国民党为了控制全国的金融系统，禁止银元流通，实行全国统一的法币政策。1942年5月，国民党大量增发货币，先后分三次发行90亿元法币。同年7月，毛泽东同志发出密电禁止法币在边区流通，充分保障了人民群众的经济财产，也凸显了战争时期金融货币政策既是经济问题又是政治问题和民生问题。经历抗日战争的考验，中国共产党熟练地运用金融政策处理各种复杂问题，这对稳定经济形势、支援战争发挥了重要作用。

（二）调整抗日根据地的农业贷款政策

抗日战争进入相持阶段，随着敌后战争的形势日益严峻，军队的供给极度短缺，农民的生产生活条件不断恶化，加之抗日根据地的农村金融也面临资金缺口大、农民信贷资金不足的情况，农民的金融信贷活动开展愈发困难。因此，为了保证军队的物资供给，1941年党中央号召开展"自己动手，生产自救"的大生产运动，把昔日荒凉的南泥湾变成了陕北的好江南。同时，针对农民的生产生活，中共中央对农村金融机构的信贷政策也进行了调整，其中以陕甘宁边区银行所在的中共中央西北局为例。1942年，中央的农村贷款对象调整为贫下中农，主要包括"第一是贫民，如确有劳力而没有耕牛的农家。第二是中农，如只有一条牛，不够一犋牛，或牛力不够的农家。第三是已由政府安插妥当解决了衣食，稍有基础的移民难民"③。这样调整的目的是使贫农生产物资能够有保障，通过农业信贷政策使农民能够有资金购买耕牛和农资、农具等生产资料，通过农业生产保障基本生活，避免生活陷入极度贫困而成为难民或流民。

1941年，毛泽东同志给中央人民政务内务部长"延安五老"之一的谢觉哉同志的信中明确强调，要"大放农贷与合作社贷款，兼放畜牧贷款与私商

---

① 中共中央文献研究室. 毛泽东文集：第三卷［M］. 北京：人民出版社，1993.

② 邓小平. 邓小平文选：第一卷［M］. 北京：人民出版社，1994.

③ 陕甘宁边区财政经济史料编写组，陕西档案馆. 抗日战争时期陕甘宁边区财政经济史料摘编：第五编［M］. 西安：陕西人民出版社，1981.

贷款，以达增加粮食产量、牛羊产量与相当繁荣商业之目的"[1]。发放农业贷款的目的，是促进农业生产产量的增加，进一步促进经济繁荣，克服战争相持阶段抗日根据地面临的经济困难。1942 年 1 月，陕甘宁边区政府印发了《边区农贷的基本任务和目前的实施办法》，针对农业生产进一步指出农贷要以生产实效、粮食增产为目的，农业贷款主要以购买农具、耕牛等农资为主，并在重点县、乡展开试点工作，这一政策促使大量农民进行农业贷款以开展生产自救，同时促进了社会资本和市场资本对农业的投入。为进一步推动农业贷款对农民生产生活的作用，毛泽东同志于 1943 年在陕甘宁边区提出促进农贷发展的七大方针措施，陕甘宁边区政府根据毛泽东同志的讲话实施了《农贷小组暂行组织办法》《陕甘宁边区农业贷款章程》《农贷实施办法》等政策，有效推动了敌后抗日根据地金融信贷支持农业发展的政策主张，对巩固抗日根据地、促进经济发展和遏制农民贫困等起到了积极作用。

（三）抗日根据地实施农贷减息政策

在抗日战争时期，中日民族矛盾成为主要矛盾。为了建立最广泛的抗日民族统一战线，共同抵御日本帝国主义的侵略，这一时期农村金融政策为巩固抗日民族统一战线的发展也进行了相应的政策调整。1937 年，中国共产党颁布的《抗日救国十大政策》具体要求实施"减租减息"的政策方针，为争取地主阶级积极抗日，实施的政策由没收地主土地调整为"农民交租交息，地主减租减息"的土地政策。由此，各个敌后抗日根据地实施了具体的减租减息的农业政策，其中陕甘宁边区明确要求"减租应以二五减租即原租一百石减二十五石为原则。因各地特殊情形及年岁丰歉可有出入，但也不能减的太低，致影响地主的生活，经过减租，农民应有交租的义务减息，应以一分至一分半为原则"[2]。此外，晋察冀边区也积极响应减租减息的政策号召，出台了《中共中央北方分局关于晋察冀边区目前施政纲领》，规定利息不得超过一分，到期后无力偿还借款的抵押土地，依法进行偿还清理。减息政策在一定时期巩固了抗日统一战线，并减轻了农民的借贷负担。但由于超发法币和伪币的情况，造成了严重的通货膨胀和货币贬值，在这样的背景下，极低的利息为银行等金融信贷机构带来了直接的生存挑战，也给敌后抗日根据地边区政府的金融货币政策的执行带来压力。因此，1943 年我国出台的《晋察冀边区行政委员会关于贯彻减租政策的指示》，要求借贷政策不得进行利息的强制性最低限制，明

---

[1] 中共中央文献研究室. 毛泽东文集：第二卷 [M]. 北京：人民出版社，1993：366.
[2] 陕甘宁边区财政经济史料编写组，陕西省档案馆. 抗日战争时期陕甘宁边区财政经济史料摘编：第一编 [M]. 西安：陕西人民出版社，1981：33.

确规定由农村自行解决，不再规定最低限息。我国通过对信贷政策的调整，在一定程度上有效地缓解了农村信贷政策的紧张情况，同时也调动了广大农民参与生产的积极性，并对争取地主阶级的抗日热情也发挥了积极作用。

四、解放战争时期的农村金融反贫困政策变迁

抗日战争胜利后，国内的主要矛盾由中日之间的民族矛盾变为国内的阶级矛盾。随着 1946 年 6 月国民党悍然向中原解放区发动进攻全面内战打响，中国共产党开始自卫反击战争。随着战争形势的发展，解放战争时期通过在解放区实施统一的货币与金融政策、进一步完善农村金融机构体系、大力推进农村金融信贷业务、促进农村信用合作社建设等一系列措施，不断优化解放区农村金融机构布局，充分保障了解放区的信贷供给，这在一定程度上推进了解放区的农业经济和工商业发展，为减轻农民的生活贫困提供了有效的物质保障。

（一）统一解放区的货币与金融体系

随着抗日战争的胜利，抗日根据地逐步扩大为老解放区，伴随解放战争的节节胜利，战略进攻形势不断向好，不断开辟了许多新解放区，诸多大中型城市也获得了解放，解放区的范围逐步由分散走向统一、由小块变为大块、由点状向片状发展。原来相对独立的解放区连城一片，其中华北、华东和西北解放区已经连接为一个整体，新解放区的金融事业也逐步发展起来。这时仍然沿用抗日战争时相对独立的金融体系和形式各类的货币已经不适应解放区形势发展的需要，尤其是解放区内存在多种币别共用的情况严重影响了农民的物资流通和金融系统的统一性。因此，为了推动币别的规范性和统一性，促进农村金融机构有效管理，将原来较为分散的金融系统和货币体系整合为统一的金融货币体系，把分散的解放区银行和货币体系统一起来，建立全国统一的金融体系成为当时刻不容缓的重要工作。1947 年，中共中央开始成立华北财政办公室，主管和推动建设全国统一的银行体系和货币体系，并由 1948 年 4 月成立的华北银行开展具体的筹建工作，通过对晋察冀边区银行发行的冀边币、山东抗日根据地发行的北海币和晋绥边区银行发行的西北币三种币种进行比价，为把三种类型的货币统一成一种货币奠定了基础。1948 年 9 月，中共中央决定成立华北财经委员会，统一领导管理华北、华东和西北地区的财政、金融、货币及经济工作。1948 年 12 月，在中共中央的直接领导下，由华北银行改组的中国人民银行宣告成立，朱德总司令曾满含深情地谈道："银行名字叫人民银行好，人民银行要永远为人民服务。"[①] 1949 年 9 月，新中国成立前夕，我国政府授

---

① 石雷. 人民币史话 [M]. 北京：中国金融出版社，1998：11.

予中国人民银行国家银行的职能，承担国家货币发行、经营国家金库、管理和稳定金融市场等职能，并开始对我国相对较为分散的金融机构进行改组；同时开始把西北币、冀南币、北海币等相对分散的币别进行统一，统一成中国人民银行发行的人民币，并把人民币作为我国的本位币，中国人民银行的建设和人民币的统一，标志着我国的银行体系和货币体系进入一个新的历史发展阶段，为我国的金融、财政、城市和农村的经济建设打下坚实基础。

（二）推动解放区农村银行体系的完善

随着解放事业的不断胜利，解放区所管辖的面积不断扩大，老解放区和新解放区的金融机构规模逐步扩大和发展起来，加之各个解放区还存在抗日战争时期遗留的各类金融机构，官僚资本银行、私营行庄、银号等传统私人银行，以及解放区新设立的银行、信用合作社和保险公司等新型金融机构，解放区金融机构呈现出多样化和复杂化的发展趋势。随着解放战争的胜利，国统区①的金融机构被政府接管，被进一步改造成社会主义性质的金融机构。在这一背景下，我国逐步建立了新民主时期的金融体系，为新中国成立初期进行社会主义建设奠定了基础。我国解放战争时期农村金融机构发展情况一览见表4-3。

表4-3　我国解放战争时期农村金融机构发展情况一览

金融机构创立年份	金融机构名称	金融机构改革历程
1945	东北银行	东北解放区银行，总部设在沈阳大西关，新中国成立后改组为中国人民银行东北区行，人民币成为统一货币后中央仍保留了东北银行流通券作为东北解放区的本位币
1946	北海银行	重点进攻时总行由渤海转移至胶东，后并入中国人民银行
1947	关东银行	历经工业银行、农业银行、商业银行、大连银行后更名为关东银行，下设西岗、大连县、旅顺、金县四家分行，发行关东银行券为法定货币
1947	西北农民银行	由陕甘宁边区银行与晋绥边区西北农民银行合并而来，后改组为中国人民银行西北区行，并用人民币收回西农币
1947	华中银行	华中解放区和苏皖边区政府的银行，发行华中币，后改组成为中国人民银行苏北分行
1948	内蒙古人民银行	历经东蒙银行、内蒙古银行后改组为内蒙古人民银行，发行内蒙古银行券

---

① 抗日战争、解放战争时期的国民党统治区。

表4-3(续)

金融机构创立年份	金融机构名称	金融机构改革历程
1948	中州农民银行	中原解放区银行,总行设在河南宝丰县,发行中州币,后迁入湖北武汉,改名为中国人民银行中原区行
1948	华北银行	总部设在石家庄,由冀南银行总行与晋察冀边区银行总行合并而来,负责筹建中国人民银行、统一各解放区的货币和设计
1948	长城银行	总行设在热河省承德市,下设冀东分行、冀热察分行和热河省分行
1948	中国人民银行	由华北银行、北海银行、西北农民银行合并而来,并于同年12月1日发行统一的法定货币人民币
1949	南方解放区银行	华南解放区银行,先后经历裕民银行、新路银行和南方人民银行,发行南方人民银行币(南方币),后改组为中国人民银行华南支行

资料来源:中国人民银行金融研究所,财政部财政科学研究所. 中国革命根据地货币:上、下册[M]. 北京:文物出版社,1982;中国近代金融史编写组. 中国近代金融史[M]. 北京:中国金融出版社,1985;金运. 中国农村金融改革发展历程及改革思路[D]. 长春:吉林大学,2015.

同时,随着我国农村包围城市战略思想的胜利,银行的发展重心也逐步向城市金融工作转移。毛泽东同志早在1945年就在《关于日本投降后我党任务的决定》中明确指出,要派有能力的干部到这些城市去,迅速学会管理城市中的财政、金融、经济工作。此外,邓小平、陈云等同志也十分注重军队发展与金融事业的结合,以及金融政策与统战政策的结合。

（三）促进解放区农村信贷事业的发展

解放战争时期,为保证战争提供充足的物资给样和促进农村生产的发展,各解放区的农村金融和信用合作事业相比,与抗日战争时期有了长足的发展。当时中国仍是以农业人口为主的农业化国家,据统计,我国当时的农民数量占全国人口总数的80%以上,而农民总数中的贫农、雇农、中农数量又占到农民人口总数的90%以上。由此看来,解放区的银行金融机构的主要经营对象是农民,金融业务也是服务于农民的生产生活。在当时的战争背景下,金融信贷机构必须充分保障农民的物质生产活动,动员一切积极的革命因素尤其是农民力量投身于解放战争中,为解放战争提供充足的军事、人力、物资等保障。为适应形势发展的需要,1945年11月,毛泽东同志为中共中央起草了对党内的指示,在《减租和生产是保卫解放区的两件大事》中明确提出"只有减租和生产两件大事办好了，才能克服困难，援助战争，取得胜利""政府发放农贷、工贷，是必不可少的步骤""各地务必在一九四六年，在一切新解放区，发动大规模的、群众性的、但是有领导的减租减息运动"①。同时，随着国内主要矛盾的调整，中国共产党对地主阶级的政策也有了转变，由原来的减租减息政策调整为平均分配土地的耕者有其田的政策。1947年7月，中共中央工作委员会召开全国土地工作会议，并于同年9月颁布，10月10日正式实施《中国土地法大纲》，彻底废除半殖民地半封建社会的土地制度，在解放区内彻底废除了地主阶级、官僚豪绅赖以生存的制度根基，彻底消除了高利贷等不平等信贷政策赖以存在的阶级土壤。土地性质的变化推动了我国农村金融的工作基础和发展环境的深刻变化，为农村金融的发展扫清了障碍，提供了良好的发展前景。

土地改革为农业生产和农民购买生产物质提供了巨大的信贷需求，进一步推动了农村金融机构的改革发展。由此，这一方面推动了农村信贷制度的不断完善。为满足土地改革后农民的生产热情，各个解放区加大了对农村信用社的支持力度，推动农村信用社的蓬勃发展，有效满足了农民信贷需求并缓解了银行的信贷压力，对促进信贷市场稳定、推动正规金融发展和遏制高利贷的发展发挥了积极作用。另一方面又推动了农村信贷市场的制度化发展。在大革命、土地革命、抗日战争和解放战争时期，中共中央实施的推行促进农村信贷发展的引导政策，在解放战争时期为有效促进农村金融组织化、规模化发展，在解放区内开始颁布专门的农村金融制度，在东北解放区内东北银行率先颁布了《农业放款章程》，西北银行针对活期存款、定期存款、往来存款都制定了规范的章程制度，并对借款对象明确规定"有借有还，讲信用，经常收，经常放"的借贷原则，为促进这一时期农村金融规范化发展、有效规范各类市场主体的借贷行为提供了制度保障。

第二节　新中国成立初期的农村金融反贫困政策变迁

新中国成立初期，中国在艰难中起步，面临着一穷二白的经济基础和严重的经济困难，百姓过着极端性、普遍性的贫困生活。在中国共产党的领导下，农村金融建设和改革发展的环境发生了翻天覆地的变化，我国的农村金融逐步建立起较为完善的制度体系、组织体系和工作体系，为服务"三农"工作进

① 毛泽东. 毛泽东选集：第四卷 [M]. 北京：人民出版社，1991：1172-1175.

入全面发展阶段。由于国内外环境的复杂化和多重影响，我国的农村金融体系建设在艰难的探索中逐步发展。

一、我国农村金融框架体系逐步形成

新中国成立以后，我国作为传统的农业国家，"三农"为国家各项事业发展提供了基本保障。为了保障农业生产和农村经济发展，在中共中央的领导下，新中国成立初期我国的农村金融体系框架基本形成。1950 年 3 月，中共人民政府政务院出台的《关于建立国家金融体系的决定（草案）》明确指出，国家金融系统主要由"国营银行、公私合营银行、乡村农业信用合作社"三大类金融机构组成。在国家设计的金融系统中，针对农村的金融体系主要依靠中国农业银行和农村信用合作社两大主体。

农村信用合作社是在新中国成立前的原有机构中直接沿用而来的，并明确规定乡村农业信用合作社在农民自愿的原则下，普遍设立在我国的乡村地区，由中国农业银行协助管理，其主要业务包括吸收零星存款、经营各种贷款业务等，以实现调剂农村金融为目的。1951 年，我国成立农村合作银行，并于1955 年改建为中国农业银行，作为新中国成立初期国家金融系统的重要组成部分，成为我国第一家农业专业银行和国有商业银行，主要负责对农业的长短期贷款以及农林、水利等农业基础设施和农业事业发展的专项贷款和投资，并对农林、农副业进行短期贷款，同时负责对农村信用合作社进行领导和扶持。

这一时期基本形成了中国人民银行、中国农业银行、乡村农业信用合作社三足鼎立的农村金融体系，这一体系具有针对性和稳定性，为新中国成立初期我国农业产业和农业基础设施的发展发挥了信用支持和资金融资的作用。但是，由于新中国成立初期我国将金融重心放在城市建设和产业发展中，无论是在金融机构的数量上还是业务的效果上，仍是沿用原有系统，并未给农村和农业带来长足的发展。

二、农村信用合作社的设立与发展

在革命战争年代，中国共产党在广大农村革命根据地通过农村信用合作社发放贷款，开展减租减息和取缔高利贷等运动，为新中国成立后农村信用合作社的作用发挥积累了十分丰富的建社经验。新中国成立后，农村信用合作社走上了大力创建与快速发展时期。1950 年，中国人民银行讨论通过了《农业合作银行的提案》，明确提出农村信用合作社是组织农民自主的基层信用组织，为促进农业发展和快速恢复生产，坚决取缔高利贷，中共中央决定继续开办农村信用合作社。1951 年，中央分别下发关于农村信用合作社建社、办社的系列文件，包括《中国人民银行与农村信用合作社业务联系合同范本》《关于农村信用合作社工作注意各点的联合指示》等政策性文件。此外，《农村信用合作社章程准则（草案）》和《农村信用互助小组公约（草案）》明确规定：信用合作社是农民自己的资金互助组织，不以营利为目的，优先向社员发放贷款，银行以低息贷款扶持信用合作社发展。1952 年土地改革后，为帮助农民和手工业者生产发展，中国人民银行提出"深入农村、帮助农民、解决困难、发展生产"的工作要求，在农村集镇设立营业所。这为农村信用合作社的发展奠定了坚实的制度保障和组织体系保障。

这一时期农村信用合作社以农村发展和农业生产为主体，农村信用合作社基本以民办为主，保持了合作制的性质，坚持农民主体和民主集中的原则。从1951 年我国允许开办信用合作社以来，全国仅有 100 余家，发展到 1953 年，全国则设立了信用合作社约 9 400 个、信用互助组约 20 000 个、供销社内部信用部有 3 000 多个，吸收存款约 7 400 万元，发放贷款约 7 500 万元。1955 年，我国通过金融委员会、金融小组、流动工作组、信用互助组、信用合作社等组织开展信贷工作，进入农村信用合作社的大建设、大发展阶段，仅 1955 年年底，全国共有 159 363 个信用合作社，职工有 32 万人，拥有股金 2.05 亿元，各项存款达 6.07 亿元，贷款达 3 亿元。到了 1956 年年底，全国已经有农村信用合作社 16 万家，基本实现了"乡乡建社"的要求。农村信用合作社经历了起步、快速发展和规模繁荣的阶段，对推动农村"三大改造"的完成和农村事业的发展起到了积极作用。但这一时期农村信用合作社在快速发展的过程中也隐含了一定弊端，如盲目扩张过程中出现了强迫农民入社、损害农民的入社积极性等情形，于是在 1955—1957 年，中共中央针对农村信用合作社的规范化建设开始系统整顿和规范治理。新中国成立初期，我国形成了中国人民银行主管的农村信用合作社，作为单一的农村金融格局，农村信用合作社的建立和发展对改善农村金融服务、促进农村反贫困起到了积极作用。

三、农村金融信贷和服务体系建立与发展

新中国成立以来，我国的农村金融体系发展经历了比较曲折的过程，尤其是中国农业银行的发展经历了"两分两合"的阶段。早在新中国成立初期，中共中央就开始谋划成立中国农业银行，其主要职责是为了保证农业生产和农业基础设施建设发展的需要。1951 年，为支持信用合作社的发展和解决农业财政拨款与长期贷款问题，政务院批准成立中国农业合作银行，主要是承担农林、水利基础设施建设的农村政策性金融机构的职能，接受中国人民银行总行的直接领导，但存在的时间十分短暂，在精简政府机构的改革下，1952年中国农业合作银行就与中国人民银行合并①。这是中国农业银行第一次成立与合并，由于此时中国农业合作银行未设立基层分支机构，专业性的政策性银行的职能发挥十分有限。1955年，为了充分发挥金融体系对农业的支持引导，加强与农村信用合作社的管理以及统一国家的农村信贷，同时为了打击高利贷和大力推进农业合作化运动的发展，国务院批准中国人民银行再次成立中国农业银行，接受中国人民银行的直接领导和管理，并在基层设立分支机构和营业场所。但由于中国农业银行与中国人民银行在具体业务开展上存在交集和冲突，因此中国农业银行于1957年再次被撤销②。这是中国农业银行经历的第二次成立与撤销。

在此期间，中国农业银行实际存在的时间仅有3年，这与我国新中国成立初期的金融政策实施和机构建设仍处于探索调整期密切相关，同时也受到我国当时计划经济体制的影响，与中国人民银行的业务相排斥。虽然中国农业银行存在的时间较短，但是在新中国成立初期，我国形成了将中国人民银行主管的农村信用合作社作为单一的农村金融机构的新格局。在农业生产中，我国实施了一系列反贫困的信贷政策，如《中央人民政府政务院关于发放农业贷款的指示》和《关于办理贫农合作基金放款的通知》等，帮助贫困农民解决入社费用问题，建立贫农合作贷款机制和增加基本农业建设领域的贷款，解决农民生产领域的贫困状况。我国在林业领域出台的《伐木放款的联合指示》《林业放款的联合指示》等文件，对在林业领域开展的伐木、造林和育苗活动给予贷款支持；在渔业出台的《渔业放款的联合指示》《关于办理渔业、贫苦渔民合作基金贷款的指示》等文件，通过发放合作基金贷款，帮助贫困渔民解决合作化费用；在牧业领域出台的《牧业生产合作社贷款暂行办法（草案）》《关于牧业贷款的指示》等文件，对改进少数民族地区的生产状况以及发放牧业贷款、解决贫困牧民的合作贷款发挥了积极作用。总之，农村信用合作社的建立和发展，为改善农村金融服务和促进农村反贫困起到了积极作用。

---

① 中国农业合作银行一般被认为是中国农业银行的前身，未设立分支机构，办理农业财政拨款和农业长期贷款业务，并监督使用，组织和领导农村金融工作，扶持农村信用合作社的发展，但业务尚未开展，1952年撤销后归中国人民银行管理。

② 1955年设立的中国农业银行，同时设立下级机构，主要任务是指导农村信用合作社工作，扶持农业生产，办理财政"支农"拨款和农业长短期贷款业务，但1957年因精简机构与中国人民银行合并，设立农村信贷工作部。

第三节　人民公社时期的农村金融反贫困政策变迁

1958年开始的人民公社化运动逐步取代了以单个家庭为对象的生产经营单位，也促使了这一时期我国农村金融机构的经营方式、信贷方式和机构关系发生了翻天覆地的变化，在一定程度上制约了后期我国农村金融机构体系的发展。再加上连续三年严重的自然灾害，农业生产和农民生活遭到严重破坏，农民的生产状况面临极大困难，农民的生活贫困程度大幅上升。

一、农村的信贷体系受到破坏

在农村信用合作社开展大力整顿治理的过程中，恰逢中共中央在我国广大农村掀起了"大跃进"运动和人民公社化运动。从1958年开始，我国政府在中央成立人民公社信用部，接受中国人民银行和人民公社的双重领导；在地方则将信用合作社下放到人民公社，改为人民公社信用部，在农村基层的生产大队中设立信用部，同时接受农村基层的生产大队和公社的双重领导，并由生产大队统一核算和管理。由此，我国的农村信用合作社的性质从根本上发生了改变，逐步由农民自主合作的"民办"性质走上了国家统一管理的"官办"性质；农村信用合作社赖以生存的信用关系也发生了翻天覆地的变化，由原来独立的农村金融体系逐步变为基层人民公社的内部组成部门，成为人民公社的附庸，逐渐丧失了农村金融机构的独立性和专业性。经历了这次改革，农村信用合作社的发展受到了严重制约，初步建立的信用关系和金融体系遭到了严重的破坏。由于监督管理的缺位，资金被大量挪用、套用，大量贷款资金成为呆账、坏账，高利贷等非正规金融恢复，导致农村金融机构的信誉大幅下降。1962年，社员储蓄由1952年的21亿元下降到9.7亿元。在三年自然灾害时期，一方面受到极端恶劣天气影响，山东、河南、四川、安徽等地的主要粮食农业生产减产和农副产品短缺，再加之"大跃进"运动和人民公社运动中的"左"倾错误，降低了农民生产生活的积极性，广大农民生活面临极端贫困。

1962年，中央开始纠正农村信贷中暴露的问题，中国人民银行下发《关于农村信用合作社若干问题的规定》，恢复农村信用合作社对农民群体资金的互助合作作用，在管理架构上决定由中国人民银行和人民公社双重领导，加强中国人民银行对农村信用合作社的管理监督，但并未从根本上改变农村信用合作社的性质和恶化的发展态势。随着 1967 年"文化大革命"的开始，农村信用合作社又恢复成为人民公社的附属部门，具体管理权限由贫下中农管理委员会具体实施。从此时开始，农村信用合作社彻底由"民办"走向"官办"，组织管理的市场模式被计划经济替代，逐步丧失了作为在我国广大农村地区最基层的农村金融机构的信贷支持和资源调剂的自主功能。

二、再次组建农村政策性金融机构

中国农业银行在新中国成立初期经历了两次成立与合并后，直到 1963 年，中共中央、国务院发布了《关于建立中国农业银行统一管理国家支援农业资金的决定》，决定再次建立中国农业银行，并作为国务院的直属机构，在管理方式上中国人民银行对中国农业银行实行代理、派驻的管理模式，具体承担统一管理我国财政"支农"资金、承办中国人民银行在农村的农业贷款业务，并承担着领导农村信用合作社的任务。这期间，中国农业银行全面安排了1964 年的"支农"资金，建立了贫下中农无息专项贷款，推行农贷资金基金制。但在 1965 年，中央决定第三次撤销中国农业银行，中国农业银行与中国人民银行再次合并，同时保留了中国农业银行的名义，此次合并也造成了农村金融机构的机构交叉、管理重叠、工作重复和人员冗余等问题，在具体业务开展上效率低下、手续复杂和监督管理流于形式，导致资金利用率不高和挪用、套用资金等不良现象。从中国农业银行三次成立与合并的发展历程中不难发现，这一时期我国对农村金融机构体系的建立和作用发挥，无论是顶层设计、职能划分还是具体业务的开展上，思考谋划的还不够清晰，也制约了这一时期我国农村金融体系的发展，以及对减贫的积极作用。

三、农村金融服务体系在曲折中发展

"文化大革命"期间，整个国家的金融体系完全委身于计划和财政系统中。这一时期，我国农村金融体系的组织管理仍由中国人民银行负责。这期间尤其突出的问题主要体现在农村信用合作社的管理较为混乱、信贷资金和账目管理混乱，在政策性和经营性领域面临着亏损逐年增加的局面，为了弥补亏损和资金缺口，1974 年中国人民银行拨款 2 552.5 万元用于弥补农村信用合作社的亏损。1977 年，国务院颁布《国务院关于整顿和加强银行工作的几项规定》明确要求，信用合作社作为国家专业银行在基层的附属机构，最终使农村信用合作社由"民办"走向了"官办"。在这个过程中，农村金融体系遭到破坏，农村信用合作社的问题逐步暴露出来，农村信用合作社俨然成为国家控制的向

工业和城市输送农村经济资源的渠道，为工业提供的资金积累在 40% 以上（冯海发，1993）。我国广大农村地区的经济也因此陷入停滞不前的局面，全国 1 亿多人处于极端贫困。

从 1958 年开始，我国的农村金融体系的发展受到了一定程度的影响。在全面的计划经济体制下，农村金融的服务领域覆盖了农业、农村和农民生活的全部领域，出台了一系列的金融支持政策。在服务领域，其得益于多覆盖、全方位的农村金融体系的有益支持，推动了农业机械化发展，以及农林牧副渔等多领域的农村基础设施发展。如在 1967 年出台的《关于发放大型农业机械贷款的意见的报告》指出，社队购买大型农业机械可从农业设备贷款资金中进行统筹，有困难的公社可给予农机贷款支持，并将农业机械化发展作为农业贷款的重点支持领域，并给予农机生产企业一定的价格补贴。此外，农业生产和农村手工业也取得了一定程度的发展，但由于受当时思想观念的制约，农村金融信贷服务更加倾向于农户而非国有农场，重视基本农业生产而忽视了对农村手工业的支持。但同时，我国又出台了对农村手工业和现代产业的信贷支持政策，如 1971 年在《全国财政银行工作座谈会情况的报告》中明确指出，要加强对县办"五小"工业企业[①]的贷款支持力度，安排专项资金对县办亏损企业给予财政补贴和税收减免，同时大力支持村社开展"五小"工业企业，为其提供信贷支持，这在一定程度上促进了这一时期村办集体经济的发展。

第四节　改革开放时期的农村金融反贫困政策变迁

改革开放时期，为了解决农村金融体系在"文化大革命"期间存在的诸多问题，更好地发挥我国农村金融服务体系对农业生产、农民生活和农村经济发展的作用，中共中央在这一时期加快实施农村金融体系的重建工作。尤其是在我国经营体制由计划经济走向市场经济，农村经营方式发生实质性变化的过程中，我国农村金融体系也开展了系统性改革。在这个过程中，无论是我国经济体制的改革还是农村金融体系的恢复建设，都没有任何先例可循，各项改革在探索中曲折前进，在我国农村金融体系改革发展中具有划时代的意义。

---

① "五小"工业企业主要是指地方、县域开办的小钢铁、小机械、小化肥、小煤窑和小水泥工业企业。

一、1978—1993年农村金融体系的恢复与重构时期

1978年，随着中国共产党第十一届三中全会的召开，我国的经济体制逐步由计划经济向有计划的商品经济转变，并逐步过渡到市场经济。这一时期农村金融体系的建设发展也受到了经济体制改革的影响。随着经济体制改革，农村金融体系建设也受到政府公共政策的影响，农村金融体系不断恢复重建、农村金融机构的权属关系被理顺、农村金融机构的职能业务不断优化调整。特别是随着我国大规模扶贫工作的开展，农村金融市场对农业主体开始实施大量的财政惠农和信贷补贴政策，通过制度化、系统化改革带动了国家主导的大规模反贫困发展。

（一）全面恢复中国农业银行体系

随着在农村地区试点和全面实施家庭联产承包责任制，通过包干到户、包产到户，在农村以合作社、生产大队为单位的生产组织，向以家庭为单位的基本生活和生产组织体系转变，农村最基本的经济组织和制度发生了根本性变化。在"上缴国家的，剩下都是自己的"政策引导下，农民生产积极性和生产潜力被极大地调动起来，以农户为主体的生产经营信贷需求迅速增加。此时，原有的农村金融体系供给制度和方式已经不能满足农民日益增加的金融信贷需求。1979年2月，国务院出台了《国务院关于恢复中国农业银行的通知》，这是中国农业银行经历"三分三合"后又一次恢复重建，将中国人民银行中的农村金融信贷业务剥离出来，由中国农业银行具体承接我国农村金融业务。为了避免再一次走上中国人民银行与中国农业银行的职能交叉和行政矛盾而被合并的"短命"悲剧，我国政府进一步明确中国农业银行的职能范围，规定其负责统管"支农"资金，办理和大力发展农村信贷，明确提出活跃农村经济和支持农村家庭联产承包责任制的推广工作，同时明确中国农业银行直接领导农村信用合作社，对两者在农村基层的营业所和信用合作社机构进行合并。

由于1980年我国政府进一步放宽中国农业银行的经营自主权，此后，中国农业银行开始向基层农民发放金融信贷。1983年，国务院将中国农业银行作为局级的直属机构，在中国人民银行的领导下承担农村金融政策、信贷发放、货币流通和外汇管理等职能。1984年，中国农业银行开始向世界银行贷款，弥补农业信贷资金需求差额。自此，中国农业银行成为隶属于国务院直属机构的专业性农村金融信贷机构。1985年，国务院出台了《中国农业银行管理体制改革方案》，对中国农业银行在业务经营、财务、人事等方面做了明确规定，给予其更多的经营自主权，释放出更多的金融信贷活力，这对于促进这

一时期的农业经济发展发挥了积极作用。1986年，中国农业银行开始发放扶贫贴息贷款，对我国开始的大规模扶贫发挥了重要的资金支持作用。

（二）恢复农村信用合作社的管理体制

农村信用合作社的发展经历了合作民办到隶属官办的性质变化，成为中国人民银行在农村基层的金融组织，逐步丧失了"群众性、民主性和灵活性"的三性本质。农村信用合作社的发展历程更为复杂曲折。1979年，我国政府开始对农村信用合作社的职能性质进行规范调整，明确提出其合作制是信用合作社的基本属性，在隶属关系上进一步明确由中国农业银行实施具体的领导管理职能，在职能范围上明确规定其主要是针对以家庭为单位的农户，为其农业生产和家庭性消费提供必要的农业信贷支持，重点针对农村土地承包、农业经营生产、生产资料投入以及生产技术改良等领域的信贷支持，实现促进生产力发展和农民增收的目的。1983—1985年连续出台的中央一号文件对农村信用合作社改革提出明确要求：1983年明确提出要加强农村信用合作社作为合作社的性质和独立的经济实体；1984年推动农村信用合作社改革独立开展金融信贷业务，成为真正的群众性、合作性金融组织；1985年又指出推进信用合作社实现自负盈亏的独立自主经营。但在实践中，农村信用合作社的独立改革一波三折，国务院批准中国农业银行关于改革农村信用合作社管理体制的报告提出，由中国农业银行对农村信用合作社实施直接领导与管理。农村信用合作社在一定范围内按合作金融进行改革，在业务和机构上发展较快，贷款大量投向乡镇企业。

1985—1988年，农村信用合作社始终围绕独立的产权关系、明确的隶属关系和合作性的职能性质进行探索改革，虽然在业务职能和隶属关系上理顺了农村信用合作社的职能关系，但其性质和隶属关系未发生根本性变化，并受到多方制约影响。如1985年正在探索农村信用合作社放权改革的历程中，受到金融信贷宏观环境的不利影响，以及中国农业银行与农村信用合作社脱钩的舆论影响，导致农村信用合作社信贷系统发生紊乱，中国农业银行进一步强化了对农村信贷的管控和对农村信用合作社的直接管理。1988年受通货膨胀和国家金融管制的政策影响，即使在宏观政策收紧的政策背景下，农村信用合作社的信贷规模仍然不断增加。1990年，农村信用合作社的存贷款分别为2 144.9亿元和1 413亿元，比1981年的319.6亿元和96.4亿元翻了6.7倍和14.7倍，对支持农业产业发展和农民反贫困做出了积极贡献。但中央在推动农村信用合作社独立性发展探索的过程中，又明确规定农村信用合作社归中国农业银行领导与管理。这一时期的农村信用合作社始终是中国农业银行托管下政府促进农村企业发展的机构，并非真正独立的合作性质的金融机构，农民失去了对农村信用合作社经营的监督权及自身经营的灵活自主性，虽然国家加大了对农村金融的信贷管制和权力下放的力度，但农村金融的信贷活力和支撑作用明显不足。

（三）促进农村民间金融组织快速发展

随着农村家庭联产承包责任制度的实施，由于农村正规金融机构的缺乏和基层信贷机构的供给不足，农村金融信贷体系和信贷服务严重滞后于农业生产和农村经济发展。由此，各种农村民间金融组织开始活跃，农村经济的信贷需求为民间提供了广阔发展空间和资金需求，国家在改革开放初期也逐步放宽了对民间信用的管制。1981 年中国农业银行出台的《中国农业银行关于农村借贷问题的报告》，允许民间自由借贷。农村非正规金融借贷资金来源渠道主要包括农民的农业、手工业、服务业、运输业的劳动收入，以及从农村金融机构获得的低息贷款再放贷等方式。农村非正规金融借贷主要来自农民之间的日常借贷、社队向社员贷款、农村社队之间的借贷以及农村乡镇企业之间的借贷。伴随农村金融借贷方式和来源的增加，民间金融借贷组织日益发展壮大。

这一时期，农村合作基金会快速发展①。伴随着改革开放的脚步，农村的金融借贷需求迅速发展，产生的主要是依托民间金融借贷的一种新型金融方式。1984 年我国第一家农村合作基金会正式诞生，由此，农村合作基金会扎根于广大农村基层组织，为活跃农村集体资金、增加农民的借贷收入以及抑制民间高额借贷活动发挥了积极作用。在农村市场化程度快速发展的背景下，农村合作基金会形式多样、类别丰富，在社区、农村和企业广泛存在各种类型的合作基金会，农村合作基金会的规模逐步扩大且类别越来越丰富。由于农村合作基金会的积极作用得到了中央的肯定和默许，在一定程度上允许农民和集体的资金自由流动。

随着非正规金融的发展，高利贷在广大农村地区死灰复燃并迅速滋生发展。尤其是在"文化大革命"结束后，高利贷在农村地区逐步壮大，如农民公社组织和生产大队存在频繁的私人借贷现象，这在一定程度上影响了公平公正的社会风气并助长了私人投机行为，制约了农村经济的健康发展，驱逐了农村正常的金融借贷业务。由此，国务院出台了《关于制止社队高利筹资的通

---

① 原农业部在 1993 年发布的第 8 号文件中对农村合作基金会做出界定，即农村合作基金会是在坚持资金所有权及其相应的收益权不变的前提下，由乡村集体经济组织和农户按照自愿互利、有偿使用的原则而建立的社区性资金互助合作组织。它的宗旨是：为农民服务，为农业生产服务，为发展农村集体经济服务。

知》，明确规定严禁高利贷在农村发展。但由于农村信用合作社的正规金融借贷难以满足农村经济市场的发展需求，非正规金融在一定程度上促进了农村经济发展和农业生产的积极性，使得国家针对农村高利贷问题并未采取一刀切措施，而是采取比较谨慎的态度。

（四）探索建立邮政储蓄银行

中国邮政储蓄银行的历史最早可以追溯到 1919 年，当时成立的邮政储金局主要经营民众的借贷业务。新中国成立后，人民邮政接管其业务，并在中国人民银行的统一管理下开展具体业务，到 1953 年邮政储蓄业务停办。1986 年，邮政储蓄恢复建设，并利用邮局在广大农村地区的业务网点，开始开办个人储蓄业务，吸收农民的零星资金。

（五）加大国家政策性金融扶贫力度

1986 年成立的国务院贫困地区经济开发小组（1993 年更名为国务院扶贫开发小组）作为专门的领导机构，确立扶贫模式由救济式扶贫向开发式扶贫转变，确定贫困标准和以县为单位的重点扶贫地区，安排"支援不发达地区发展基金""以工代赈"、贴息贷款、"三西扶贫"[①] 等专项资金投入政策，开始实施信贷扶贫政策，加强贫困地区水、电、路、通信等基础设施建设。在这一时期，农村金融大力发展，中国农业银行承担政策性借贷活动，为大规模开发式扶贫提供了资金渠道，提升了农村贫困人口的自我发展能力。

随着我国农村地区实施的农村金融制度、土地制度和农产品流通制度的三大改革，极大限度地调动了农民对土地投入的积极性，使贫困人口由 1978 年的 2.5 亿人下降到 1985 年的 1.25 亿人，平均每年减少 1 786 万人，贫困发生率从 30.7% 下降到 14.8%[②]。由此，农村普遍性贫困得到了极大缓解，中国的扶贫开发进入崭新的历史阶段。由于农村金融的规范化发展，国有银行的农业存贷款额由 1981 年的 278.4 亿元和 189.72 亿元分别增长至 1990 年的 850.3 亿元和 1 038.1 亿元，存贷款额分别比 1981 年翻了 3 倍和 5 倍，促使农村的贫困人口由 1986 年的 1.25 亿人减少到 1994 年的 8 000 万人，贫困发生率下降到 8.7%[③]。

---

① "三西扶贫"中的"三西"是指甘肃河西地区 19 个县（市、区）、甘肃中部以定西为代表的干旱地区 20 个县（区）和宁夏西海固地区 8 个县，共计 47 个县（市、区），总面积达 38 万平方千米，农业人口约 1 200 万人。

② 数据来源于国家统计局发布的《中国农村扶贫开发纲要》。

③ 数据来源于 1990 年的《中国农村金融统计年鉴》。

二、1994—2002 年我国政策性、商业性和合作性金融逐步形成，开展集中扶贫攻坚阶段

（一）加强政策性金融机构的"支农"服务

1994 年，为适应社会主义市场经济的要求，国务院下发了《国务院关于金融体制改革的决定》，决定分步实施农村金融体制改革。同年 11 月，国务院又出台了《国务院关于组建中国农业发展银行的通知》，决定在中国农业银行的基础上成立中国农业发展银行。其作为我国专门性承担政策性信贷工作的金融机构，成为国务院直属管理的唯一一家农业政策性银行，于 1995—1997 年逐步设立省级银行和省级以下分支机构，形成比较健全的政策性银行组织架构。中国农业发展银行重点从事农业政策性金融服务和财政性"支农"资金的拨付，包括发放扶贫贷款、老少边穷地区发展经济贷款、贫困县县办工业贷款、财政贴息贷款等，并具体由中国农业银行的基层分支机构代理发放。据统计，1986—2000 年，中国农业发展银行累计发放扶贫贴息贷款达 1 500 亿元，推动"八七"扶贫攻坚计划取得显著成效，为扶贫开发工作发挥了重要作用。1998 年，国务院进一步规定农业发展银行具体经营并管理农副产品的收购资金，将政策性的金融信贷业务、农业综合开发与农村扶贫业务转交给中国农业银行直接办理。

1994 年，国务院成立国家开发银行，作为国务院直属领导的国家政策性银行，承担涉农信贷、扶贫开发、"三农"建设和中低收入住房等业务工作，重点发展普惠性金融。这一时期，国家专门性的政策性银行的建立，与这一时期国家经济发展的大规模资金投入、推动农业经济快速发展和大规模的农村反贫困工作的开展息息相关，对促进农村基础设施建设、稳定农业生产和农村经济发展发挥了积极作用。

（二）推动农村信用合作社独立发展

1993 年，国务院出台了《国务院关于金融体制改革的决定》，明确规定推动农村信用合作社股份合作制改革试点工作，在性质、经营和盈亏等领域推动其独立改革。1994 年，国务院开始推进中国农业银行营业所与信用合作社分离，推进农村信用合作社在农村县域的县联社建设，逐步在职能权属关系上理顺农业银行与信用合作社的关系。1996 年，国务院出台的《国务院关于农村金融体制改革的决定》明确指出，我国农村合作制、商业性和政策性金融机构在不同时期都有不同程度的发展，对农业发展和农村经济发挥了信贷支持作用。但是各类农村金融机构的权属关系、管理体制和运行机制没有真正理顺，

农村金融体制的发展未能适应农村经济建设发展的实际需要。该文件还特别指明，农村信用合作社在发展的过程中丧失了原有的合作属性，背离了服务农民的发展要求，中国农业银行领导管理农村信用合作社与其商业银行的定位相矛盾，在权属关系上难以理顺。因此，文件明确规定改革农村信用合作社的管理体制，提出"农村金融发展应基于合作原则，决定将农村信用合作社从中国农业银行中独立出来，组建基层信用社联合组织，逐步组建基层农村合作银行"的要求，逐步恢复农村信用合作社的"社员入股、民主管理、为社员服务"的合作性质。我国同时出台的《农村信用合作社管理规定》明确加强中国人民银行对农村信用合作社的监督，以及进一步推动县联社的建设，县以上不再设立农村信用合作社的单独经营机构；并对农村信用合作社开展业务整顿工作，将商业化农村信用合作社改革组建为农村合作银行，但实际进度落后于这一阶段所设计的目标。

1998 年，农村信用合作社的股份制改革取得了实质性进展，将农户和农村集体经济组织作为农村信用合作社的社员，逐步恢复农村信用合作社的合作性质，同时确立县级农村信用合作社法人单位。为解决农村信用合作社发展中农民的入股积极性不足问题，中央政府在全国开展农业合作基金会和城市信用合作社业务整顿工作；同时进一步放宽农村信用合作社小额信贷业务和发展"支农"贷款，并通过中国人民银行发行专属票据置换农村信用合作社的不良资产。随着四大银行退出农村市场和中国农业银行逐步退出农村信贷业务，农村信用合作社对农村的金融信贷规模不断增加，但同时也造成农村资金外流和信贷支付危机，如农村信用合作社由于其缺乏市场竞争以及产权关系和具体经营上出现困难，农村金融信贷贷款难度增大，农村信用合作社的贷款比重由 1985 年的 12.48%下降到 2003 年的 5.9%，广大农户的贷款难问题迫切需要解决。由此，2000 年，中央政府在江苏开展以县级为单位的农村信用合作社法人单位，试点推动农村信用合作社商业化改制，组建省级联社试点，仅江苏省就将全省 1 658 个基层信用合作社和 81 个联合社合并为 82 个单位及法人，成立江苏省农村信用合作社联社。同时，江苏省大力推动农村商业建设，并在江苏常熟、江阴等地组建农村商业银行。为提高农村信用合作社的信贷服务质量和水平，简化信贷手续和农户的信贷投入，中央政府于 2001 年进一步出台了《农村信用社农户小额信用贷款管理指导意见》，开始试点组建农村信用合作社联社，按照合作制度的改革方向推动农村信用合作社改革。

（三）推动农村小额贷款快速发展

1993 年，孟加拉国的小额信贷模式被引入中国，由杜晓山主持领导的社科院课题组在考察孟加拉国的乡村银行的过程中，开始尝试引入 GB 银行的运作模式探索"小额信贷扶贫研究"，并得到了 GB 银行的一笔低息贷款支持。河北易县作为试点县，进行了中国"穷人银行"的具体实践，通过组建扶贫经济合作社，发放针对 20 余户农户的小额贷款，随着贷款对象的范围逐步增大，河北易县累计向 1.9 万余户农户发放小额信贷，累计贷款资金达 0.67 亿元，其中妇女的信贷支持占比达 80%，实现 6 000 余户农户脱贫。

随着易县小额信贷模式的成功实践，河南、陕西和四川等地也分别进行推广试点，分别建立扶贫经济合作社。我国的扶贫经济合作社与孟加拉国的信贷小组相类似，贷款对象主要针对农村的贫困户，尤其是广大的贫困留守妇女，通过组建贷款联保机制，实现对信贷违约的信用监督和连带责任。我国的小额信贷模式与孟加拉国的乡村银行具有很多相似之处，但在实际运行中结合我国基层实际进行了有益的探索，相比与孟加拉国的民间非政府组织的性质，我国的扶贫社是半官方性质，实际运行中是"政府+村居委+银行+扶贫社"的多主体参与和结合方式。政府负责政策制定与实施，村居委负责组织、落实与协调，银行负责信贷审批、发放与收款，扶贫社则是负责确定扶贫项目与对象，并提供中间服务和协助收息。

孟加拉国的小额信贷模式在中国的成功实践一方面解决了农民尤其是贫困农户的贷款难问题，另一方面补充了以农村信用合作社为主体的正规金融组织在广大农村地区贷款供给不足所造成的贷款难问题。该模式有效解决了贫困户的生产生活贷款资金来源不足的问题，成为贫困户尤其是留守妇女融资的重要途径，再加上技能培训和创业项目的培养，有效促进了小额信贷在中国的快速发展。目前，我国已经有几百家复制孟加拉国 GB 银行小额信贷模式的金融机构。仅 1998 年，政府小额贷款就涉及全国 22 个省份 605 个县（市、区），发放贷款 6 亿多元。经过 7 年扶贫攻坚，2000 年我国贫困人口由 1994 年的 8 000 万人减少到 3 209 万人，贫困发生率下降到 3.4%，贫困人口的温饱问题基本得到解决[①]。

（四）全面整顿民间金融组织

随着农村合作基金会等民间金融组织的发展，在弥补了农村金融供给和活跃农村经济的同时，也在一定程度上存在扰乱金融市场和风险不宜管控等问题。因此，中央政府从 1994 年开始对农村合作基金会进行整顿。1996 年，国务院出台的《国务院关于农村金融体制改革的决定》，将农村合作基金会全面

---

① 数据来源于相应年份的《中国贫困监测报告》。

优化管理，并将其纳入农村信用合作社进行统一管理。随着我国市场经济的快速发展，全国范围内的资金稀缺问题造成通货紧缩和高利率，农村合作基金会也存在这一问题，因此中央政府从 1997 年开始决定全面清理和关闭农村合作基金会。1999 年，全国 2 万多个乡镇一级和 2.4 万个行政村级的农村合作基金会在全国范围内进行撤销和清算，彻底结束了非正规金融的组织状态，存续了16 年的农村合作基金会成为我国民间金融发展的历史。由于农村合作基金会的关闭在一定程度上造成大量的资金挤兑，风险准备金的不足导致大量呆账、坏账的产生；同时更加重了农村资金的极度稀缺和外流程度，导致农村基层无序的民间借贷和高利贷市场复苏。

（五）加大政府政策性金额扶贫力度

1994 年，国务院决定实施《国家八七扶贫攻坚计划》，目的是以当时的贫困线测算力争在 20 世纪内的最后 7 年时间，集中人力、财力、物力，充分动员社会各界力量，在 20 世纪末基本解决剩余 8 000 万人，占农村总人口 8.87%的农村绝对贫困人口的温饱问题。这是我国于 1986 年在全国范围内实施的大范围、有计划、有组织和规模化的扶贫开发后又一次集中采取扶贫到户、到村细化的扶贫模式。通过第一阶段的大规模扶贫，我国的贫困人口从 1978 年的2.5 亿人降到 1992 年年底的 8 000 万人。为了进一步解决农村的贫困问题，缩小地区差异和消除绝对贫困，中央政府又一次实施大规模扶贫攻坚计划：一是通过增加贫困农户收入，以 1990 年的不变价格计算实现贫困农户人均创收在500 元以上。其具体是通过分类别差异化的扶贫项目，加快转移农村剩余劳动力和扩大就业渠道，重点发展种植、养殖和林果业等，重点发展投资少、见效快、效益好、覆盖范围广和能够直接解决贫困户温饱问题的种养殖业项目有效增加农民收入。二是加大农村基础设施建设力度。中央财政每年增加 15 亿元用于贫困地区基础设施建设。三是通过教育扶贫、文化扶贫、卫生扶贫等方式，充分改善贫困地区教育、文化等公共服务的欠缺状态。

我国政府尤其重视金融反贫困的扶贫作用，进一步加强扶贫资金投入。"八七"扶贫计划规定：从 1994 年起，中央财政每年再增加 10 亿元的以工代赈资金和 10 亿元的扶贫专项贴息贷款等；同时对具体开展金融扶贫的政策机构进行调整，将原来由中国人民银行和中国农业开发银行具体办理的国家扶贫贷款业务，从 1994 年开始全部转交由中国农业银行具体办理；对国家扶贫资金的投入地区进行调整与倾斜，将原来投入广东、浙江、福建、江苏等 6 个沿海地区经济发达省份的信贷扶贫资金，集中投入经济欠发达和贫困深度较为严重的中西部地区；对中央投入信贷、以工代赈和财政投入资金也逐步向国家级重点贫困地区和贫困县倾斜，具体以贫困乡为资金投入的瞄准目标，并明确规定银行扶贫贷款主要用于经济效益较好、能够按期偿还贷款的扶贫开发项目。我国政府通过对公共扶贫政策进行调整，这一方面对优化扶贫资金配置效率发挥了积极作用；另一方面也造成了金融反贫困在具体实践中更加注重贫困项目的效益和信贷的偿还风险，造成扶贫贷款在实践中目标瞄准偏差等问题。

第五节　新时期的农村金融反贫困政策变迁

20世纪以来，随着我国扶贫政策的深化与调整，2001年中央政府颁布了《中国农村扶贫开发纲要（2001—2010年）》（以下简称《纲要》），开启了我国全面建设小康社会扶贫新阶段。随后我国农村金融反贫困政策也发生了变化，进入21世纪以来也成为我国农村金融深化改革和发展的阶段。随着我国市场经济的深化，原来单纯的供给占主导的卖方市场也转变为供给与需求双向推进、买方与卖方市场协同发展的市场经济结构。由此，原来针对农村金融机构主体的信贷供给系统改革调整为供需双方的双向改革，这一阶段重点围绕农村商业银行和政策性金融机构体系改革、农村信用合作社改制、农村金融工具和服务体系推广、农村信用和担保体系建设等几个方面展开，这在一定程度上缓解了农村信贷的供需矛盾，推动了农村经济的深化发展。为促进农村综合性开发，中央政府在全国确定了148 051个贫困村，将扶贫资源发放到村，决定发展种养业和农业产业化，加大科技扶贫和文化扶贫力度，但1997年的亚洲金融危机和通货紧缩，促使我国银行不断加强金融监管。

一、推动国有银行和政策性金融机构改革

从20世纪90年代末期开始，中国农业银行由政策性银行向商业银行改革。随着我国市场经济的发展，以市场化和商业化为改革导向的中国农业银行等四大国有商业银行开始逐步收缩县级以下机构，退出农村金融市场，由农村信用合作社单独承担农村信贷业务。其中，中国农业银行开始重点剥离不良资产，收缩县级及以下机构。2000年开始，中国农业银行进一步退出农村信贷领域，把农村金融信贷市场全部交由农村信用合作社。国有商业银行退出农村金融市场，这从很大限度上不利于农村经济和农业产业的市场化发展，与农业产值在国民经济中的比重形成倒挂现象，农业贷款仅占贷款总额的5%左右，而当时农业产值在整个国民经济中的总产值占比为10%～12%。两者相比，农

村信贷的总量与其经济贡献值存在不协调、不匹配的现实问题。

因此，从 2007 年开始，中共中央、国务院明确要求中国农业银行主要是"面向'三农'、商业运作"，坚持为农服务的发展方向，引导已经从农村市场退出并商业化改革的中国农业银行又重新返回农村金融市场体系。为提高中国农业银行服务"三农"的金融能力和县域经济发展的能力与水平，中国农业银行于 2008 年开始重新推动"三农"金融事业，在 6 个省份 11 个二级分行推动"三农"金融事业部试点改革。2009 年，原银监会出台《中国农业银行"三农"金融事业部制改革与监管指引》，明确规定农行县级金融的资金要用于县级农村经济发展，"三农"金融事业部的新增贷款要占到新增贷款总额的 50% 以上，且"三农"贷款的增速不得低于行内贷款的平均增速。这一政策明确了中国农业银行服务"三农"发展的政策导向，对抑制农村资金外流、引导资金回流，以促进县域经济发展发挥了积极作用。中国农业银行总行设立了"三农"金融事业部并印发《中国农业银行"三农"金融事业部制改革试点实施方案》，对部门职能范围、管理机制、信贷政策和风险管理等内部管理做出明确规定，全面推进涉农金融市场和产品改革，同时在四川、甘肃、广西、重庆、浙江、山东重点推进"三农"金融事业部深化改革。同年，国务院审议通过《中国农业银行股份制改革总体实施方案》，自此，中国农业银行开始股份制银行改造。经过两年的市场化和股份化改革，2009 年，中国农业银行由单纯的国有独资银行整体改革成为现代化的股份制商业银行，并于 2010 年在中国主板市场和香港地区进行上市。

二、推进农村信用合作社银行化改革

经过改革发展，农村信用合作社已经成为农村金融体系的主力。随着市场经济的全面深化发展，我国也尝试推进农村信用合作社的市场化改革，推进其由单纯的合作制与社员制向股份制和商业化方向改革，改制成为以现代化股份合作制为主体的现代金融产业法人。2001 年，江苏省 82 家农村信用合作社在按照合作社改革原则的基础上，组建了全国第一个省级联合社——江苏省农村信用合作社联合社。在此基础上，中央政府又进一步推动农村信用合作社股份制改革。2002 年，中共中央、国务院出台了《中共中央 国务院关于进一步加强金融监管，深化金融企业改革，促进金融业健康发展的若干意见》，明确提出农村信用合作社改革的重点是明确产权关系和管理责任。2003 年 6 月，国务院进一步出台了《国务院关于印发深化农村信用社改革试点方案的通知》，由此拉开了农村信用合作社向股份制、合作制的农村商业银行、农村合作银行试点的大幕，并选取吉林、山东、江西、浙江、江苏、陕西、贵州、重庆8个省份作为农村信用合作社改革试点单位，纷纷成立省一级的农村信用合作联合社，全面将农村信用合作社的管理权限由中国人民银行下放给省级政府，从此开启新一轮的农村信用合作社改革。2004年国务院办公厅出台了《国务院办公厅关于进一步深化农村信用合作社改革试点的意见》，将农村信用合作社改革试点范围由原来的8个省份扩大至除西藏和海南以外的全国21个省份，并进一步指出有条件的地区推动农村信用合作社省联社改制为农村商业银行、农村合作银行或者金融控股公司。截至2004年年底，全国已经组建了40余家农村商业银行或农村合作银行。2007年，中央政府批准了海南省农村信用合作社省联社的改革工作。2010年，原银监会又下发了《中国银监会关于加快推进农村合作金融机构股权改造的指导意见》，决定全面推进农村信用合作社股份制改革，并鼓励有条件的农村信用合作社省联社、农村合作银行改革为农村商业银行，推动农村信用合作社实现由合作制向银行制转变。

我国农村信用合作社的发展大致经历了民办的合作制、官办的合作制、股份合作制和股份制的改革历程。新时期通过股份制改革，农村信用合作社改革成为农村商业银行后对自身发展起到了积极作用：一是进一步理顺了农村信用合作社的领导管理体制，减轻了农村信用合作社发展过程中的历史包袱；二是通过省联社和银行化改革，将管理权限由中央政府下放给省级政府，进一步强化了农村信用合作社专业化金融机构的服务功能；三是进一步完善了农村信用合作社的公司法人治理结构，有利于完善内部治理水平和健全现代金融企业管理制度，防范化解金融风险。同时，也存在自身定位不清、"支农"功能作用不到位的问题，尤其是通过商业化和股份制改革与服务"三农"的发展目标相背离，涉农贷款比例不断下降，农村资金外流现象进一步凸显，难以满足服务农村经济的市场需要。

三、调整政策性金融的业务范围

为适应新时期我国农村经济发展要求，我国开始了农业发展银行的政策性改革，但农业发展银行改革的力度、进度与其他金融组织相比一直较慢。经过上一阶段的职能调整，农业发展银行仅专门履行粮油收购资金管理职能，实质上成为"粮油收购银行"。随着市场经济的发展，各种所有制企业类型层出不穷，从2004年开始，农业发展银行的主要业务范围不断拓展，粮棉油贷款业务对象由国有制企业增加到各种类型的粮油企业。同时，原银监会批准农业发展银行从事农业龙头企业的开办经营工作和加工企业的贷款业务，2006年又进一步扩大至允许从事农业综合开发、农业基础设施建设和农业科技企业的贷款业务。农业发展银行已经发展成为以粮棉油信贷收购业务为主体，农业产业化发展、"三农"中长期贷款为"两翼"的政策性金融机构，致力于推动农业产业化与规模化发展。

四、允许新型农村金融机构发展

已有的中国农业银行、农村信用合作社和农业发展银行为主导的农村正规金融机构存量改革，其目的是解决我国农村金融机构供需矛盾失衡、金融网点覆盖率不足、农村金融市场竞争不充分、农村金融市场活力不足和民间金融资本难以在农村金融市场合法开展业务等困境。我国开始全面试点新型农村金融机构，探索尝试在新型农村金融机构的增量上进行改革。2005年，国务院率先出台《国务院关于鼓励支持和引导个体私营等非公有制经济发展的若干意见》，明确指出农村信用合作社要积极吸引农民、个体工商户和中小企业入股。这为民间资本进入农村金融机构提供了政策支持。

2006年，原银监会陆续出台《中国银行业监督管理委员会关于调整放宽农村地区银行业金融机构准入政策，更好支持社会主义新农村建设的若干意见》等系列文件，明确指出要放宽准入资本范围，积极支持和引导境内外银行资本、产业资本和民间资本到农村地区投资、收购、新设银行业金融机构；适度放宽广大农村地区金融机构的政策要求，通过调低注册资本、调整投资人资格，放宽业务准入条件等政策，降低农村金融体系的准入门槛，促进多元投资、多种类别、全面覆盖、服务高效的农村金融体系，允许多种资本形式和各类金融主体进入农村金融市场，为盘活农村金融市场发挥了积极作用。在"先试点、后推开""先中西部、后内地""低门槛、严监管"的政策要求下，中央政府选择在四川、甘肃、内蒙古、青海、吉林、湖北6个省份开展农村资金互助社、村镇银行和贷款公司等农村新型金融机构的试点工作。2007年，中央政府将试点范围扩大到31个省（自治区、直辖市），并陆续出台《村镇银行管理暂行规定》等一系列规范性指导文件，积极建立农村地区金融机构"支农"服务质量考评考核体系。

通过金融政策引导与降低准入门槛，信贷公司市场化发展，将民间金融引入正轨，直接促进了村镇银行、贷款公司和农村资金互助社在农村的快速成长。2008年年底，我国有91家村镇银行开业，农村基金互助合作社成为一种新型的农村互助合作金融组织，服务对象直接是中低收入的农户群体。农村金融事业的发展，大力促进了我国的扶贫事业发展，到 2010 年年底，我国的贫困人口下降到 2 688 万人，贫困发生率降低至 2.8%。

第六节　新时代的农村金融反贫困政策变迁

党的十八大以来，伴随着大规模扶贫攻坚战略的实施，我国开展系统性精准扶贫，农村脱贫全面建成小康社会成为这一时期农村发展的重点，中央政府相继出台《中国农村扶贫开发纲要（2011—2020 年）》《中共中央 国务院关于打赢脱贫攻坚战的决定》等政策，并于 2011 年 11 月最终确定将我国农村的扶贫标准调整为"按照 2010 年价格水平每人每年 2 300 元"。按照这一标准，我国的贫困人口上升至 1.22 亿人，贫困发生率升至 12.7%。为发挥农村金融反贫困的信贷支撑、经济拉动和活跃市场的作用，提升农村金融体系在脱贫攻坚中的精准性、可获得性和有效性，这一阶段农村金融改革发展目标更加清晰。

一、推动农村信用合作社深化改革

为进一步推动农村信用合作社省联社深化改革，原银监会于 2012 年出台了《中国银监会关于规范农村信用社省（自治区）联合社法人治理的指导意见》，提出完善省（自治区）联社的公司法人治理制度，规范运行机制和明确职能定位，指出省（自治区）联社的职能主要是对社员进行服务、指导协调和行业管理，提升对基层农村信用合作社的服务效率和能力。2019 年中国人民银行、银保监会、证监会、财政部、农业农村部五部门联合出台的《关于金融服务乡村振兴的指导意见》明确指出，要强化农村信用合作社的独立法人地位，完善公司治理机制，突出专业化服务功能。2019 年 11 月，中国人民银行发布的《中国金融稳定报告（2019）》明确提出农村信用合作社的改革发展思路，要求进一步保持县级法人地位和作用的基本稳定，完善公司法人治理机制，有效化解存量风险，不断提高服务能力和效率。2020 年发布的《中共中央 国务院关于抓好"三农"领域重点工作 确保如期实现全面小康的意见》明确提出，要深化农村信用合作社改革，坚实县域法人地位的要求。深化农村信用合作社改革，成为当前我国农村金融体制改革的重点。2020 年，银保监会按照国务院金融稳定发展委员会办公室的意见出台了《深化农村信用社改革实施意见》，在新时代衡量农村信用合作社服务"乡村振兴"的能力成为检验其改革效果的重要标准。

随着农村信用合作社的多轮改革，通过不断完善其公司法人治理机制，夯实经营能力和提高业务服务水平，农村信用合作社的发展规模、机构数量取得了长足的发展。截至2019年12月底，我国拥有各类农村商业银行1 478家、农村合作银行28家、农村信用合作社722家，农村信用合作社法人机构合计达2 228家，占银行业法人金融机构的48.36%；农村信用合作社机构资产总额达35.51万亿元，占银行业金融机构的比例为12.24%，规模总量超过中国工商银行。这一阶段，农村信用合作社（农村商业银行、农村合作银行）在脱贫攻坚、服务"三农"和乡村振兴中发挥了重要作用，已经成为我国农村金融体制的主力和重要组成部分。

二、积极发挥多种农村金融精准扶贫模式

随着脱贫攻坚战略的深入实施，我国更加注重加大农村金融机构精准扶贫力度：一是重点加大对建档立卡贫困户的金融扶持力度，发挥农村金融对反贫困的直接作用。相关部门利用发放小额信贷、农户小额信用贷款、创业担保贷款、助学贷款、康复扶贫贷款等多种渠道的信贷支持，满足农户在生产、生活、创业、就医、就学等多领域、多渠道、广覆盖面的信贷资金需求。二是发挥农村金融对反贫困的间接扶持作用。相关部门利用农村金融扶持产业发展，建立农村金融与企业带动贫困户脱贫的衔接机制。由此，各地探索出多样化的农村金融精准扶贫模式，如建立"扶贫资金+信贷资金"相结合的扶贫模式，将扶贫资金作为扶贫担保基金，直接增加贫困户的信贷额度，以村为单位设立贷款专户。这一模式对于解决贫困户的贷款难问题发挥了积极作用。同时，这一时期有的地区又逐步推动新型农村经济组织的建设，如扶贫资金互助社和农民专业合作社的发展，通过为入社农户提供技术、生产资料、信息和资金等一条龙服务，加大了信贷资金在覆盖面、产业发展中的支持力度。

三、推动政策性农业保险快速发展

保险作为现代金融的重要金融工具之一，随着我国农村金融政策体系的保障增强，农业保险取得了长足的发展。2007年中央财政首次开始对农户和农业企业购买农业保险进行保费补贴机制和税收优惠政策实施以来，大力促进了

农业保险在广大农村地区的推行。2012 年，国务院颁布的《农业保险条例》明确指出，国家支持发展多种形式的农业保险，健全政策性农业保险制度。该条例明确指出要重点发展政策性农业保险，并通过财政给予保费补贴。《农业保险条例》的颁布，为规范农业保险行为活动、依法保护农业保险活动行为的合法权益、提高农业抗风险能力和防止农业生产过程中因灾致贫等发挥了积极作用。因此，在法律体系和财税政策的双重保障下，我国的政策性农业保险在覆盖人群、覆盖范围上得到快速发展，涉及自然灾害、意外事故、疫病、疾病等农业保险的险种种类不断增加，全国备案的农业保险产品有 1 700 多个，涉及农林牧副渔等 200 多种农产品。同时，开展农业保险的金融机构数量逐步增多，我国已经形成中资保险集团公司、财产险、人身险、再保险等各类开展农业保险业务的金融机构达 126 家，其中具体经营政策性农业保险业务的金融机构有 26 家，开设县级农业保险机构共 2.39 万家和建设农业保险基层服务网点 36 万个，农业保险机构的乡镇覆盖率已达 95%。农业保险的投保人数和保费收入逐年增加，据统计，2017 年全国保费收入已达 480 亿元，风险保障金增至 2.8 万亿元。

从 2017 年开始，我国进一步推进大灾保险试点工作，在全国 13 个粮食主产省份选取 200 个产粮大县作为大灾保险试点县，结合我国农村土地流转和多种新型农业经营主体快速发展的特点，将新型农业经营主体的流转核算计入农业保险的范围。同时，多种新型农业保险险种不断增加，在生猪、蔬菜、粮食等农特产品中试点价格保险，推行"保险+期货"、指数保险、小额贷款保证保险等，农业保险的险种、涉及农产品的种类和保障环节更加完善，为推动"三农"发展发挥了积极作用。

四、探索供销合作社金融服务体系

2015 年发布的《中共中央 国务院关于深化供销合作社综合改革的决定》明确指出，稳步开展农村合作金融服务，发展农村合作金融，是解决农民融资难问题的重要途径。此外，该文件鼓励有条件的供销合作社要按照社员制、封闭性原则，在不对外吸储放贷、不支付固定回报的前提下，发展农村资金互助合作；鼓励有条件的供销合作社可依法设立农村互助合作保险组织，开展互助保险业务；允许符合条件的供销合作社企业按照法定程序设立中小银行试点、融资租赁公司、小额贷款公司、融资性担保公司；在深化农村供销社改革的过程中，结合农村供销社的自有系统和服务优势，探索实施农村新型合作金融组织发展，对促进农村新型合作金融的发展具有重要的时代意义和实践指导作用。

2019年，全国供销合作总社为进一步贯彻《中共中央 国务院关于深化供销合作社综合改革的决定》，并促进供销社系统金融服务规范发展，具体出台了《中华全国供销合作总社关于规范发展供销合作社金融服务的指导意见》，明确提出要深化供销合作社综合改革，推进生产、供销、信用"三位一体"综合合作，坚持"依法合规、稳中求进、服务实体、分类指导"的总体原则，并严格按照"社员制、封闭性、不对外吸储放贷、不支付固定回报"的规定和"小额、短期、分散"的具体原则，通过承接各类金融机构普惠金融服务、参与组建农村中小型金融机构、发展农村信用合作社、设立合作发展基金以及拓展农村保险业务等形式，分类推进供销合作社金融服务体系发展。2019年年底，供销社系统金融服务营业额达970.5亿元。一些地方政府积极推动生产、供销、信用"三位一体"的新型农村合作体系建设，新型的信用合作正在农村涌现，并在县级开展"三位一体"综合合作试点。

五、健全农村金融服务乡村振兴的组织体系

新时代随着脱贫攻坚战取得全面胜利，我国全面建成小康社会和加快实施乡村振兴战略，进一步健全了农村金融市场和金融服务体系，推动了农村金融产品供给的高质量发展。2018年发布的《中共中央 国务院关于实施乡村振兴战略的意见》明确提出，将提高金融服务水平作为推动乡村全面振兴的重要内容，这对我国进一步深化农村金融改革、提高农村金融推动和服务乡村振兴的能力水平指明了时代方向。2019年，银保监会发布《中国银保监会办公厅关于做好2019年银行业保险业服务乡村振兴和助力脱贫攻坚工作的通知》，中国人民银行等五部门联合发布《关于金融服务乡村振兴的指导意见》，立足新时代乡村振兴发展要求，明确到2020年、2035年和2050年有关近期、中期及长期农村金融服务乡村振兴的发展目标，为各类农村金融机构服务农村发展指明了政策方向。

首先，我国政府要鼓励开发性、政策性农村金融机构为乡村振兴发展提供中长期贷款，满足乡村振兴的基础设施建设、农业产业发展的贷款需求。国家开发银行要以开发性金融为定位，加大对乡村振兴的大规模开发的信贷支持力度，为培育农村经济新的增长动力提供资金支撑。中国农业发展银行重点在脱贫攻坚和保障粮食安全等薄弱环节、领域发挥了政策性银行引导作用。其次，针对大型商业银行要加大对乡村振兴的资金支持力度。中国农业银行立足

"面向'三农',服务'三农'"的职能定位,完善"三农"金融事业部的组织体系,提高农村金融服务覆盖率和信贷渗透率,确保县域内贷款高于全行贷款增速。中国邮政储蓄银行重点发挥网点、资金优势,扩大县域地区的金融投放规模,着重发挥小额信贷优势,通过以小额信贷、零售金融业务为主线,提高对建档立卡贫困户、新型农业经营主体等小微普惠金融的服务能力。再次,股份制银行和城市商业银行要重点发挥金融覆盖面和城乡资金融通等环节的引领作用,还要大力发挥农村中小金融机构的"支农"主力作用。农村信用合作社、农村商业银行和农村合作银行应立足于服务"三农""支农""支小"的职能定位,进一步加强中小金融机构的独立性、专业性和规范性发展,逐步向乡镇地区延伸服务覆盖面。最后,我国要积极发挥小额信贷、村镇银行等农村金融机构的市场补充作用,重点以县域涉农业务为主体,注重提升对风险的把控能力。

第七节　我国农村金融反贫困政策变迁的实践效果

纵向梳理我国农村金融反贫困的公共政策发展变迁历程不难发现,农村金融的改革探索与我国农村改革发展和现代金融体系的发展息息相关。虽然不同时期的农村金融发展的目标不同,但总体而言,农村金融发展已融入我国推进农村发展和社会主义市场经济体制改革的过程中。从总体发展成效来看,我国农村金融经历的萌芽、创立、恢复、改革、创新等发展历程,使得农村金融的体制机制、机构组织体系、金融产品种类、金融服务方式取得了巨大的发展,农村金融的发展对促进农村经济发展、活跃农村市场、增加农户的贷款获得性和反贫困发挥了积极作用。

一、初步构建完善的农村金融体系

农村金融体系是开展金融服务的基础,包括农村金融机构、制度、体制和工具等一系列内容。农村金融组织机构系统成为农村金融体系的核心。我国无论是在新中国成立以前的新民主主义革命时期还是在新中国成立以后的恢复发展、改革创新等多个时期,都十分重视对农村金融组织体系的建立、改革和发展。

新中国成立以前,根据根据地发展及战争情形,各个革命根据地都建立了庞大和成体系的农村金融组织,对满足革命时期筹集战争物质和促进根据地农业产业的发展发挥了积极作用。如在解放战争时期，各个解放区根据战争形势发展在每个根据地都设立了相应的金融机构，像是东北地区的东北银行、中原解放区的北海银行和中州农民银行、关东地区的关东银行、陕甘宁地区的西北农民银行、华中解放区的华中银行、华北解放区的华北银行、华南解放区的南方解放银行等，然后为统一货币和金融体系而成立了中国人民银行。这一时期的农村金融体系相对独立、金融职能较为单一，各个解放区的金融机构承担发行货币、资金融通、活跃经济等职能。

新中国成立以后，我国农村金融体系经历了探索改革阶段，这一时期是我国不断探索和尝试建立农村金融体系的过程。其中，以中国农业银行为例，从1951年成立中国农业银行的前身即中国农业合作银行开始，1952年中国农业合作银行被取消；于1955年成立的中国农业银行，到1957年被取消；1963年再次成立中国农业银行，到1965年又被取消。中国农业银行的发展经历了漫长的"三设三消、三起三落"，充分体现了我国农村金融体系的顶层设计在一定历史时期对职能划分、规划设计和组织体系的思考还不够清晰、不够成熟，机构设置增设后易产生机构职能重叠、机构臃肿和人浮于事等情况，机构取消后又导致某些职能难以落地落实。这一时期农村金融机构的反复设立及取消，充分体现出我国农村金融机构体系发展不够成熟，机构体系的总体设置架构还未形成。

从20世纪90年代开始，随着我国社会主义市场经济改革发展，我国开始不断探索如何构建完善而高效的农村金融体系，在这一时期推动了金融机构的市场化改革，包括国有独资银行的股份制改革、农村信用合作社的商业化改革和银行化改革。尤其是进入21世纪以来，农村金融机构的改革步伐加快，不断推动多种农村金融组织体系的改革发展，同时逐步降低农村金融机构的准入门槛，村镇银行、小额信贷公司等一系列新型农村金融机构不断诞生和发展壮大。在政府公共政策的引导和调节下，在正规金融和非正规金融的基本类别划分上，相关部门按照农村金融机构的业务功能和性质将其划分，正规金融组织体系包括农村政策性、商业性、合作性和新型金融机构四大类别，基本形成了以政策性农村金融为基础，以商业性、合作性农村金融为主体，以新型农村金融为补充的正规农村金融体系，如图4-1所示。农村金融体系逐步朝着市场化、差异化和普惠性的方向发展改革，农村金融组织体系为融通农村资金、促进我国反贫困事业发展和配合政府主导的反贫困政策发挥了推动作用。

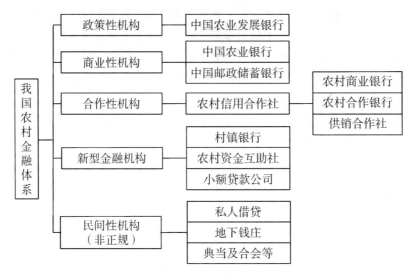

图 4-1　我国农村金融体系结构

但需要明确指出的是，无论是政府官方还是农村金融理论研究，都对农村正规金融的功能和类别划分比较清晰，有效保证了农村金融体系的完整性和功能性。然而其对非正规金融并没有进一步细分，这在一定程度上反映了我国农村金融组织体系的兼容性与补充性发展还不够充分。尽管我国出台政策放宽了农村金融的准入门槛，以及通过合法渠道赋予民间金融组织的合法性地位，但实际而言，由于门槛相对较高，绝大多数民间金融仍处于政策体系规定范围之外的民间金融状态。

由此，从现阶段我国农村金融体系的形成和发展过程来看，我国农村金融体系是在推动农村经济发展和市场化改革的过程中逐步确立的，其中经历了某些机构的取消与恢复、金融机构性质的改变、金融组织的快速发展等。正是在这样一个不断调整改革的过程中形成了符合我国农村经济发展的相对完善的农村金融体系，在未来仍会随着乡村振兴的推进与发展不断改革和完善。

二、农村金融政策体系不断完善

政府作为农村金融的政策制定者和推动者，纵观农村金融的发展改革历程不难发现，公共政策是推动我国农村金融改革、机构设立、制度完善的主要动力。我国农村金融的组织体系和服务体系的构建，基本上是通过政府政策制定和实施来实现的，农村金融改革的过程与农村金融政策体系的推动过程一脉相承。

回顾农村金融的改革历程我们可以清晰地发现，农村金融政策体系伴随着农村金融改革历程不断深化完善，其主要目的就在于解决各个时期主要的金融系统建设和面临的突出金融问题。然而，农村金融体系的供给与需求问题作为我国农村金融的核心问题，如何通过公共政策引导推动农村金融资源服务"三农"事业发展，不断扩大现有农村金融存量，防止农村金融资金过度外流和"抽水"，是推动农村金融政策不断深化改革的根本目的和关键所在。农村金融政策体系的设计初衷主要在于保持、留住和发挥农村金融存量，发挥农村金融服务农村经济、活跃农村市场的作用：一是要保持现有的金融机构和资金存量，防止现有的金融机构外流，确保农村金融系统总体供给平衡；二是要保证农村金融存量服务"三农"发展，通过政策规定避免农村资金通过信贷政策流向城市，确保农村信贷资金支持农村发展，防止农村金融的非农化发展；三是要释放农村金融存量的服务效能，通过农村信贷、农业保险、金融服务和金融工具等政策支持，发挥农村金融对"三农"发展的资金、资源支撑作用。具体而言，农村金融的政策体系如何作用于农村金融的发展主要是通过强制性的政策要求和约束性的政策引导两种渠道。

（一）强制性的政策要求

中央政府通过制定明确的农村金融政策，以推动农村金融机构的设立与取消、扩大或缩小农村金融业务、规定农村信贷的投放领域和比例等，引导农村金融对"三农"的服务领域、范围和程度的确定。其中，我国发布的多个中央一号文件对当年农村金融的发展做出了明确的政策规定，如对中国农业发展银行、国家开发银行等政策性银行提出明确规定，要求中国农业发展银行扩大对"三农"的金融支持，引导农村资金回流；对国家开发银行提出明确政策要求，要求其在乡村振兴阶段加大对农村基础设施的金融支持力度，加大农村基础设施建设力度和农业资源开发力度等。一系列农村金融政策的发布，为推动农村金融存量在服务"三农"、优化结构、明确导向上发挥了积极作用。

（二）约束性的政策引导

与强制性的政策规定相比，约束性的政策引导越来越受到制定者的青睐，成为近年来主要的农村金融政策工具。这是因为政策引导通过政策激励、奖补资金等措施更加能够调动金融机构的积极性、主动性，通过约定存贷比率、存款准备金比率、涉农贷款增加比率等基本比例，以及获得政策奖励和补贴等方式，加大金融机构服务"三农"的信贷支持力度。如《中国农村扶贫开发纲要（2011—2020 年）》就明确规定，要鼓励和支持贫困地区县域法人金融机构将新增可贷资金 70% 以上留在当地使用。2014 年出台的《农村金融机构定向费用补贴资金管理办法》具体规定，当年贷款平均余额同比增长、村镇银行的年均存贷比高于50%、当年涉农贷款和小微企业贷款平均余额占全部贷款平均余额的比例高于70%的财政部门，按其当年贷款平均余额的2%给予补贴。针对西部地区农村金融机构网点发展的相关文件又进一步规定，针对西部基础金融服务薄弱地区的银行业金融机构（网点），财政部门按其当年贷款平均余额的2%给予补贴；同时规定当年任一时点单户贷款余额超过500万元的贷款、注册地位于县级以上区域的新型农村金融机构，其网点在所处县级区域以外发放的贷款不予补贴。相关部门通过针对性、差异化的农村金融政策激励或者补贴制度等方式，对农村金融机构的信贷投入比例、地域、规模做出明确规定，能够积极发挥农村金融政策的引导作用。

尤其是2012年以来我国进入脱贫攻坚决胜期，农村金融政策调整也进入改革发展的快车道，我国政府通过一系列的政策规定和政策引导方式，推进农村金融政策体系促进农村经济的改革发展。《中共中央 国务院关于加快推进农业科技创新持续增强农产品供给保障能力的若干意见》等政策性文件对当年的政策重点做出了明确政策指导，包括对农村金融的政策引导重点做出了明确要求，具有总览全局、定向导航的政策功能。通过梳理历年来的中央一号文件对农村金融政策提出的要求可以发现其政策初衷与演变过程，以及农村金融的政策抓手和着力点。2012年以来的中央一号文件关于农村金融相关政策演变情况一览见表4-4。

表4-4 2012年以来的中央一号文件关于农村金融相关政策演变情况一览

年份	文件名称	文件中与农村金融相关的政策要求
2012	《中共中央 国务院关于加快推进农业科技创新持续增强农产品供给保障能力的若干意见》	发展多元化农村金融机构，鼓励民间资本进入农村金融服务领域，支持商业银行到中西部地区县域设立村镇银行；有序发展农村资金互助组织，引导农民专业合作社规范开展信用合作；适当提高涉农贷款风险容忍度，实行适度宽松的市场准入、弹性存贷比政策；继续发展农户小额信贷业务，加大对种养大户、农民专业合作社、县域小型微型企业的信贷投放力度
2013	《中共中央 国务院关于加快发展现代农业进一步增强农村发展活力的若干意见》	创新金融产品和服务，优先满足农户信贷需求，加大新型生产经营主体信贷支持力度；加强财税杠杆与金融政策的有效配合，落实县域金融机构涉农贷款增量奖励、农村金融机构定向费用补贴、农户贷款税收优惠、小额担保贷款贴息等政策；稳定县（市）农村信用合作社法人地位，继续深化农村信用合作社改革；探索农业银行服务"三农"新模式，强化农业发展银行政策性职能定位，鼓励国家开发银行推动现代农业和新农村建设

表4-4(续)

年份	文件名称	文件中与农村金融相关的政策要求
2014	《中共中央 国务院关于全面深化农村改革加快推进农业现代化的若干意见》	强化金融机构服务"三农"职责;强化商业金融对"三农"和县域小微企业的服务能力,扩大县域分支机构业务授权,不断提高存贷比和涉农贷款比例,将涉农信贷投放情况纳入信贷政策导向效果评估和综合考评体系;稳步扩大中国农业银行"三农"金融事业部改革试点;鼓励中国邮政储蓄银行拓展农村金融业务;积极发展村镇银行,逐步实现县市全覆盖;发展新型农村合作金融组织;鼓励开展多种形式的互助合作保险
2015	《中共中央 国务院关于加大改革创新力度加快农业现代化建设的若干意见》	中国农业银行"三农"金融事业部改革试点覆盖全部县域支行;中国农业发展银行要在强化政策性功能定位的同时,加大对水利、贫困地区公路等农业农村基础设施建设的贷款力度;国家开发银行要创新服务"三农"融资模式;开展大型农机具融资租赁试点;完善对新型农业经营主体的金融服务;强化农村普惠金融;继续加大小额担保财政贴息贷款等对农村妇女的支持力度
2016	《中共中央 国务院关于落实发展新理念加快农业现代化实现全面小康目标的若干意见》	推动金融资源更多向农村倾斜;开展农村信用合作社省联社改革试点;鼓励国有和股份制金融机构拓展"三农"业务;深化中国农业银行"三农"金融事业部改革,加大"三农"金融产品创新和重点领域信贷投入力度;发挥国家开发银行优势和作用,加强服务"三农"融资模式创新;强化中国农业发展银行政策性职能,加大中长期"三农"信贷投放力度;支持中国邮政储蓄银行建立"三农"金融事业部,打造专业化为农服务体系;创新村镇银行设立模式,扩大覆盖面;引导互联网金融、移动金融在农村规范发展;扩大在农民合作社内部开展信用合作试点的范围
2017	《中共中央 国务院关于深入推进农业供给侧结构性改革加快培育农业农村发展新动能的若干意见》	支持金融机构增加县域网点,适当下放县域分支机构业务审批权限;支持农村商业银行、农村合作银行、村镇银行等农村中小金融机构立足县域;规范发展农村资金互助组织;开展农民合作社内部信用合作试点,鼓励发展农业互助保险;支持国家开发银行创新信贷投放方式;持续推进农业保险"扩面、增品、提标",开发满足新型农业经营主体需求的保险产品
2018	《中共中央 国务院关于实施乡村振兴战略的意见》	加大中国农业银行、中国邮政储蓄银行"三农"金融事业部对乡村振兴的支持力度;明确国家开发银行、中国农业发展银行在乡村振兴中的职责定位,强化金融服务方式创新,加大对乡村振兴中长期信贷的支持;推动农村信用合作社省联社改革,保持农村信用合作社县域法人地位和数量总体稳定,完善村镇银行准入条件,地方法人金融机构要服务好乡村振兴;普惠金融重点要放在乡村;推动出台非存款类放贷组织条例;制定金融机构服务乡村振兴考核评估办法

表4-4（续）

年份	文件名称	文件中与农村金融相关的政策要求
2019	《中共中央 国务院关于坚持农业农村优先发展做好"三农"工作的若干意见》	建立县域银行业金融机构服务"三农"的激励约束机制，实现普惠性涉农贷款增速总体高于各项贷款平均增速；推动农村商业银行、农村合作银行、农村信用合作社逐步回归本源，研究制定商业银行"三农"事业部绩效考核与激励的具体办法；用好差别化准备金率和差异化监管等政策，切实降低"三农"信贷担保服务门槛，鼓励银行业金融机构加大对乡村振兴和脱贫攻坚中长期信贷的支持力度
2020	《中共中央 国务院关于抓好"三农"领域重点工作确保如期实现全面小康的意见》	对机构法人在县域、业务在县域的金融机构，适度扩大"支农""支小"再贷款额度；深化农村信用合作社改革，坚持县域法人地位；加强考核引导，合理提升资金外流严重县的存贷比；鼓励商业银行发行"三农"、小微企业等专项金融债券；落实农户小额贷款税收优惠政策；合理设置农业贷款期限，使其与农业生产周期相匹配；发挥全国农业信贷担保体系作用，做大面向新型农业经营主体的担保业务；推动温室大棚、养殖圈舍、大型农机、土地经营权依法合规抵押融资；稳妥扩大农村普惠金融改革试点
2021	《中共中央 国务院关于全面推进乡村振兴加快农业农村现代化的意见》	以市场化方式设立乡村振兴基金，撬动金融资本、社会力量参与，重点支持乡村产业发展；运用"支农""支小"再贷款、再贴现等政策工具，实施最优惠的存款准备金率，加大对机构法人在县域、业务在县域的金融机构的支持力度，推动农村金融机构回归本源；鼓励银行业金融机构建立服务乡村振兴的内设机构；稳妥规范开展农民合作社内部信用合作试点；保持农村信用合作社等县域农村金融机构法人地位和数量总体稳定；发展农村数字普惠金融；大力开展农户小额信用贷款、保单质押贷款、农机具和大棚设施抵押贷款业务
2022	《中共中央 国务院关于做好2022年全面推进乡村振兴重点工作的意见》	对机构法人在县域、业务在县域、资金主要用于乡村振兴的地方法人金融机构，加大"支农""支小"再贷款、再贴现支持力度，实施更加优惠的存款准备金政策；支持各类金融机构探索农业农村基础设施中长期信贷模式；完善乡村振兴金融服务统计制度，开展金融机构服务乡村振兴考核评估；深入开展农村信用体系建设，发展农户信用贷款；加强农村金融知识普及教育和金融消费权益保护；积极发展农业保险和再保险

我们对历年发布的中央一号文件进行梳理可以发现，它们都对农村金融的发展方向、政策要求、重点工作和具体任务做出了明确的政策要求。同时，从中我们能够总结出一般性的规律，其中农村金融的公共政策基本点是确保农村金融机构的有序发展，保证农村金融存量的总体稳定，如通过规定银行业金融机构涉农贷款增速高于全部贷款平均增速、健全金融机构县域金融服务考核评价办法等方式防止农村金融资金外流与引导资金回流；政策重点是不断加大农

村金融政策支持力度，持续增加农村信贷投入，提升农村金融对"三农"的服务水平，如对中国农业发展银行、国家开放银行等政策性银行，以及中国农业银行、农村信用合作社、商业银行、合作银行、村镇银行和新型农村金融组织的涉农业务的发展重点做出政策指向，提升农村金融机构的金融服务能力；政策难点在于通过不断创新金融产品和金融服务，引导和撬动金融及社会资本更多地投向农业农村，如以奖代补的方式推动农村保险"扩面、增品、提标"，试点农产品价格指数保险，探索农产品收入保险制度，推进农产品期货、期权市场建设，扩大"保险+期货"试点；采用的政策方式既有强制性的政策要求，又有约束性的政策引导。从中我们也可以看出近年来我国政府主要使用的奖励和补贴等方式，如通过落实农户小额贷款税收优惠政策，运用"支农""支小"再贷款、再贴现等政策工具，实施最优惠的存款准备金率等方式加大农村金融机构的资金回流力度。

三、农村金融服务体系基本确立

长期以来，我国一直面临着农村金融网点空白、金融服务效率低下、金融产品量少而单一的农村金融服务困境。这就需要适应农户需求，将农村金融产品和农村金融工具作为开展农村金融服务的有效途径，通过对农村金融机构的硬件与软件建设（包括农村金融网点建设、金融产品的购买、金融服务的实施等方式）完善农村金融服务体系，最终以普惠性农村金融和金融服务均等化发展为价值导向，满足更多农户的金融服务需求。由此，随着农村金融体系的发展，政策领域和实践领域不断重视加快推动农村金融服务体系的发展。

（一）从政策设计上加强农村金融服务体系建设

公共政策领域十分重视农村金融服务体系的建设。中国人民银行、银保监会等金融管理部门陆续出台系列政策加快农村金融服务体系的发展。如2008年中国人民银行等四部门联合下发的《关于金融支持服务业加快发展的若干意见》明确提出，要大力发展农村金融服务业，加快发展适合"三农"特点的新型农村金融机构，全面推动小额贷款，大力扶持经营分散、资金需求规模小的农村服务业发展，积极探索面向农村服务业的农业保险发展模式，加快农村信用体系建设；通过开发适合中国农村国情的农村信贷产品和保险产品，拓宽农村金融服务渠道，推动农村金融服务产品的优化发展。同时，中国人民银行和原银监会出台了《中国人民银行 中国银行业监督管理委员会关于加快推进农村金融产品和服务方式创新的意见》，决定在中部六省和东北三省金融基础较好的2~3个县，针对农户小额信用贷款、农户联保贷款、权利质押贷款、"信贷

+保险"金融服务、涉农中小企业集合债券组织开展加快推进农村金融产品和服务方式创新试点。在此基础上，该意见进一步对全面优化农村金融服务体系提出具体要求，通过发展农户小额信用贷款和农村微型金融，加快发展农村服务业贷款和基础设施信贷支持，探索开展农村土地承包经营权、宅基地使用权、林权抵押贷款，积极开展适合"三农"特点的金融服务。2014年财政部出台的《农村金融机构定向费用补贴资金管理办法》，为引导和鼓励金融机构主动填补农村金融服务的空白，稳步扩大农村金融服务覆盖面，促进农村金融服务体系建设，通过进一步加强和规范农村金融机构定向费用补贴等方式推动农村金融网点在金融服务薄弱地区尤其是西部地区的农村金融服务薄弱地区的建设。

（二）在实践领域推动农村金融服务"三农"不断发展

为更加便捷、高效、安全地满足农户的信贷资金需求，中国人民银行等金融管理部门针对农村金融产品与服务展开系统改革，并通过农村金融机构开展了一系列金融服务和金融产品的创新活动，不断改善农村地区的金融环境。为不断优化广大农村地区的金融环境，提升农村金融服务水平，降低农民的金融使用与支付成本，中国人民银行在2011年出台并于2020年修订了《中国人民银行关于推广银行卡助农取款服务的通知》，在全国推广银行卡助农取款服务，明确规定"在农村乡（镇）、村的指定合作商户服务点向借记卡持卡人提供小额取款和余额查询的业务"①，依托供销社、百货公司、农资连锁店、饲料批发店、农副产品批发店，有固定营业、信誉较好的便民店、小超市等场所在广大农村地区推动助农取款服务点建设，并具体规定同城取款和余额查询业务不收费。这对于1996年以来中国农业银行等商业银行退出农村金融市场，弥补农村金融网点空白、延伸金融网点覆盖网络具有积极作用。同时，不断优化我国县域金融机构网点布局，按照"强化'支农'、总量控制"的原则，重点向中西部、偏远落后、金融网点空白等地区覆盖，并加快在农业大县、农业产业化程度高、小微企业集中的农村发展村镇银行、小额信贷公司。

（三）不断创新农村金融产品和服务

围绕农户在存取款、金融信息查询、农业保险、转账汇款等领域的金融需求，农村金融机构不断推陈出新，创新更多方便使用、成本低廉和便于推广的农村金融产品。一是针对农户贷款抵押物匮乏等问题，根据因地制宜和灵活多

---

① 中国人民银行. 中国人民银行关于推广银行卡助农取款服务的通知 [EB/OL]. (2012-02-22) [2022-03-20]. http://www.pbc.gov.cn/redianzhuanti/118742/118687/119180/2891837/index.html.

样的原则，农村金融机构不断创新农户的信贷担保方式，针对农户的信贷需求大力发展不需要抵押担保的小额信用贷款和农户联保贷款，以及"农户联保贷款""合作社+农户""村组+农户"等多种形式的信用贷款，逐步扩大农户贷款覆盖面，提高农户尤其是贫困户的信贷需求。二是针对农业产业化发展趋势，探索"公司+农户""公司+中介组织+农户""公司+专业市场+农户"等与农业产业化经营相结合的信贷模式，充分发挥新型经营主体、家庭农场、农业龙头企业等主体农业产业化经营对农户的辐射带动作用，加快推进我国优质高效特色农业的发展。三是针对抵押物匮乏等问题，不断将更多农户的生产、生活、经营物资纳入抵押范围，先后探索"农村土地承包经营权和宅基地使用权抵押贷款""林权抵押贷款""大型农用生产设备、林权、水域滩涂使用权抵押贷款"，积极发展"应收账款、股权、仓单、存单等权利质押贷款"，不断丰富"三农"抵押贷款的有效方式和手段。

（四）不断提升农村金融的网络化程度

党的十七大以来，我国互联网金融逐渐兴起和快速发展，农村金融的网络化程度大幅提升，各类互联网金融主体纷纷抢占农村金融市场，包括阿里巴巴的支付宝、京东的京东金融、农村商业银行的农商贷等。各种网络化、信息化、数字化的农村金融产品快速发展，有效提升了我国广大农村地区尤其是西部农村地区的金融覆盖面和网络化程度。

四、农村金融的抵押担保体系逐步完善

随着我国农村金融规范化和深层次发展，农村金融产品与服务的信贷担保种类越来越多、形式不断丰富，既有动产与不动产的抵押担保，信用、质押等信贷品种也在不断推陈出新，从而构成我国形式多样、品种多元的抵押担保体系。然而，农村抵押担保体系的分类既受到农村金融机构的信用认证偏好的影响，又受到农村金融市场的发展程度与发育状态的影响，同时还受到我国农户的信贷需求特征和所拥有的信贷担保物品的影响。因此，从农村金融机构认定的信用担保物具体呈现形式来划分，现阶段我国农村金融机构常用的信用担保形式主要有保证、抵押、质押和信用等，并通过约定书面合同、契约合同等形式，对信贷供给者与需求者进行强制性约束和规范性约束。

（一）农村金融保证担保形式逐步完善

保证方式是一种较为传统的信用担保形式，在农村金融市场中经历了较长时期的发展。保证主要是使保证人作为履行债务的担保者和承担人，当借款人也就是农户不按照合同约定履行债务时，由保证人承担履行债务责任的担保形式。保证是对借款人规避道德风险形成的一种倒逼机制。目前，农村金融机构采取的保证方式主要有农户联保、互助担保和担保基金、担保公司等。其中，农户联保是中国人民银行大力推动发展的一种基本担保形式，主要以农户为单位，在平等自愿原则的基础上形成的一种担保小组，通过互相借用"信用头寸"的方式，形成相互监督与制约的担保形式。

目前，我国大力提倡农户联保贷款，积极鼓励农村金融机构通过加强信用协会或信用合作社等信用共同体的合作，积极运用农户联保、担保基金和风险保证金等，联合增强农户信用方式，积极探索发展不断满足农村金融需求的联合信用贷款。农户联保的形式能够有效克服单个农户势单力薄的短板，规避农户担保抵押物匮乏的困境，通过借助农户联保小组的优势增强贷款中的信息透明程度、条件甄别、贷款审核与贷后管理，避免逆向选择和信贷排挤现象的发生。与此同时，互助担保也是在农户联保形式的基础上发展起来的一种基于亲缘、地缘、业缘等社会关系组建而成的信用共同体。互助担保在农业产业化发展过程中主要依托农业龙头企业、农民专业合作社等信用中介为农户提供担保，实现了农户与信用中介的利益衔接。金融管理部门十分重视互助担保在推动农业规模化、产业化发展的积极作用。2006 年发布的《中共中央 国务院关于推进社会主义新农村建设的若干意见》和 2008 年发布的《中共中央 国务院关于切实加强农业建设进一步促进农业发展农民增收的若干意见》针对互助担保机制提出指导性意见，明确提出要加快农村中小企业信用体系建设，探索建立农民专业合作社等农村经济组织的信息采集与信用评价机制。由此，互助担保的参与主体越来越多元化，服务内容和对象更加丰富，全国诸多地区在此基础上衍生出了互助担保基金、互助担保公司、互助担保协会等创新的组织形式，市场机制的作用和模式创新不断涌现。

(二) 农村金融抵押担保形式不断丰富

抵押作为较为传统和常见的信用担保形式，是指债务人和金融机构约定，将债务人（农户）的动产财产或不动产财产作为信用保证，当债务人不履行债务时，按照约定将财产作为履行债务的行为。抵押是对约束债务人履约的信贷约束和倒逼机制。农村金融的抵押作为一种传统的信用担保形式，改革开放以来，由于农户财产权益不完全和权属不清晰，一直成为制约农户财产抵押的主要因素。1995 年，我国开始探索农村金融市场的抵押信用担保机制，但由于相关法律制度的不完善，农村金融抵押信贷发展始终较为缓慢。

近年来，随着农村金融市场和农村产权制度的改革，农户财产抵押的种类和范围不断增多。2008 年发布的《中国人民银行 中国银行业监督管理委员会关于加快推进农村金融产品和服务方式创新的意见》明确指出，要按照因地制宜、灵活多样的原则，探索发展大型农用生产设备、林权、水域滩涂使用权等抵押贷款；不断放宽农村财产抵押政策管理，加快推进农户财产抵押创新和试点；凡不违反现行法律规定、财产权益归属清晰、风险能够有效控制、可用于贷款担保的各类动产和不动产，都可以试点用于贷款担保。在此基础上，诸多省份开始推进农户不动产抵押改革试点工作，大力推进"三权"抵（质）押试点，并出台了具体的指导意见和相关配套措施，开始大力探索农村金融抵押担保的有效措施，如针对农户的土地承包权、林权和宅基地使用权"三权"开展抵押担保。2012 年以来，我国加快农村产权制度改革，农户的"三权"抵押逐步突破了信贷约束，作为农户的核心财产被赋予了更多的改革使命。随着农村改革和发展步伐的加快，在城乡一体和城乡融合发展战略的推动下，农户的不动产制度改革逐步提上顶层设计日程。2014 年，国务院办公厅下发的《国务院办公厅关于金融服务"三农"发展的若干意见》明确提出，要创新农村抵（质）押担保方式，制定农村土地承包经营权抵押贷款试点管理办法，在经批准的地区开展试点；要慎重稳妥地开展农民住房财产权抵押试点。为保障农户基本生活和保障社会稳定，作为农户生活保障的住房财产抵押改革要更加谨慎。同时，在现行法律框架下，我国对农户的生产财产抵押的范围不断扩大，进一步提出"健全完善林权抵押登记系统，扩大林权抵押贷款规模。推广以农业机械设备、运输工具、水域滩涂养殖权、承包土地收益权等为标的"的新型抵押担保方式，通过不断完善农户不动产抵押的评估、交易市场，进一步健全农村金融的风险补偿机制和农户财产的抵押范围。

（三）农村金融质押担保形式逐步发展

质押是将债务人（农户）拥有的动产作为债务担保，农户将动产移交金融机构保管而获取的补充，属于一种信贷支持。质押作为一种新型的农村金融担保形式，仍处于发展探索的初期。质押方式作为一种农村抵押物匮乏的有益补充，随着农村经济和农村金融市场的不断发展，质押信贷具有非常大的发展空间和市场潜力。近年来，我国逐渐重视质押形式的担保模式，在政策文件中明确提出要规范发展应收账款、股权、仓单、存单等权利质押贷款，并重点针对农户的存单、保单和养老保险证开展质押信贷。

存单是针对农户的定期存款单作为质押物的一种信贷方式，对存款单的质押价值和贷款周期等内容具有明确的规定。保单质押是将农户购买的农业保险单作为质押物的一种信贷质押方式。保单质押的方式既能够降低自然灾害发生后的风险，又能够提升农村金融机构贷款的积极性，通过探索开发"信贷+保险"金融服务，充分发挥农业保险和农村信贷的互补作用，增强农户和金融机构的信贷意愿及承受力。此外，养老保险证质押是在实践的基础上探索成功的一种新型信贷抵押担保方式，主要依托农户的养老保险证作为质押物获取信贷，结合养老保险证的价值，当农户不能按期偿还贷款时由养老保险余额进行抵账，这种质押方式既能够增强养老保险的金融价值，又弥补了农户的抵押物不足的现状，实现了农户与农村金融机构的存贷双赢。

（四）农村金融信用担保形式被大力推广

随着 1992 年小额信贷模式在我国的大力推广，基于农户信用而开展的贷款模式逐步发展起来，成为我国农村构建普惠制金融和金融减贫的有效实践形式。由于信用贷款不需要受抵押物、质押物和信用联保等形式的限制，具有门槛低、金额小、效率高、成本低等特点，成为满足农户尤其是中低收入群体信贷需求的首要选择，为改善农户的生活状况和扩大生产经营规模提供了资金支持，具有很强的社会功能。因此，我国大力推广小额信贷模式，通过大力完善信用体系以完善信用贷款的基础保障。2008 年，中国人民银行等四部门联合下发的《关于金融支持服务业加快发展的若干意见》明确提出，要加快农村信用体系建设，逐步扩大企业和个人信用信息基础数据库在农村地区的信息采集和使用范围。同年，中国人民银行、原银监会联合出台的《中国人民银行、中国银行业监督管理委员会关于加快推进农村金融产品和服务方式创新的意见》进一步要求，要通过设计客观、有效的信用信息指标体系，建立和完善科学、合理的资信打分制度与信用积分制度，推动建立农村信用信息共享机制。这为农村信用体系建设指明了发展方向。2011 年发布的《中共中央 国务院关于加快水利改革发展的决定》明确提出，要大力推进农村信用体系建设，完善农户信用评价机制。该文件更加注重弥补农村信用体系短板，增强农村信用体系建设，并在全国范围内大力推进信用村镇建设和农户的信用积分制度，不断完善农村的信用体系，为农村信用贷款发展打下了扎实的基础。

五、积极发挥农村金融反贫困作用

随着农村金融政策体系、组织体系和服务体系的不断发展，我国充分利用农村金融对减缓贫困的作用影响，不断加大金融扶贫力度。我国首先是加大贫困地区农村金融基础设施建设力度；其次是通过充分发挥政策性金融、商业性金融和合作性金融以及新型农村金融的互补优势，积极推动农村基础金融服务全覆盖。2000 年以来，我国尤为重视偏远地区的县域、乡镇的农村金融代办网点、金融网络的建设。2009 年，中国人民银行在全国尤其是偏远地区启动农村金融机构空白乡镇金融全覆盖工作，通过大力推进农村金融网点建设和金融代办网点，弥补贫困地区、偏远山区的金融空白。目前，农村金融机构网点已覆盖我国全部县（市）和绝大多数乡镇，金融服务已覆盖全部乡镇；累计解决我国1 249个乡镇的金融机构空白问题和708个乡镇的金融服务空白问题，县域物理网点数量达到11.3万个，年均增长超过1 000个；乡镇新布设ATM机、POS机等电子机具231.7万台，在40万个行政村设置了助农取款服务点，小额取现转账电话覆盖30.4万个行政村；农村保险服务网点达到2.2万个[①]。这充分扩大了我国广大农村地区尤其是西部地区的金融服务覆盖面。

（一）不断提升农户金融产品的获得性

金融机构非常注重加大农村金融产品营销力度，积极向农户推广各类农村金融产品，提升农户对现代金融产品的接受度与使用信心；采取多种方式降低各类金融产品的使用成本和收费标准，向农户积极推广各类农村金融产品与工具；在提供金融信贷服务、农业保险、存取款与转账汇款等金融服务时，充分考虑农户的金融成本承受能力，利用各种政策规定农村金融机构不断优化农户获取信贷产品的审批程序，简化审批手续，增强信贷产品的获得效率，逐步扩大农户生活资金、经营生产等资金获取贷款的满足率与覆盖面；通过财政补贴或奖励等方式不断降低农户尤其是贫困户使用金融信贷产品的使用负担。

（二）高度重视农村弱势群体的金融获得性

金融机构高度重视农村弱势群体的金融获得性，尤其重视改进农民工、农村妇女、少数民族等弱势群体的金融服务，并针对农村特定群体针对性开发农村金融产品与服务。如为外出务工的农民工开设"农民工银行卡特色服务"，不断降低农民工的金融使用成本；为帮助农村留守妇女就地创业开设"巾帼创业贷款"；为支持和鼓励农村返乡、回乡青年创业，针对返乡农民工、中高等学校毕业生、退役士兵、新型职业农民、农村实用人才、技术能手、大学生村官等返乡人才，农村金融机构开发设立"农村青年创业贷款"项目；为解决农民专业合作社的发展资金难题设立"农民专业合作社贷款"；针对农户自建或者购买农村集中居住区房屋设立"农民房屋建设贷款"；为帮助灾后农民恢复生产生活，设立"灾后农村自建住房担保贷款"；针对农村地区家庭困难的学生发放"生源地助学贷款"；针对农民创办设施农业、规模种养业、农产品加工业、民俗民族工艺产业给予贷款支持，积极帮助农村妇女、返乡青年、

---

① 尚福林.尚福林作关于农村金融改革发展工作情况的报告［EB/OL］.（2013-06-27）［2022-03-27］.http：//www.npc.gov.cn/zgrdw/npc/xinwen/tpbd/cuhhy/2013-06/27/content_1798981.htm.

农民合作社增强获得贷款的便利性，真正让更多的农村中低收入群体尤其是低收入群体能够享受到现代化的金融信贷服务，不断化解贷款难、融资难、难贷款等问题。同时，我国不断完善扶贫贴息贷款政策，引导金融机构全面做好支持农村贫困地区扶贫攻坚的金融服务工作。

第八节 我国农村金融反贫困政策变迁的时代特征

我国农村金融在改革发展过程中呈现出显著的时代特征，在百余年的农村金融发展历程中不难发现，每一阶段都有着与当时时代特征相一致的主导目标，同时改革的过程中又呈现出普遍性的改革经验与特征。归纳总结我国农村金融改革发展的特征，对于总结既有的改革规律、挖掘改革成果与经验、推动农村金融改革纵深发展具有积极作用。

一、政策主导型改革：以公共政策制定执行为推动力的顶层性改革

我国农村金融改革发展的各个阶段过程中，在党的领导、政府推动、政策执行层面呈现出强大政策主导性的改革特征。

（一）坚持中国共产党对农村金融改革发展的领导作用

在农村金融体系建设及发展完善的过程中，中国共产党发挥了重要作用。在革命战争时期，毛泽东、澎湃、邓小平、陈云等老一辈无产阶级革命家充分认识到金融在国家发展中的作用，尤其是农村金融在破除高利贷剥削、推翻阶级压迫和增加农民收入等方面发挥了重要作用。从 1921 年中国共产党成立之初在江西安源推动工人消费合作社建设到 1925 年在农民运动中大力推动农民银行建设，以及大规模开展反高利贷运动和积极推动农村信用合作社发展等一系列改革中，我们可以清晰地发现农村金融改革发展的历程始终与中国共产党的领导与推动紧密相连，并随着党的事业而发展成长。

（二）立足机构改革、政策出台等方式具体推动农村金融体系发展

我国从农村正规金融机构的制度安排、机构设置、监管措施、扶贫贴息政策、税收和利率鼓励优惠措施等方面制定了一系列公共政策。如在农村正规金融中构建了以政策性、商业性、合作性和新型农村金融机构为主体的金融体系；积极致力于改变农村地区资金匮乏的局面；通过政策规定和政策引导等措施提高广大农村地区的农村金融基础设施建设、金融服务和产品的可获得性；通过政策宣传大力提升农村居民的市场金融意识，最终实现我国农村地区经济

可持续发展和农村贫困农户增收脱贫。

二、"三农"发展型改革：嵌入农村整体改革历程的一致性改革

农村金融改革发展历程始终与农村经济、农业产业和农民生活息息相关，并整体服务于实现工业化、城镇化和农业现代化为改革目标。作为农村经济重要组成部分的农村金融体系，无论是对其改革的目标定位还是改革动力和发展路径，都是从属于农村经济宏观改革的整体浪潮中，受农村经济整体改革发展的驱动和影响。在革命战争时期，农村金融的发展目标主要是使贫苦农民摆脱地主阶级的经济压迫，通过正规金融的发展降低民间高额借贷成本。在改革开放过程中，农村金融逐渐走上为农业生产和农民增收提供资金支持的道路，通过家庭联产承包责任制的改革和农村市场经济的发展，农村金融的发展目标开始向我国县域经济和农业现代化、规模化发展，以及新型城镇化建设和城乡融合发展提供金融服务的方向转变。

新时代农村金融改革历程更加注重农村改革发展的整体性，注重在推动脱贫攻坚和乡村振兴战略的实施过程中发挥农村金融的推动作用。2012年脱贫攻坚进入决胜期以来，我国政府结合脱贫攻坚要求先后出台了《国务院办公厅关于金融服务"三农"发展的若干意见》《中国银保监会办公厅关于做好2019年银行业保险业服务乡村振兴和助力脱贫攻坚工作的通知》，积极发挥农村金融扶贫的作用。同时，我国在新时期更加注重农村金融对乡村振兴的服务作用，中国人民银行等五部门联合出台《关于金融服务乡村振兴的指导意见》，根据乡村振兴的时代要求更加注重发挥农村金融的资金杠杆及融通作用，增强政策性金融机构在农业基础设施建设中的作用，积极发挥商业性银行、合作性银行在满足农户资金借贷需求和农业扩大再生产中的作用，同时发挥村镇银行在小额信贷等方面的作用。

三、金融供给侧改革：以农村正规金融发展为重点的系统性改革

纵观我国农村金融改革历程可以清晰发现，我国农村金融改革的重点始终是围绕农村正规金融的供给角度展开的。农村金融改革的关键和主要目标在于我国农村金融供给与需求之间存在的巨大资金缺口，通过改革不断提升农村金融供给能力和逐步完善金融供给所需的组织体系、服务体系和信贷担保体系。因此，无论是强制性的制度变迁还是体制机制上的创新，又或是政策体系的驱动，都是以农村正规金融体系的构建为导向。

（一）在供给体系的构建上着力围绕农村正规金融进行改革

解放战争时期我国依托根据地初步构建了我国农村金融的组织体系，并将

华北银行改建为中国人民银行，着力解决银行金融机构的集中管理和货币流通混乱现状。新中国成立初期，伴随着计划经济体制，我国通过建立农业专业银行来服务农村领域的金融需求，推进了农业合作银行、农村信用合作社等正规金融机构的发展。随着中国农业银行的合并和农村合作基金会被取缔，农村信用合作社成为我国农村金融市场唯一专业合法的金融供给者。在改革开放时期，随着农村市场经济的发展和市场化进程的深入，仅依托单一的和专业化的农村金融机构弊端逐步凸显。面临着金融外流、金融空白、金融效率低下等问题，农村金融商业化改革的目标明确，应运而生逐步构建了以中国农业银行为主的商业化、股份化改革，农民信用合作社的银行化改革，大力组建商业化、合作性、地区性银行，不断降低农村金融的准入门槛，村镇银行、小额信贷公司等新型农村金融机构涌现出来，逐步扩大农村金融主体来源，通过对正规农村金融供给体系的改革形成了"三位一体"的农村金融体系。可见，我国农村金融体系的构建和改革的过程始终围绕金融供给主体展开。在未来的农村金融改革深化过程中，我国农村金融体系的构建和改革仍然是围绕供给结构进行调整，着力实现供给功能的不断优化。

（二）在供给总量的改革上着力推进正规金融服务和工具改革

长期以来，我国农村金融面临着较为突出的贷款难、贷款贵等金融供给突出问题，而且问题至今尚未真正解决。因此，相关部门要从供给总量上不断加强农村金融基础设施建设，消除农村金融网点空白；在政策规定中强制规定农村金融机构涉农贷款的增速和比例，并通过"支农"再贷款、定向降低涉农领域的存款准备金、实施涉农信贷奖励等措施方式对满足政策要求的农村金融给予一定的政策奖励；通过放松农村利率管制、财政贴息等方式降低农户的金融成本；通过扩大抵押、质押和保证等信用担保范围方式，开发农村金融信贷工具，不断增加农村金融的供给总量。

四、探索渐进式改革：以问题为导线、试点为手段的试错性改革

我国农村金融的改革是一种渐进式改革而非激进式改革。从农村金融改革的历程来看，推进农村金融改革的具体举措，需要从当时与历史特定时期、各级政府的改革政策、农村金融机构的发展现状以及农户的经营发展需求等多元主体的利益权衡和博弈过程中推进。纵然在人民公社时期，在推动农村信用合作社的改革过程中地方将信用合作社下放到人民公社，改为人民公社信用部，在农村基层的生产大队中设立信用部，这一时期的农村金融机构相较于其他时期的改革方式更为剧烈，但与当时农村推进人民公社运动改革整体目标相一

致。总体来看，其他时期农村金融改革过程总体较为平稳，与市场经济的发展历程和发展程度紧密相关。

（一）农村金融改革目标是以问题为主导的改革

各个阶段和各个时期的农村金融改革并未设定最终的具体改革目标，但每个阶段的改革初衷均是以当时面临的突出问题为导向。如2003年以来，随着农村市场经济的深入发展，原有的金融组织体系和服务体系已经不适应当时农村金融市场的需求。因此，农村金融的改革重点主要是围绕农村金融产品和服务方式的创新不断向纵深领域深化新形势下农村金融改革，重点加强和改进农村金融服务，破解农村金融的信贷约束和优化信贷结构为主要内容的改革，通过大力开发适应农村地区金融需求的产品和服务，破解广大农村地区面临的金融产品少、金融服务方式单一、金融服务质量低等问题。

（二）农村金融以改革试点的方式逐步推进

试点方式作为我国在诸多领域尝试改革的主要形式，具有探索性、影响低、成本少和可试错等诸多优势。在推进农村金融改革的过程中，我国充分利用和发挥了试点改革的特征和优势，如在推进小额信贷、农村信用合作社银行化改革、农村"三权抵押"信贷方式改革、金融减贫方式改革创新的过程中都采用了改革试点的方式。在推进农村信用合作社股份制改革的过程中，1993年出台的《农村信用合作社股份合作制试点意见》从小范围开始股份制改革试点。由于试点改革中存在诸多困境，改革没有在全国推广但仍在持续推动。1998年，农村信用合作社开始探索法人治理方式试点改革；2002年，我国开始推进存贷款利率市场化试点；2000年，我国率先推动八个省联社试点改革；2001年，我国推动农村信用合作社小额信用贷款改革；2004年，我国再次将试点工作扩大至在21个省份推动农村信用合作社省联社改革。通过率先在全国某一省份农村经济发展较好的县域推进改革，并在改革过程中秉承容纳失败和允许犯错的态度，我国实现以最小的改革成本总结出更多的经验和教训；根据地区自然环境和人文环境的差异，在地区试点成功后，我国在更大的领域范围内总结推广或因地制宜地吸收借鉴改革经验。

五、人民需求性改革：以满足人民需求和价值追求的实践性改革

我国农村金融改革发展始终围绕农民的金融需求推进。以农户为代表的需求者是农村金融市场发展的真正主体，如果没有农民的金融需求，农村金融市场也就失去了存续的市场基础和价值基础。因此，农村金融改革必须以农民的金融需求和推进农业农村现代化为主要价值追求，而非仅围绕金融机构的发展与需求进行改革。毛泽东同志最初的金融思想的萌生，就在于其将主要精力投入农民运动的调查研究中发现，农民贫困的原因是"上无瓦片，下无插针之地""既无充足的农具，又无资金""债务丛集、如牛负重"①，并针对农民生活困难、农业生产衰败等问题在《农民银行问题决议案》中明确提出"请求政府设立农民银行，以最低利息贷款给农民"②的要求，由此构成了毛泽东同志的农村金融思想雏形。在革命战争年代，无论是减租减息还是开展破除高利贷运动，我国始终以满足贫苦农民的生活需求为主要改革目标。新中国成立以后，我国曾一度出现以金融机构发展为目标的改革，改革结果也因为脱离了人民需求而不及而终。因此，推进农村金融改革必须跳出狭隘微观的金融发展视角，从更加宏观和全面的农户需求视角展开。

农村金融改革在发展过程中越来越重视农户的金融需求。例如：在小额信贷的试点与推广过程中充分考虑了农户的金融需求；在改革初期就以构建普惠性金融服务体系为目标；在 1993 年引进孟加拉国小额信贷方式并与我国民间金融相结合；研究机构率先在河北易县开展小额信贷实验，以缓解农村金融市场供需失衡局面；2001 年在农村信用合作社推进小额信贷工作；2005 年中国人民银行开始在 5 个省份成立 7 家小额信贷企业，尝试在农村进行正规的小额信贷试点；2006 年中国人民银行进一步在四川等 6 个省份推进试点改革；2007 年我国诞生了第一批村镇银行，并在全国范围内推广试点工作；2008 年由中国人民银行和原银监会联合出台的《中国银行业监督管理委员会 中国人民银行关于小额贷款公司试点的指导意见》，促使为解决农户抵押物匮乏、满足农户金融需求为重点的小额信贷体系逐步发展完善起来。

同时，与城市金融相比较而言，农村金融更具特定的脆弱性和特殊性。因此，在推进农村金融改革过程中，我们不能仅从市场角度分析，需要深入结合农村地区的生产生活情况，尤其是农业生产的脆弱性、周期性，农民生活的贫困性和农村经济的薄弱性，通过政策调控等方式避免在此基础上产生的信贷排斥、信贷抑制和信贷约束行为。21 世纪以来，我国更加注重以农户需求为中心的改革指向和价值追求，更加注重农民的信贷需求，尤其是广大农村中低收入群体的信贷诉求。党的十八大以来，随着脱贫攻坚战略的纵深推进，中央政府和基层政府将农村金融作为反贫困的重要政策，公共政策视角下农村金融反贫困取得了一系列成就。我们可以从定量直观角度来看，我国西部农村金融与

①　毛泽东. 毛泽东选集：第一卷 [M]. 北京：人民出版社，1991：20.
②　中国人民银行. 中国共产党领导下的金融发展简史 [M]. 北京：中国金融出版社，2012.

反贫困间整体发展趋势存在反向变化。西部地区贫困发生率由 1986 年的 25%
下降到 2010 年的 8.3%，但高于 2010 年的全国贫困水平 2.8%。西部农业存款
由 1986 年的 37 亿元上升到 2011 年的 2 677 亿元。1986—2011 年，农业贷款由
55 亿元上升到 3 860 亿元①。这充分显示出我国农村金融在反贫困的过程中，
在一定程度上促进了农村贫困地区的扶贫事业发展，尤其是广大西部地区扶贫
事业的发展。

第九节　我国农村金融反贫困的政策作用机制

在农村金融改革的历程中，我们形成了中国共产党领导、政府主导和政策
推动的顶层式改革，这种改革机制在具体的实践中究竟是如何作用于贫困减缓
的，通过研究不难发现，其主要通过在制度嵌入、机构结合和贴息政策等领域
进行具体机制设计，从而实现农村金融对反贫困的作用途径，构建以政府为主
导的农村金融反贫困实践机制。

一、政府主导的农村金融与反贫困的制度结合嵌入机制

在百年的农村金融和贫困的制度变迁历程中，中国共产党在推动农村金融
发展之初就与农村脱贫目标相联系，将农村金融作为一种嵌入式制度，用作农
村反贫困的具体实践机制。每一个时期的扶贫政策的实施都有与之相对应的农
村金融政策，通过农村金融政策支持和嵌入等方式为这一时期的反贫困政策提
供制度支撑、政策支持和发展条件。我国不同时期农村金融反贫战略措施一览
见表 4-5。

表 4-5　我国不同时期农村金融反贫战略措施一览

扶贫阶段	战略方式	战略环境	战略思想	战略目标	战略重点	战略措施	金融反贫困重点措施
1921—1948 年	革命式	革命战争	发展经济、提供军事物资	解决生存问题	革命根据地	土地改革、建立金融制度	破除高利贷、农业合作银行
1949—1977 年	救济式	计划经济	发展经济	农村经济发展	农村地区	合作社、人民公社	农村信用合作社贷款

---

① 根据我国历年的《中国农村贫困监测报告》计算整理所得。

表4-5(续)

扶贫阶段	战略方式	战略环境	战略思想	战略目标	战略重点	战略措施	金融反贫困重点措施
1978—1985年	"输血式"	体制改革	普遍脱贫	解放生产力	老少边区、三西地区	家庭联产承包责任制、价格制度	农业银行贷款、以工代赈
1986—1993年	开发式	改革开放，经济增强	集中脱贫	解决温饱问题	18个集中连片特困地区	资金扶持、税收优惠、对口支援	农业发展银行贷款
1994—2002年	攻坚式	区域差异增大	东、中、西部地区协调发展	解决温饱问题	重点贫困县、贫困乡	《国家八七扶贫攻坚计划（1994—2000年）》	小额信贷
2003—2011年	综合式	贫富差距显著	城乡协调	全面小康	贫困村	《中国农村扶贫开发纲要（2001—2010年）》	"三位一体"、"支农"贷款
2012年至今	精准式	贫富差距逐步缩小	城乡融合	全面小康	贫困户	《中国农村扶贫开发纲要（2011—2020年）》	多渠道的信贷支持

（一）从制度变迁的推动主体来看

中国共产党成立之初的农民运动就主张通过构建农民银行的方式，着力解决农民生产生活困境，为农村生产提供资金支持，并构建了以政府为主体的农村金融和扶贫体系的联系。在革命战争时期，反贫困的主要目的是解决农村最基本的生存问题，以及由于当时特殊的时代背景，在农村发展和农业生产的基础上为革命战争提供经济和军事物质保障。由此，我国采取的主要是强制性的没收地主土地和开展反对高利贷运动等革命形式，以实现"耕者有其田"的土地制度改革和逐步建立农村金融制度，为农民生活生产提供金融支持。在新中国成立之初和"文化大革命"期间，我国主要实施的是以救济式为主的反贫困政策，着力解决的是农村经济发展问题和为城市发展提供物质支撑。在计划经济体制下和人民公社运动中，为便于高度集中的计划经济体制的实施，农村金融成为在农村实施计划经济的一种附庸，由原来的民办性质转变为公办性质，将农村信用合作社下放到人民公社，改制成为人民公社信用部，在机构设置中仅保留农村信用合作社单一的农村金融机构。改革开放以来，我国反贫困政策实现了历史性变革，由原来的单一救济式扶贫转变为之后的"输血式"、开发式扶贫方式，扶贫目的主要是解放发展农村生产力和解决农民温饱问题，扶贫重点区域是老少边区、三西地区和18个集中连片特困地区，将解决农村的发展建设作为重点，为推动农村基础设施建设加大农村金融体系改革力度，重点构建了农业发展银行、国家开发银行为主导的政策性农村金融支撑体系，同时通过农村信用合作社改革为农民生产提供金融支持。2000年以来，我国扶贫的规模和力度增大，扶贫方式转变为攻坚式、综合式扶贫。这一方面需要大规模的金融支持以持续推动农村经济发展；另一方面更加注重农户的金融信贷需求，推动农村金融体系的改革，加快了国有商业银行改革、农村信用合作社股份制改革和新型农村金融主体的发展。2012年以来，随着精准式扶贫方式的实施，我国的扶贫重点瞄准到了贫困村、贫困户，更加注重采用贴息信贷、小额信贷等方式满足农户的发展需求，随着乡村振兴战略的实施通过多渠道的信贷支持推动农村发展。

（二）从农村金融的发展历程来看

我国农村金融取得了阶段式成就，逐步形成了政策性金融、商业性金融、合作性金融和新型金融为主体的金融结构。中国农业银行经历了"三次成立、三次撤销"的变动，农村信用合作社的性质由"民办"向"官办"转化，1999年农村合作基金会在全国范围内进行撤销和清算，均体现了政府公共政策在农村金融制度变迁过程中的强制推动作用。而农村反贫困政策源于其公益性和外部性的特点，我国政府在帮助贫困地区的农民脱贫过程中先后实施救济式、"输血式"、开发式、制度式和产业式等多种扶贫开发措施，并颁布了《八七扶贫攻坚计划（1994—2000年）》《中国农村扶贫开发纲要（2001—2010年）》《中国农村扶贫开发纲要（2011—2020年）》。在这一过程中，我国政府发挥了农村金融尤其是政策性金融对反贫困的推动作用，这种将农村金融发展有机嵌入和支持我国扶贫事业发展的制度机制，促使我国扶贫事业取得了瞩目成就。

二、政府主导的农村金融与反贫困的组织机构结合体系

在农村金融反贫困过程中，我国分别构建了扶贫和农村金融条块结合、垂直领导的两条路径的组织体系，并在实践中将这两种组织体系逐步形成多部门参与、多种资金和管理渠道相结合的组织体系。

（一）在扶贫领域设置了完善的扶贫统筹管理机构

从中央到地方每一级政府部门都设置了相应级别的扶贫机构，这种独立性的扶贫行政机构有利于我国扶贫事业的统一规划、组织和实施。1986年，国务院扶贫开发领导小组建立，国务院总理担任领导开发小组组长，这标志着我国开始实施大规模的扶贫开发，这种组织结构的建立为政府整合政府资源、社会资源起到了指挥与协调的作用。由于单一的领导机构难以推动扶贫事业的整体发展，需要构建一个系统结合、条块分割、分工明确的政府组织体系推动我国扶贫事业的整体发展。因此，国家发展和改革委员会、财政部门、农业部门（扶贫办）、中国农业银行以及其他部门分别设立了相对应的扶贫主管机构，使政府组织的扶贫开发工作真正能够形成分工合作、组织有序的执行机构。我国农村扶贫工作的政府组织系统见图4-2。

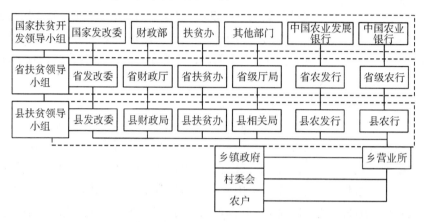

图4-2 我国农村扶贫工作的政府组织系统

（二）农村金融机构作为我国扶贫机构的重要组成部门

从图4-2中我们可以清晰地发现，中国农业发展银行和中国农业银行是我国的农村金融机构中扶贫金融相关政策的具体执行部门。例如，1994年随着我国开发式扶贫政策的实施，中国农业发展银行从中国农业银行中分立出来作为专门性的政策性银行，在农村改革发展和扶贫事业发展中重点承担政策性的金融业务，通过代理财政性"支农"资金的拨付，将农村政策性银行作为金融扶贫的主渠道，要求单设扶贫部门，对扶贫开发金融服务进行单独管理、单独核算、单独调配资源。同时，在中国农业银行商业化发展过程中，2009年中国农业银行在改革过程中重新设立"'三农'金融事业部"，为促使其真正服务于"三农"事业，原银监会专门出台《中国农业银行"三农"金融事业部制改革与监管指引》，在保证其商业化运作中通过设置内设机构的方式，促使其真正为农村提供专业化的金融服务，在治理方式、经营决策、财务核实等方面区别于商业银行，具有一定的独立性和政策性。中国农业银行通过设立"'三农'金融事业部"的方式研究制定针对农户的金融制度，并通过"省直管县"的方式减少管理层级和管理路径，在金融监管上要求其"县域内的资金主要用于县域内发展，'三农'金融部贷款增速不低于全行贷款平均水平"。这对于国家财政扶贫政策的实施和扶贫资金的发放起到统筹管理作用，有利于国家制定和实施农村金融反贫困的公共政策。

中共中央、国务院于 2017 年印发的《中共中央 国务院关于深入推进农业供给侧结构性改革加快培育农业农村发展新动能的若干意见》明确提出，要加快完善中国邮政储蓄银行"三农"金融事业部运作机制，此后各类银行金融机构纷纷设立"'三农'金融事业部"。中共中央、国务院于 2019 年印发的《中共中央 国务院关于坚持农业农村优先发展做好"三农"工作的若干意见》明确提出，要打通金融服务"三农"各个环节，建立县域银行业金融机构服务"三农"的激励约束机制，并且通过具体研究制定商业银行"三农"事业部绩效考核与激励的具体办法。相关部门通过在涉农商业银行中设立专门的内设机构，有利于将分散的金融政策和金融资源进行整合集中，比专门的差别化考核与奖励更具针对性。相关部门通过单独考核贫困地区建制乡镇的机构网点覆盖率和行政村的金融服务覆盖率，在政策引导上逐步加快完善贫困地区普惠金融服务体系和单独研发扶贫开发金融产品，以真正满足贫困地区及人群的金融服务需求；加大对精准扶贫的金融支持力度，着力通过制度规范和体系引导等途径，促使农村金融机构服务"三农"事业和扶贫事业的发展，为国家扶贫提供真正的金融支持。

三、政府主导的农村金融反贫困的财政扶贫贴息政策

在制度嵌入和组织结合之外，我国更需要具体的资金扶持方式，以满足贫困地区发展的资金需要。因此，从 1986 年开始，我国投入大量财政扶贫资金，包括以工代赈、财政扶贫贴息和贫困地区发展资金等。政府财政扶贫贴息贷款是有效结合农村金融开展反贫困的重要举措，当时我国重点针对 392 个国家级贫困县和 592 个新国家级贫困县①，按照项目贷款和扶贫到户贴息贷款（到户贷款）发放财政贴息。到户贷款重点投向贫困户，主要用于发展生产。政府规定在贴息期内（一般为 1~3 年）给予补贴利息，按年利率给予到户贷款 5%及项目贷款 3%的贴息标准，由县级财政部门负责扶贫贴息贷款的审批和拨付，中国农业银行负责扶贫贷款项目的审批贷款投放和回收，贷款逾期、展期和超过贴息期则不再享受贴息贷款政策优惠。1986—2000 年，中央财政预算共拨付 1 350.5 亿元专项资金用于国家级扶贫县的扶贫开发与支持，其中财政扶贫贴息贷款为 726 亿元，占专项资金总额的 53.8%。2000—2005 年，国家财

---

① 1986 年国家扶贫计划确定 392 个国家级贫困县，1994 年"八七扶贫攻坚计划"确定 592 个新国家级扶贫县。

政扶贫贴息贷款达 413 亿元，占专项资金总额的 31.4%。2006—2010 年，国家拨付财政贴息贷款共 434.9 亿元，占国家专项扶贫资金总额的 22.5%①。为进一步发挥扶贫贴息贷款在扶贫开发中的积极作用，2001 年原银监会出台了《扶贫贴息贷款管理实施办法》。此外，从 2000 年开始，农村信用合作社也针对扶贫实施"扶贫小额信贷"政策，也作为扶贫开发政策性贷款的重要组成部分，发放对象主要包括农户在内的小额扶贫贷款，以及农业龙头企业和农村基础设施建设所需的扶贫贷款。

扶贫贴息贷款和扶贫小额信贷都具有政策主导性和扶持优惠性的特点，在扶贫贴息贷款实施中满足贫困地区资金需求的同时，也存在一定矛盾。它们虽然是政府推动的政策性贷款，但运作方式却较为商业化。政策性贷款的目的是希望通过信贷方式着力解决贫困农户生产资金需求和农业企业的经营困难，为保证银行等金融机构的贷款既能够贷得出又能在到期后足额收回，中国农业银行在审核的过程中更加倾向于有偿还能力的企业和个人，因此往往把关较为严格，手续环节较多，扶贫部门在筛选项目时难以满足金融机构扶贫贷款的审批条件。如 1999 年中国农业发展银行出台的《中国农业发展银行扶贫贷款管理办法》明确规定，要重点支持以种养、林果业为原料的农业加工企业和扶贫实体项目，并对项目资金本提出不低于 20%的具体要求。由于农业企业自有资金不足，伴随着中国农业银行金融网点的收缩不利于贷后管理和风险把控，因此真正投放到贫困村和贫困户的小额贴息贷款比例较小。同时，由于贴息贷款的周期较短（一般为 1 年），与种植业和养殖业等农业产业项目的周期（2~3 年）相比不太吻合。总体而言，政府财政扶贫贴息贷款投入对我国农村贫困消减起到极大的促进作用，当财政扶贫贴息贷款力度加大后，我国农村的贫困降低速度越快；相反，当财政扶贫贴息贷款力度减小后，我国农村的贫困发生率则有所反弹。这有力地证明了公共政策设计推动农村金融反贫困的优化机制。

---

① 根据我国相应年份的《中国农村贫困监测报告》整理所得。

第五章 西部地区农村贫困状况回顾

第一节 西部地区农村贫困的区域分布特征

2011年，我国颁布的《中国农村扶贫开发纲要（2011—2020年）》旨在进一步加快贫困地区发展，促进共同富裕，实现到2020年全面建成小康社会的奋斗目标，为新时期我国农村扶贫工作明确具体的工作目标，即用10年的时间解决我国绝对贫困问题，实现现行标准下9 800多万贫困人口稳定脱贫。经过全党全国各族人民的持续奋斗，我们实现了第一个百年奋斗目标，在中华大地上全面建成了小康社会，历史性地解决了绝对贫困问题，农民生活生产水平稳步提高。但与全国平均水平相比，西部地区相对贫困者的生活环境、生活质量水平、人力资源条件、人均收入水平和社会财富占有量都处于劣势，稳定脱贫防止返贫任务依然艰巨。

一、西部贫困地区的地域界定

西部地区可以界定为"10+2"，"10"是指西北、西南的10个省份，包括西藏、甘肃、青海、宁夏、新疆、四川、重庆、云南、贵州和陕西；"2"是指内蒙古和广西。西部地区占地面积为685平方千米，占全国国土总面积的71.4%；人口为3.66亿人，占全国总人口的26.92%；国内生产总值为126 089.78亿元，占全国经济总量的22.15%，但人均国内生产总值仅占全国平均水平的2/3，仅为东部地区平均水平的40%。西部地区是我国贫困人口分布最为集中的区域，根据中共中央、国务院在2011年出台的《中国农村扶贫开发纲要（2011—2020年）》，我国确定了新一轮扶贫战略重点规划，即在全国确定14个集中连片特困地区，其中六盘山区、秦巴山区、武陵山区、乌蒙山区、滇黔贵区、滇西边境、大兴安岭等11个集中连片地区全域都在我国的西部地区，占总数的78.57%。我国西部地区集中连片特困地区统计见表5-1。

表 5-1 我国西部地区集中连片特困地区统计

贫困片区	省份	农村人口/万人	地区生产总值		人均纯收入		城乡储蓄存款		贫困发生率(现标准)		贫困发生率(新标准)		占全国农村人口比重/%
			总额/亿元	比重/%	总数/元	水平/%	总数/亿元	占比/%	现值/亿元	倍数/%	现值/亿元	比较/%	
六盘山区	甘、宁、青(61个县)	1 835	1 769	0.4	3 037	50	1 325	0.44	18.3	2.5	67.5	26.6	3.4
秦巴山区	渝、川、陕、甘(75个县)	2 958	3 682	0.9	3 454	58.4	2 798	0.92	9.5	1.3	52.7	11.8	3.8
武陵山区	渝、贵(64个县)	3 010	3 088	0.8	3 347	56.5	2 231	0.74	9	1.2	49.1	8.3	4.1
乌蒙山区	川、贵、云(38个县)	2 001	1 651	0.4	3 209	54.2	906	0.3	23.3	3.2	72.5	31.7	3.6
滇黔贵区	桂、贵、云(80个县)	2 589	2 387	0.6	3 279	55.4	1 350	0.44	18.5	2.5	65.5	24.6	4.1
滇西边境	云(56个县)	1 342	1 393	0.3	2 963	49.6	919	0.3	17.2	2.3	63	22.1	2.5
大兴安岭	内蒙古(19个县)	505	816	0.2	3 228	54.5	369	0.12	9.7	1.3	52.1	11.3	0.7
燕山太行	冀、晋、蒙(33个县)	918	1 309	0.3	3 160	53.4	1 187	0.39	8.7	1.2	41.9	8.3	1.2
吕梁山区	晋、陕(20个县)	340	2 742	0.7	2 540	0.08	13.3	0.08	13.3	1.8	62.6	21.7	0.5
大别山区	皖、豫、鄂(36个县)	3 128	3 297	0.9	2 194	71.4	0.72	12%	14.1	1.6	54.1	13.2	3.8
罗霄山区	赣、湘(23个县)	936	1 109	0.3	3 518	59.4	939	0.31	5	—	34	-6.8	0.7
南疆三地	新(24个县)	404	498	0.1	3 183	53.8	289	0.1	35.8	4.9	82.9	42	1.3
四省藏区	川、云、甘、青(77个县)	186	942	0.2	3 057	51.6	451	0.15	16.3	2.2	64.8	23.9	0.8

数据来源：根据2010年《中国农村扶贫监测报告》整理。其中，人均纯收入水平是相对于2010年全国平均收入5 919元的水平计算的；居民储蓄存款额是相对于2010年全国城乡储蓄存款总额占比计算的；现标准贫困发生率是来自2006年国家统计局1 958元贫困标准计算的14个连片区的贫困程度；新标准贫困发生率是依据2011年我国政府公布的2 300元标准计算的。

西部地区是我国农村贫困人口分布最为集中的地区，也是我国精准扶贫和贫困治理的重点地区和难点地区。在 1994 年列入《国家八七扶贫攻坚计划（1994—2000 年）》的 592 个国家级贫困县中，西部地区共有 366 个，占全国贫困县总数的 61.8%。在 2011 年发布的《中国农村扶贫开发纲要（2011—2020 年）》中确定的 592 个国家级贫困县，就有 375 个贫困县集中分布在我国西部地区，占总数的 63.3%。从表 5-2 中可以发现，我国扶贫力度的加大和投入扶贫资金的增多，所呈现的扶贫效果出现了边际递减效应，减贫的速度越来越缓慢，并且贫困地区和贫困人口越来越向西部地区倾斜。西部地区面临着产业基础薄弱、经济单一、基础设施落后、生态环境恶化、贫困程度较深、贫困范围较广等问题。我国西部贫困县的区域分布情况（一）见表 5-2。

表 5-2　我国西部贫困县的区域分布情况（一）

区域	"七五"时期确定的国家级贫困县（1986 年）/个	"八五"时期确定的国家级贫困县（1991 年）/个	"八七"扶贫攻坚计划确定的国家级贫困县（1993 年）/个	新时期确定的国家级贫困县（2012 年）/个
全国	331	567	592	592
东部	47	74	72	—
中部	79	147	154	217
西部	205	346	366	375
西部占比/%	61.9	61.0	61.8	63.3

数据来源：根据 2011 年的《中国农村扶贫监测报告》整理。

就区域分布来看，如表 5-3 所示，西北地区 5 个省份中有国家级贫困县 124 个，其中民族贫困县有 92 个，占西北地区国家级贫困县的比例高达 74.19%，内蒙古、新疆和宁夏 3 个省份的国家级贫困县全部为民族贫困县；西南地区 5 个省份中，有国家级贫困县 201 个，其中云南的国家级贫困县数量最多的有 73 个，占全省贫困县数量（117 个）的 62.39%，贵州国家级贫困县有 50 个，占全省贫困数量（76 个）的 65.79%。可见，从我国贫困地区的分布情况来看，其主要集中在我国西部地区，西部农村贫困地区主要是我国少数民族聚集的经济欠发达地区和贫困集中地区。我国西部贫困县的区域分布情况（二）见表 5-3。

表 5-3　我国西部贫困县的区域分布情况（二）　　　　　单位：个

类别	总数	西北地区					西南地区				
		内蒙古	新疆	宁夏	甘肃	青海	四川	贵州	广西	云南	重庆
国家级贫困县	325	31	27	8	43	15	36	50	28	73	14
民族贫困县	232	31	27	8	14	12	20	36	28	51	5

数据来源：根据 2010 年的《中国农村扶贫监测报告》整理。

二、西部贫困地区的地域特征

根据中国科学院地理科学与资源研究所的研究，从自然条件来看，西部农村贫困人口绝大部分分布在深山区、石山区、荒漠区、高寒地带、黄土高原等自然资源贫瘠、自然灾害频发的地区，生产和生活条件较为恶劣。从生活生产来看，在西部农村贫困地区，人们的生产方式相对落后、生产力水平相对较低，这些地区是我国扶贫工作的"硬骨头"，"地缘性贫困"是造成西部农村贫困的一大成因。

（一）西部地区是我国主要的内陆边疆区域

西部地区处于我国西部大陆与东南亚、南亚、中亚相接壤的地区，分别与越南、缅甸、印度、老挝、阿富汗、塔吉克斯坦、巴基斯坦、哈萨克斯坦、吉尔吉斯斯坦、蒙古、俄罗斯等国接壤。其深处内陆地区，空间位置较为偏远、经济发展相对滞后，这些接壤的邻国也多为经济发展相对落后的发展中国家。但独特的地理位置决定了西部地区在我国地缘政治、国防事业发展中占据独特而重要的地位。西部地区在历史上与周边国家具有密切的经济、贸易、宗教、文化上的联系往来。通过脱贫攻坚推动西部贫困地区经济社会，对于促进我国边疆稳定、巩固祖国统一以及建设强大的经济国防和军事国防，增强西部地区的民族凝聚力和向心力，抵御外部势力渗透具有重要作用，对确保国家边疆地区的和平稳定具有重要的经济、政治和军事战略地位。

（二）西部地区是我国少数民族集中居住区域

西部地区是我国少数民族的主要集聚地区，据统计，全国 55 个少数民族约 8 000 万人口中，就有 80% 的人生活在西部地区。西部历来是我国国外民族迁徙、往来的要塞，诸多民族在这里聚集生活，成为东西方文明、各种民族文化的集中交汇地区。经历了不同时期的发展，西部地区形成多个少数民族"大杂居、小聚居"的居住分布特点，各个民族之间相互依赖、共同交融，又形成了错综复杂的民族关系、民族问题和民族文化。同时，少数民族受宗教文化的影响，多信奉伊斯兰教、佛教、基督教，由此形成了独特的相互结合的传统民族文化体系。西部地区多元化、多类别、多层次的民族生活结构决定了不同民族和不同区域间的价值观、奋斗精神和竞争意识，这种民族文化之间的差异是影响西部地区经济发展和繁荣程度的重要因素。

（三）西部地区是自然环境呈现多样化的区域

西部地区地域广阔，地形地貌结构复杂，685平方千米中就有80%以上的面积是山地、沙漠、高原、戈壁、冰川积雪地区以及低热干旱河谷地区和高寒潮湿地区，导致西部地区生态环境十分脆弱、气候条件较为恶劣、自然灾害多发频发。根据自然环境因素划分，西部地区主要包括高原型贫困区、山地型贫困区、内陆干旱型贫困区和过渡型贫困区，其中50%地区属于山地地形。海拔高、地形高且起伏空间梯度变化大，这样的地形地貌决定了西部地区生态容量小、土地较为贫瘠、植被环境稀疏，抵抗灾害和自身的调节缓冲能力较弱，土地资源的开发利用难度较大，真正能够利用的生产生活区域空间十分有限；再加上山体阻挡，使本就封闭落后的山区交通发展和对外联通受阻，新技术、新生产方式无法在山区推广普及，导致山区的生产能力较低。

（四）西部地区是我国经济发展结构相对单一的区域

西部地区的地形地貌特征、恶劣的自然环境以及相对封闭的交通决定了其产业主要以农业、畜牧业和旅游业为主，工业产业基础较为薄弱。其中，农业主要以种植业、畜牧业和粮食作物为主。由于历史原因，西部地区在新中国成立之初由相对封闭落后的区域超越历史阶段直接进入相对先进的经济社会制度，原有的生产力和生产关系的差异性与落后性仍然存在。同时，广阔的西部地区内部经济发展也呈现出多样化的状态，如长期与汉族交往接触的回族、满族、壮族等少数民族聚居区，其经济社会文化发展程度较高；而居住在较为偏远、交通闭塞的草原、山区的藏族、哈萨克族等少数民族聚居区，其商品经济发育程度较好，但社会文化科学素养相对落后。西部地区经济发展的单一性和多种层次，直接决定了我国西部地区反贫困任务的艰巨性。

第二节　西部农村地区总体贫困状况回顾

从贫困状况来看，西部地区存在贫困范围广且贫困程度深等问题。从全国14个贫困连片区来看，新疆连片区贫困程度最深，绝对贫困线下贫困发生率为35.8%，高于全国贫困发生率4.9倍，相对贫困线下贫困发生率为82.9%，高于全国贫困发生率 42 个百分点。此外，乌蒙山区（川、贵、云）38 个贫困县、滇黔贵区（桂、贵、云）80 个贫困县、四省藏区（川、云、甘、青）77 个贫困县等相对贫困发生率均在 65% 以上，远高于全国贫困发生率的 20 个百分点。

一、西部农村地区贫困状况纵向分析

农村贫困标准的确定是衡量一个国家或地区贫困人口总量的重要依据，贫困人口总数是国家统计局、原国务院扶贫开发领导小组办公室根据农村居民的消费价格总水平和购买力平价水平，在农村贫困监测和农村住户抽样调查中综合测算得出的。我国一般将贫困划分为绝对贫困和相对贫困，绝对贫困人口是指在特定的社会生活生产和生活方式下，个人和家庭依靠劳动所得及其他合法收入，不能满足或无法维持最基本生活需要的人群。相对贫困又被称为低收入贫困，是根据低收入者与社会其他成员的收入差距来判断的，不同时期或不同阶层的成员之间由主观认定的可维持生存水准的差别而产生的贫困。

在我国反贫困的实践中，农村贫困标准进行过多次调整，1985 年，原国务院农村发展研究中心通过对边疆省份、内地山区和干旱地区的大规模调查，确定最初贫困线的人均收入为 120 元，人均自产口粮为 200 千克。1986 年，我国第一次制定国家扶贫标准，确定农民年人均纯收入为 206 元。1992 年，我国将贫困线调整为人均纯收入在 320 元。2000 年，我国再次调整人均纯收入，即 625 元。2001 年，我国将人均纯收入提高到 865 元。2009 年，我国将绝对贫困线和相对贫困线统一，将贫困标准定为 1 196 元。2010 年，我国将贫困线提高至人均纯收入为 1 274 元。2010 年，我国将扶贫标准大幅度上调，并将"低保"和"扶贫"这两项制度有效衔接，以 2011 年农村人均纯收入 2 300 元为标准确定贫困线，比 2010 的 1 274 元贫困标准提高了 80.5%。2015 年，我国将贫困标准进一步上调为 2 855 元。2000—2019 年我国农村及西部地区贫困线和贫困人口规模见表 5-4。

表 5-4　2000—2019 年我国农村及西部地区贫困线和贫困人口规模

年份	绝对贫困线/元·人⁻¹	绝对贫困人口/万人		相对贫困线/元·人⁻¹	相对贫困人口/万人		合并贫困线/元·人⁻¹	合并贫困人口/万人		相对贫困线下贫困发生率/%	
		全国	西部		全国	西部		全国	西部	全国	西部
2000	625	3 209	1 632	865	6 213	3 490	—	9 422	5 122	10.2	—
2001	630	2 927	1 537	872	6 103	3 371	—	9 030	5 535	9.8	—
2002	627	2 820	1 468	869	5 825	2 915	—	8 645	5 027	9.2	24.3

表5-4(续)

年份	绝对贫困线/元·人⁻¹	绝对贫困人口/万人		相对贫困线/元·人⁻¹	相对贫困人口/万人		合并贫困线/元·人⁻¹	合并贫困人口/万人		相对贫困线下贫困发生率/%	
		全国	西部		全国	西部		全国	西部	全国	西部
2003	637	2 900	1 422	882	5 617	2 592	—	8 517	4 709	9.1	23.7
2004	668	2 610	1 305	924	4 977	2 396	—	7 587	4 193	8.1	21.0
2005	683	2 365	1 421	944	4 067	2 384	—	6 432	3 611	6.8	18.0
2006	693	2 148	1 370	958	3 550	2 196	—	5 698	3 110	6.0	15.4
2007	786	1 497	989	1 067	2 841	1 876	—	4 320	2 620	4.6	13.0
2008	895	1 044	—	—	—	—	1 196	4 007	2 421	4.2	11.9
2009	—	—	—	—	—	—	1 196	3 597	2 175	3.8	10.7
2010	—	—	—	—	—	—	2 300	16 566	8 429	17.27	29.2
2011	—	—	—	—	—	—	2 536	12 238	6 345	12.7	21.9
2012	—	—	—	—	—	—	2 673	9 899	5 086	10.2	17.5
2013	—	—	—	—	—	—	2 736	8 249	4 209	8.5	14.5
2014	—	—	—	—	—	—	2 800	7 017	3 600	7.2	—
2015	—	—	—	—	—	—	2 855	5 575	2 914	5.7	10.0
2016	—	—	—	—	—	—	2 952	4 335	2 251	4.5	7.8
2017	—	—	—	—	—	—	2 952	3 046	1 634	3.1	5.6
2018	—	—	—	—	—	—	2 995	1 660	916	1.7	3.3
2019	—	—	—	—	—	—	3 218	551	323	0.6	1.1

数据来源：根据2000—2019年的《中国农村贫困监测报告》整理。

从纵向发展来看，西部地区的绝对贫困人口总数和相对贫困人口总数从2000年的1 632万人和3 490万人下降至2019年的551万人（合并贫困人口），全国贫困发生率从10.2降低至0.6。在贫困线不断提高的情况下，西部地区的贫困人口呈现出不断减少的趋势，这充分说明了西部地区反贫困工作取得了巨大成就。但同时我们也发现，贫困人口的减少幅度在不断下降，西部地区的绝对贫困人口和相对贫困人口占全国同口径的比重在不断上升。2007年，西部地区绝对贫困人口占全国贫困人口的比例是66.07%，分别比2005年和2006年的60.08%和63.78%上升了5.99个百分点和3.70个百分点。相对贫困人口亦是如此。2008年我国政府对农村低收入人口全面实施扶贫政策，并将"绝对贫困线"和"相对贫困线"合二为一，按照人均1 196元的新标准，西部农村地区的扶贫对象扩大至2 649万人，贫困发生率提升至11.9%，高于全国

4.2%的贫困发生率。同时，西部地区扶贫重点县域的贫困人口为1 134万人，占西部贫困人口总数的42.8%，占全国扶贫重点县域贫困人口的66.7%，贫困发生率在10%以上，比全国贫困发生率高7.2个百分点。2019年西部地区贫困人口仍占全国贫困人口总数的58.6%。

综上可见，从纵向发展来看，无论是从全国范围还是从扶贫重点县域来看，我国农村地区贫困人口在进一步向西部地区集中，西部农村的贫困人口总数仍占农村人口总数的一半以上。

二、西部农村地区贫困状况横向分析

从东、中、西部地区横向对比来看，1998—2019年我国农村贫困人口有一半以上在西部地区，且西部省份的贫困发生率较高。2010年，东、中、西部地区贫困人口分别为2 587万人、5 551万人和8 429万人，东、中、西部地区的贫困发生率分别为7.2%、17.2%和29.2%。可见，西部地区的贫困发生率最高，西部地区贫困人口数量占到全国贫困人口总数的50%以上，贫困人口进一步向西部地区集中。2019年，西部地区仍有贫困人口323万人，贫困发生率在1.1%，这充分体现出我国地区经济发展的不平衡，农村贫困状况的不均衡。由此可知，西部农村地区的贫困现状大大高于东部地区和中部地区。2000—2019年东、中、西部地区及全国农村贫困人口分布变化见表5-5。

表5-5　2000—2019年东、中、西部地区及全国农村贫困人口分布变化

年份	贫困人口规模/万人				贫困发生率/%				贫困人口比重/%		
	全国	东部	中部	西部	全国	东部	中部	西部	东部	中部	西部
2000	3 209	487	1 091	1 632	3.5	1.3	3.4	7.3	15.2	34	50.8
2001	2 927	393	996	1 537	3.2	1.0	3.1	6.8	13.4	34.1	52.5
2002	2 820	465	888	1 468	3.0	1.2	2.7	6.5	16.5	31.5	52
2003	2 900	448	1 030	1 422	3.1	1.2	3.2	6.2	15.4	35.5	49.1
2004	2 610	374	931	1 305	2.8	1.0	2.8	5.7	14.3	35.7	50
2005	6 432	545	2 081	3 805	6.8	1.6	6.6	13.3	8.5	32.3	59.2
2006	2 148	112	560	1 370	2.3	0.3	2.0	4.8	10.9	33.1	56
2007	1 497	54	372	989	1.8	0.2	1.3	3.5	3.6	24.8	66.1
2008	4 007	223	1 004	2 649	4.2	0.8	3.4	11.9	8.8	25.1	66.1
2009	3 597	173	1 042	2 372	3.8	0.5	3.3	10.7	4.9	29	65.9

表5-5(续)

年份	贫困人口规模/万人				贫困发生率/%				贫困人口比重/%		
	全国	东部	中部	西部	全国	东部	中部	西部	东部	中部	西部
2010	16 566	2 587	5 551	8 429	17.27	7.2	17.2	29.2	15.6	33.5	50.9
2011	12 238	1 655	4 238	6 345	12.7	4.7	13.1	21.9	13.5	34.6	51.8
2012	9 899	1 367	3 446	5 086	10.2	3.9	10.6	17.5	13.8	34.8	51.4
2013	8 249	1 171	2 869	4 209	8.5	3.3	8.8	14.5	14.2	34.8	51.0
2014	7 017	956	2 461	3 600	7.2	2.7	7.5	12.4	13.6	35.1	51.3
2015	5 575	653	2 007	2 914	5.7	1.8	6.2	10.0	11.7	36.0	52.3
2016	4 335	490	1 594	2 251	4.5	1.4	4.9	7.8	11.3	36.8	51.9
2017	3 046	300	1 112	1 634	3.1	0.8	3.4	5.6	9.8	36.5	53.6
2018	1 660	147	597	916	1.7	0.4	1.8	3.2	8.9	35.9	55.2
2019	551	47	181	323	0.6	0.1	0.6	1.1	8.5	32.9	58.7

数据来源：以上数据均来自历年的《中国农村贫困监测报告》。其中，2000—2007年是在绝对贫困线下各地区的贫困人口规模和贫困发生率，2008—2019年是在相对贫困线下各地区的贫困人口规模和贫困发生率。

第三节　西部地区农户贫困状况微观回顾

一、西部地区农户收入分析

人均可支配收入是衡量我国农户贫困状况的主要标准。目前，我国农户家庭收入主要由四部分组成，分别是家庭经营收入、工资性收入、财产性收入和转移性收入。居民可支配收入是居民可用于最终消费支出和储蓄的总和，即居民可用于自由支配的收入，人均可支配收入状况是衡量农户收入水平的重要指标。

（一）西部地区贫困人口总体收入

在扶贫开发的过程中尽管贫困发生率大幅降低，但分地区来看，西部贫困地区农户的人均可支配收入每年都有一定幅度的上涨，如2012—2013年贵州省人均可支配收入同比增长14.83%，甘肃省人均可支配收入同比增长13.8%，均高于全国贫困地区人均可支配收入的增速。然而，从2015年开始，西部贫困地区农户收入增速开始放缓。就西部地区而言，2019 年西部省份贫困地区的常住人口的人均可支配收入绝大部分都超过万元大关，但西部地区不同省份之间的收入仍存在较大差异。其中，甘肃省、贵州省、云南省和宁夏回族自治区人均可支配收入低于全国平均水平，贫困程度较其他省份更为突出。全国及西部贫困地区 12 个省份农户人均可支配收入情况一览（2013—2019 年）见表 5-6。

表 5-6　全国及西部贫困地区 12 个省份农户人均可支配收入情况一览

（2013—2019 年）　　　　　　　　　　单位：元

区域	2013 年	2014 年	2015 年	2016 年	2017 年	2018 年	2019 年
全国	6 079	6 852	7 653	8 452	9 377	10 371	11 567
甘肃	4 487	5 106	5 782	6 323	6 968	7 687	8 592
贵州	5 557	6 281	7 171	7 894	8 677	9 528	10 580
青海	6 462	7 283	7 933	8 664	9 462	10 393	11 499
云南	5 616	6 314	7 070	7 847	8 695	9 595	10 771
西藏	6 553	7 359	8 244	9 094	10 330	11 450	12 951
陕西	6 162	6 963	7 692	8 424	9 297	10 267	11 421
宁夏	5 840	6 555	7 255	7 937	8 809	9 744	10 804
新疆	5 986	6 635	7 341	8 055	9 985	10 907	12 035
广西	6 252	7 044	7 927	8 800	9 719	10 761	11 958
四川	6 282	7 091	7 966	8 799	9 759	10 837	12 127
重庆	7 131	8 044	9 120	10 244	11 273	12 470	13 832
内蒙古	6 545	7 375	8 201	9 005	9 852	10 965	12 272

数据来源：根据 2013—2019 年的《中国农村贫困监测报告》整理。

（二）西部地区贫困农户家庭收入构成

随着我国经济的快速发展，城镇化进程和现代化进程不断加快，农民收入结构呈现多元化发展趋势。从我国东、中、西部贫困地区农村常住居民的人均可支配收入构成情况来看（如表 5-7 所示），在全国范围内，经营性收入仍是农户收入的主要来源，但从东、中、西部分地区来看，不同地区贫困农户的收入结构具有较大差异。东、中部地区贫困农户的主要收入来源以工资性收入为主，西部地区贫困农户的主要收入来源以经营性收入为主，2018 年和 2019 年，贫困农户的经营性收入分别占到家庭总收入的 37.5% 和 39.6%。与此同时，在民族地区县、陆地边境县和沙漠化县等地区贫困农户的收入也是以经营性收入为主。除此之外，转移性收入在东、中、西部地区之间也存在较大差异，2019 年中部地区的转移性收入为 3 866 元，高于西部地区近 1 100 元。财产性收入在家庭总收入中的比重较低。就全国平均水平而言，2018 年和 2019 年西部地区的财产性收入仅占 1.3%，这充分说明贫困农户的自有财产利用率和金融产品的收入微乎其微。家庭经营性收入和工资性收入在农户收入中占据主要地位，是保证贫困农户持续增收的基础。

表 5-7　我国东、中、西部贫困地区农村常住居民的人均可支配收入构成情况

单位：元

区域	2018 年					2019 年				
	人均可支配收入	工资性收入	经营净收入	财产性收入	转移净收入	人均可支配收入	工资性收入	经营净收入	财产性收入	转移净收入
全国	10 371	3 627	3 888	137	2 719	11 567	4 082	4 163	159	3 163
东部	10 453	5 130	2 831	154	2 338	11 742	5 835	3 138	179	4 409
中部	10 966	3 790	3 730	138	3 307	12 212	4 215	3 957	174	3 866
西部	9 982	3 356	4 107	134	2 385	11 136	3 802	4 409	148	2 777
民族地区县	10 034	3 203	4 409	125	2 297	11 319	3 650	4 826	151	2 693
陆地边境县	9 620	2 884	4 591	155	1 990	11 417	3 442	5 479	218	2 278
沙漠化县	10 085	3 571	4 062	157	2 331	11 558	4 052	4 582	176	2 748
较少民族集聚村所在县	9 333	2 762	4 482	125	1 964	11 001	3 295	5 214	208	2 283

数据来源：根据 2018 年和 2019 年的《中国农村贫困监测报告》整理。

二、西部地区农户支出分析

（一）家庭生产性支出

农户的家庭生产性支出主要包括经营性支出、农业支出、林业支出、牧业支出、渔业支出以及第二、第三产业支出。从我国国定贫困县农户生产性支出的构成来看，农户人均家庭的生产性支出呈现逐年上升的趋势，从 2002 年的 449.2 元增加至 2010 年的 1 098 元，年均增速达到 18%。其中，农业支出、牧业支出在家庭生产性支出中占据主体地位，分别以 19% 和 18% 的速度稳步提升。此外，林业、渔业和第二、第三产业支出在家庭生产性支出中的比重较低，年均增速仅为 2%、0.6% 和 8.1%，非农产业支出占比逐年下降。在收支对比中，家庭经营性收入扣除经营性支出后的经营结余较低，若贫困户无其他

收入来源或者其他收入来源受阻，仅依靠农业收入扣除必要的生活消费支出后，贫困农户很难有多余的资金用于扩大生产规模、改善生产条件和引进新的农业技术，家庭扩大再生产难以持续。

（二）家庭消费性支出

我国农户的消费性支出主要由 9 个方面构成。近年来，随着西部贫困地区精准扶贫战略的深入和农民收入水平的稳步提升，人民生活水平逐步改善，农民日常的消费支出逐步增加，消费支出的结构和规模也有了变化（如表 5-8 所示）。由表 5-8 可知，生活消费支出总额从 2002 年的 1 131.4 元上升至 2019 年的 10 028 元。对于贫困农户而言，食品消费支出在生活支出总额中占据主体，食品消费支出占生活消费支出的比例即恩格尔系数，从 2002 年的 57.41% 下降至 2019 年的 31.3%，恩格尔系数的下降充分体现了贫困农户生活水平的提升。但是，尽管贫困户的生活消费支出稳步增长，但人均消费支出仅是全国平均水平的 1/3，贫困户的收入无法完全覆盖全部支出，如 2010 年贫困户中 52% 的生活消费支出高于纯收入水平。贫困农户用于提高生活质量的消费额比重较低，如 2014 年贫困农户用于交通通信、文教娱乐用品及服务和医疗保健的支出份额仅为 10.1%、9.8% 和 8.6%，2019 年这一支出提升至 11.9%、11.7% 和 10.6%，在占比不断提升的同时与全国平均水平仍有较大差距。

表 5-8　2002—2019 年国定贫困县农民消费性支出构成一览

单位：元

年份	生活消费支出	食品消费支出	衣着消费支出	居住消费支出	家庭设备用品及服务消费支出	交通通信支出	文教娱乐用品及服务	医疗保健支出	其他商品及服务支出
2002	1 131.4	649.5	69.3	126.8	33.6	44.9	121.2	65.4	20.8
2003	1 220.1	655.6	69.6	154.5	45.3	67.2	137.4	69.5	21. .1
2004	1 391.9	740.1	74.2	164.7	49	85	177.4	77.9	23.6
2005	1 528.5	793.2	86.3	192.5	55.8	105.6	182.2	86.9	25.9
2006	1 679.6	840.3	95.8	242.1	67.5	135.4	168.4	100.8	29.4
2007	1 931.3	980.1	111.8	289.3	79.8	160.6	114.4	161.5	33.7
2008	2 200.3	1 137.2	123.3	343.7	92	176.6	159.1	133.7	34.6
2009	2 367.4	1 155.6	134.1	413.3	108.7	194.7	167.3	155.3	38.5
2010	2 662	1 307.7	155.4	438.9	133.1	225.4	177.4	178.9	45.2
2014	5 962	2 201	365	1 226	379	605	583	510	93

表5-8(续)

年份	生活消费支出	食品消费支出	衣着消费支出	居住消费支出	家庭设备用品及服务消费支出	交通通信支出	文教娱乐用品及服务	医疗保健支出	其他商品及服务支出
2015	6 656	2 411	405	1 376	411	693	680	576	114
2016	7 331	2 567	423	1 543	448	803	790	638	118
2017	7 998	2 698	453	1 695	485	935	883	725	134
2018	8 956	2 808	488	1 995	537	1 045	1 017	919	147
2019	10 028	3 139	544	2 165	585	1 189	1 176	1 065	165

数据来源：根据2002—2019年的《中国农村贫困监测报告》整理。因2011—2013年没有相关数据，故这里省略。

从西部地区贫困农户消费支出的横向对比来看，不同省份之间贫困农户的人均消费支出也存在较为明显的差距。其中，甘肃、贵州、云南、西藏、新疆地区的人均消费支出普遍低于全国平均水平，这一方面是受到这些地区人均收入总体水平的制约；另一方面是因为这些地区的物价水平、居民生活习惯等因素影响了农户的消费支出总额。同时，从西部地区12个省份贫困农户的收支对比中可以发现（表5-6与表5-9对比），贫困农户的收入总额仍然偏低，在减去人均消费支出后能够用于储蓄的结余所剩无几，这进一步制约了农户生活水平的改善和生产经营的有序发展。全国及西部贫困地区12个省份的农户人均消费支出情况一览（2013—2019年）见表5-9。

表5-9 全国及西部贫困地区12个省份的农户人均消费支出情况一览

（2013—2019年）　　　　　　　　单位：元

区域	2013年	2014年	2015年	2016年	2017年	2018年	2019年
全国	5 404	6 007	6 656	7 331	7 998	8 956	10 011
甘肃	4 313	4 912	5 452	5 857	6 365	7 241	8 184
贵州	5 327	5 897	6 498	7 327	7 852	8 898	9 509
青海	7 506	8 235	8 566	9 222	9 903	10 352	11 343
云南	4 413	4 958	5 686	6 275	6 809	7 677	8 844
西藏	4 102	4 822	5 580	6 070	6 691	7 452	8 418
陕西	5 840	6 406	6 934	7 615	8 200	9 250	10 033
宁夏	5 616	6 132	7 060	7 728	8 079	8 904	9 580

表5-9(续)

区域	2013 年	2014 年	2015 年	2016 年	2017 年	2018 年	2019 年
新疆	4 925	5 203	5 334	5 633	6 222	7 056	8 162
广西	5 764	6 517	6 991	7 755	8 279	9 352	10 368
四川	5 527	6 100	6 903	7 757	8 746	9 652	10 760
重庆	6 442	7 345	8 170	9 119	10 098	11 058	12 145
内蒙古	6 467	7 232	7 886	8 377	9 112	10 206	11 376

数据来源：根据 2013—2019 年的《中国农村贫困监测报告》整理。

三、西部地区贫困农户收支分析启示

结合西部地区贫困农户的家庭收入与支出情况分析可以发现，随着我国经济结构的转型发展和产业结构的调整，西部地区贫困农村的经济结构和家庭收入结构也随之发生变化，从而导致农户对农业信贷需求有了新的变化：一是农户工资性收入快速增加成为贫困农户主要的收入来源。受到我国西部土地资源发展限制和农产品价格波动的影响，家庭经营性收入在农户总收入中的比重不断降低，外出务工收入成为农户的主要收入来源。这类"流动性"农民工对农业生产的依赖和兴趣逐步降低，主要是通过将土地转租和流转等方式增加财产性收入，因此他们的信贷需求主要集中在商业投资和消费需求中。二是贫困农户中产生了一批通过规模化承包土地、农业务工和农业产业化发展的新型农产主。他们急需金融资本、财政资金以及农业部门的介入，由于农业传统生产方式中的土地、劳动力、技术投入将发生较大变化，需要提供更多的生产要素和信贷资金，为促进农业产业化与现代化发展提供契机。由此，这类农户对生产性的信贷资金需求较高，且农业保险产品等农村金融服务较为旺盛。三是农户对消费性信贷需求具有较大的潜在空间。由于贫困农户的消费性支出高于生产性支出，导致其需要一定的消费信贷来弥补生活资金的空白。因此，贫困农户在生产性支出和消费性支出中都需要金融信贷的支持。

第四节　西部地区农村贫困的主要特征

一、贫困分布区域相对集中，呈现较强的区域特征

我国贫困的发生和贫困的深入与地理位置、文化环境及经济基础密切相关。西部地区地理位置相近、民族特色突出、文化习俗相同、致贫因素相近，导致我国贫困地区和贫困人口呈现出高度的区域性特征和地缘性特征，主要分布在集中连片特困地区。2011 年，西部地区的 11 个集中连片特困地区覆盖了全国 70%以上的贫困人口。虽然我国大力实施减贫措施，但恶劣的生态环境、复杂的致贫因素和传统的致贫文化导致集中连片特困地区的扶贫难度和扶贫成本不断增加，而扶贫成效却不断降低。2014 年，全国的 7 017 万贫困人口中，西部地区的贫困人口占到 51.3%。因此，在精准脱贫的政策指导下，政府应加强集中连片特困地区的统筹规划、省际合作和资源统筹，综合利用财政、税收、产业、金融等各类扶贫政策推进扶贫措施。

二、温饱问题已经基本得到解决，缩小地区差距任务艰巨

从我国的贫困人口及贫困发生率的变化情况可知（见表 5-4），2008 年我国的绝对贫困发生率已经降至 1%，说明我国的绝对贫困问题已经基本得到解决。2010 年开始，我国放弃贫困标准相对较低的绝对贫困线，将"两线合一"采用相对贫困标准。随着扶贫标准的提升，我国贫困人口增加至 1.6 亿人，贫困发生率提高至 17%以上，这些贫困人口大部分居住在贫困程度深且生活条件恶劣的集中连片特困地区。与此同时，相对贫困问题进一步凸显，城乡收入和贫困地区农民收入差距也在不断扩大，如 2015 年我国城乡居民收入的比值为 2.73∶1。对于扶贫重点县域农民，从农民收入的分组数据来看，2014 年最高组别农民人均可支配收入是 1.37 万元，最低收入组农民人均可支配收入仅有 2 013 元。由此看来，相对贫困问题愈发突出，提高相对贫困人口尤其是低收入人口的水平，仍是扶贫工作中的主要任务①。

---

①　绝对贫困又叫生存贫困，是指在一定的社会生产方式和生活方式下，个人和家庭依靠其劳动所得和其他合法收入不能维持其基本的生存需要，这样的个人或家庭就称之为贫困人口或贫困户。相对贫困是指在特定的社会生产方式和生活方式下，依靠个人或家庭的劳动力所得或其他合法收入虽能维持其食物保障，但无法满足在当地条件下被认为是最基本的其他生活需求的状态。截至 2020 年年底，我国绝对贫困问题得到了历史性解决，但相对贫困问题依然存在。

三、贫困地区物质资源匮乏，县域经济和产业发展滞后

西部贫困地区主要集中于自然环境较为恶劣的高原、山地和丘陵等生态环境脆弱、土地集中程度低、利用难度大的地区，耕地主要以梯田、水田和坡地为主，如 2010 年我国 265 个民族扶贫县人均耕地仅为 1.7 亩，土地耕作条件和开发环境直接决定了农业现代化与规模化经营发展水平，这在一定程度上制约了农户农业增收状况。同时，西部农村地区还面临着耕地退化、水资源匮乏等自然资源匮乏的局面。因此，由于发展条件、经济基础、人力资本和资金投入等方面的制约，西部农村地区经济发展水平总体较低，县域经济总体规模较小，如 2013 年全国扶贫重点县域 GDP 总值为 3.7 万亿元，仅占全国 GDP 总量的 6.3%，主要以第一产业为主，第一产业在经济总量中的占比偏高，高于全国平均水平。

第六章 西部地区农村金融反贫困的供需分析

第一节 西部地区农村金融供给规模分析

改革开放以来，随着我国扶贫政策的实施和农村金融的发展改革，西部地区的贫困问题得到有效缓解。持续推动西部地区的减贫事业发展离不开金融资金的投入，这就需要国家财政资金和社会公益组织基金的投入，同时需要政策性金融、商业性金融、合作性金融、新型农村金融组织以及民间金融的持续投入。将农村金融发展与扶贫开发有机结合，既能够有效地解决地区和农户生产发展及生活的资金需求，也能够更好地发挥"造血式"扶贫的作用，成为党和政府重要的减贫措施。

一、农村金融供给主体逐步多元化

随着我国金融政策的调整和农村经济的发展，农村各层次多元化的农村金融主体逐步涌现出来。现阶段我国西部地区已经基本形成以政策性农村金融、商业性农村金融、合作性农村金融和新型农村金融组织为一体的现代农村金融组织体系，西部地区正规金融结构与规模呈现出组织化发展和多元化发展。各类农村金融组织既相互竞争又有效补充，共同为农业发展和农户生活提供金融服务。其中，政策性金融作为非营利性金融机构，在保证西部贫困地区粮棉油收购和农业基础设施建设、优势特色产业发展所需资金之外，重点需要与中央财政相互配合，维护农户的生产生活基本需要。商业性农村金融主要以商业发展为目标，在风险可控的要求下，为农业产业化发展提供资金投入。合作性农村金融主要以农村信用合作社为主，致力于解决贫困地区绝大部分农户和中小企业的金融需求。新型农村金融组织主要以村镇银行、农村资金互助社和小贷公司为主,其中农村资金互助社主要服务于贫困地区的低收入群体,依托贷款灵活、亲缘地缘和无抵押的优势为贫困农户提供信贷服务。民间金融依靠其灵活性和对称性为贫困农户提供短期小额周转资金。

二、西部农村金融供给规模逐步增加

改革开放以来,我国西部地区农业存款和农业贷款总额取得了长足发展。1986年我国农村存款仅为37亿元,2011年上升至2 677亿元;1986年我国农业贷款仅为55亿元,2011上升至3 860亿元。可见,西部地区农业存款和农业贷款总额取得了长足的发展。尤其是2000年之后,西部农村地区金融借贷需求旺盛,金融借贷总量加快发展。2018年年末,西部农村地区本币和外币涉农贷款余额同比增长9.8%,农村信贷规模总量和发展趋势不断向好。农村金融精准扶贫的成效不断凸显,2016年以来,贫困地区人口及产业精准扶贫贷款累计发放7万亿元,惠及贫困人口超过9 000万人次,农村金融在易地搬迁扶贫和农村基础设施建设方面发挥了积极作用。尤其是扶贫再贷款的撬动作用明显,对深度贫困地区金融投入力度不断加大,有效支持"三区三州"地区脱贫,西部地区尤其是深度贫困地区的金融投入实现了"两个高于"①的目标。2020年,西部地区金融精准扶贫贷款额为2.4万亿元,占到全国总量的60%以上。2021年,习近平总书记在全国脱贫攻坚总结表彰大会的讲话上指出,2012年以来,我国扶贫小额信贷累计发放7 100多亿元,扶贫再贷款累计发放6 688亿元,金融精准扶贫贷款发放9.2万亿元,农村金融对摆脱贫困发挥了积极作用。这充分肯定了农村金融的反贫困作用。2018年全国及西部地区金融机构涉农贷款统计一览见表6-1。

表6-1　2018年全国及西部地区金融机构涉农贷款统计一览

区域	农林牧副渔贷款		农村(县及县以下)贷款		农户贷款		涉农贷款	
	余额/亿元	同比增长/%	余额/亿元	同比增长/%	余额/亿元	同比增长/%	余额/亿元	同比增长/%
全国	39 424	1.8	266 368	6.0	92 322	13.9	326 806	5.6
甘肃	2 463	4.8	5 465	1.4	2 910	4.0	6 786	1.4
贵州	1 572	12.3	9 215	21.1	3 333	16.7	10 907	24.7

---

① "两个高于"是指深度贫困地区实现各项贷款增速高于全省平均增速,扶贫再贷款占比高于上年的工作目标。

表6-1(续)

区域	农林牧副渔贷款		农村(县及县以下)贷款		农户贷款		涉农贷款	
	余额/亿元	同比增长/%	余额/亿元	同比增长/%	余额/亿元	同比增长/%	余额/亿元	同比增长/%
青海	186	0.6	1 616	7.2	222	15.0	2 178	3.4
云南	1 365	11.0	7 639	9.0	2 445	11.7	9 523	5.9
西藏	281	18.0	391	27.6	258	19.0	1 398	18.8
陕西	1 034	13.8	5 445	3.3	2 467	4.5	6 988	6.0
宁夏	491	8.2	1 772	0.1	670	6.2	2 179	0.9
新疆	1 456	17.5	6 378	7.9	1 196	7.3	7 148	4.6
广西	1 851	0.6	5 660	8.9	3 110	18.6	8 113	4.0
四川	1 830	4.7	13 250	4.6	5 161	9.3	16 596	3.4
重庆	274	5.3	3 726	4.7	1 638	10.9	5 380	6.1
内蒙古	2 169	6.2	6 745	0.7	2 073	14.6	8 402	0.5

数据来源：根据2018年的《中国金融统计年鉴》整理。

三、西部地区扶贫贴息贷款发放持续增加

扶贫贴息贷款是依托农村金融工具支持贫困地区经济社会发展的重要政策手段。1986年中国农业银行负责发放扶贫贴息贷款以来，有效地促进了农村地区种植业、畜牧业和农产品加工业以及农村基础设施的发展。从我国2002年以来的扶贫重点县域扶贫贴息贷款投入情况来看，我国主要依托中央与省级财政投入的扶贫贴息贷款。总的来说，我国扶贫贴息贷款的投入总额和投入强度呈现出先下降后上升的"U"形发展趋势，扶贫贴息贷款占扶贫资金总额从2002年的40.97%降低至2014年的10.79%，随后又增加至18.81%，投入绝对值从125亿元增加至556.7亿元，呈现出相对值减少但绝对值增加的情况。此外，财政扶贫资金的投入规模不断扩大，中央与省级财政扶贫资金投入比例从2012年的14.3%和3.96%上升至2016年的21.21%和8.78%。扶贫贴息贷款投入的相对额降低与我国扶贫资金政策调整息息相关。我国扶贫贴息贷款管理权限的进一步下放，明确规定到户贷款和贴息资金由县级统筹管理，发放机构由中国农业银行扩大至各类商业性金融机构。扶贫贴息贷款政策的调整无法改变扶贫贴息贷款中存在的手续复杂、贷款目标偏移、回收率低以及直接贷款到户的比例较低和投向项目的比例较高等问题，难以依托贴息贷款直接改善贫困

户的生产生活条件。因此，我国在改善扶贫贴息贷款投放效率和瞄准机制的同时，更加注重增加中央与省级财政扶贫资金针对贫困农户的直接投入。据统计，中央财政扶贫资金在 2013—2019 年持续增长，年增幅达到 21%。2020 年，我国各省份扶贫资金投入已达 2 000 亿元以上，中央财政专项扶贫资金已拨付 1 136 亿元。我国扶贫重点县域扶贫资金投入情况一览见表 6-2。

表 6-2　我国扶贫重点县域扶贫资金投入情况一览　　单位：亿元

年份	扶贫资金投入合计/亿元	中央扶贫贴息贷款发放额/亿元	中央扶贫贴息贷款发放比例/%	中央财政扶贫资金/亿元	中央财政扶贫资金比例/%	省级财政扶贫资金/亿元	省级财政扶贫资金比例/%
2002	250.2	102.5	40.97	35.8	14.31	9.9	3.96
2003	277.6	87.5	31.52	39.6	14.27	10.4	3.75
2004	292	79.2	27.12	45.9	15.72	11.6	3.97
2005	264	58.4	22.12	47.9	18.14	9.6	3.64
2006	278.3	55.6	19.98	54	19.40	10.8	3.88
2007	316.7	70.5	22.26	60.3	19.04	14.2	4.48
2008	367.7	84	22.84	78.5	21.35	18.9	5.14
2009	456.7	108.7	23.80	99.5	21.79	23.4	5.12
2010	515.1	116.1	22.54	119.9	23.28	25.4	4.93
2014	1 420.9	153.3	10.79	379	26.67	125.2	8.81
2015	1 902.6	290.1	15.24	441	23.19	171.3	9.01
2016	2 958.6	556.7	18.81	627.6	21.21	259.7	8.78

数据来源：根据 2002—2016 年的《中国农村贫困监测报告》整理，2011—2013 年的《中国农村贫困监测报告》未公布相关数据。

第二节　西部地区农村金融机构发展分析

一、西部地区正规金融机构结构分析

政策性金融、商业性金融和合作性金融机构是西部地区农村金融机构的主要组成部分。从西部地区 12 个省份农村正规金融机构的分布情况来看，2020 年年末，西部地区银行业金融机构营业网点个数、从业人数、资产总额分别为

5.9 万个、89.5 万人和 50.1 万亿元，相较于 2013 年西部地区金融机构总量（5.68 万个）有一定程度的增加，但西部地区内部金融机构分布差异较大。其一，少数民族地区金融机构覆盖较为薄弱，其中西藏自治区 2020 年金融机构总量仅为 635 个，相较于 2013 年的 677 个进一步缩减。同时，宁夏、青海的金融机构总量也偏低，其中小型农村金融机构和新型农村金融机构的总量也较少（青海地区新型农村金融机构总量仅为 6 个）。与之相比，四川、陕西和广西等地区是金融机构总量最多的省份，四川的金融机构总量达到了西藏的 22.37 倍，相较于 2013 年的 19.84 倍进一步扩大。其二，西部地区金融机构以大型商业银行、中国邮政储蓄银行、小型农村金融机构和城市商业银行为主，政策性农村金融机构和新型农村金融机构的数量偏少，小型农村金融机构主要是以农村信用合作社为主，而真正服务于低收入群体的农村资金互助社、小贷公司等新型农村金融机构数量分布偏少。2020 年西部地区 12 个省份农村金融机构分布一览见表 6-3。

表 6-3　2020 年西部地区 12 个省份农村金融机构分布一览　单位：个

省份	机构总数	大型商业银行	国家开发银行和政策性银行	股份制银行	城市商业银行	小型农村金融机构	中国邮政储蓄银行	新型农村金融机构
甘肃	4 589	1 273	47	113	359	2 158	565	68
贵州	5 241	1 069	73	126	521	2 088	977	170
青海	1 021	380	10	31	77	333	182	6
云南	5 553	2 426	89	384	241	2 211	—	185
西藏	635	—	—	—	—	—	—	—
陕西	6 923	1 844	70	419	515	2 787	1 239	37
宁夏	1 406	463	16	47	152	383	198	146
新疆	3 477	1 162	75	108	206	1 145	642	139
广西	6 758	1 836	66	194	745	2 344	976	586
四川	14 202	3 370	115	524	972	5 808	3 072	303
重庆	4 098	1 327	39	294	287	1 763	227	124
内蒙古	5 678	1 569	87	196	527	2 304	811	182

数据来源：根据 2020 年西部各省份金融运行报告整理，西藏自治区未公布具体的机构分布数据。

二、农村信用合作社的信贷供给分析

农村信用合作社分支机构覆盖范围最为广泛，已是我国和西部地区农村金融机构向"三农"提供金融服务的核心力量，成为西部地区农村金融的主力军和金融纽带。从农村信用合作社纵向发展来看，2002 年西部地区共有农村信用合作社 29 076 家，其中由联合社和信用社组成的法人机构达 13 066 家，非法人机构达 16 010 家，县（市）信用社有 10 家，累计存款总额为 3 181 亿元，累计投放贷款为 2 437 亿元。2011 年，西部地区农村信用合作社的存贷款总额分别为 16 351 亿元和 10 464 亿元，较 2002 年分别增长了 5.14 倍和 4.29 倍。2002 年农村信用合作社投放农业贷款总额达 1 112.95 亿元，占农村信用合作社全部贷款总额的 56.23%，而 2011 年西部地区农村信用合作社的农业贷款总额为 3 402 亿元，占农村信用合作社全部贷款的 32.56%，较 2002 年下降了 23.67 个百分点。横向来看，西部地区存贷款总额与东、中部地区具有较大差距。2002 年，西部地区存贷款总额仅为东部地区的 25.7% 和 28.5%、占中部地区的 73.34% 和 82.58%；2011 年，西部地区存贷款总额占东部地区的 73% 和 68.17%、占中部地区的 96.46% 和 95.91%。可见，农村信用合作社的存贷款总额与东、中部地区的差异在逐渐缩小，农村信用合作社已经成为我国农村贷款的主要来源，成为"三农"的重要金融支柱机构。2002—2011 年我国东、中、西部地区农村信用合作社存贷款总额见表 6-4。

表 6-4　2002—2011 年我国东、中、西部地区农村信用合作社存贷款总额

单位：亿元

年份	东部		中部		西部	
	存款总额	贷款总额	存款总额	贷款总额	存款总额	贷款总额
2002	12 357	8 550	4 337	2 951	3 181	2 437
2003	14 944	10 483	5 172	3 577	3 793	2 919
2004	16 733	11 607	6 004	4 232	4 557	3 400
2005	15 096	9 981	7 013	4 758	5 497	3 941
2006	15 404	10 426	8 212	5 584	6 726	4 672
2007	17 298	11 940	9 572	6 494	8 297	5 687
2008	21 722	15 158	11 516	7 498	10 300	6 805
2009	24 806	17 495	12 855	8 736	11 655	7 934
2010	21 818	15 067	15 093	9 974	13 499	8 932
2011	22 397	15 350	16 951	10 901	16 351	10 464

数据来源：根据国务院发展研究中心信息网统计数据库整理。

三、中国农业银行的农村金融供给分析

中国农业银行的扶贫贴息贷款成为扶贫开发的一个重要方式，这在一定程度上改变了贫困地区资金匮乏的局面。1986 年，中国农业银行开始办理扶贫贴息贷款业务；1994—1998 年，扶贫贷款业务由中国农业银行划转到中国农业发展银行；1998—2007 年，中国农业银行再次接受扶贫贷款业务；截至2008 年年底，中国农业银行累计发放扶贫贷款额达 2 010.11 亿元，其中扶贫贴息贷款额为 1 176.74 亿元，扶贫贷款覆盖了全国 592 个国家级贫困县。2000年，信贷扶贫进入一个新的阶段，扶贫贷款的投向区域、产业和范围都有所扩大，信贷对象由国定贫困县、贫困村和贫困户扩大到西部的少数民族地区、革命老区、边疆地区和特困地区等重点贫困地区。之后，随着我国扶贫贴息贷款政策的调整和权限的下放，由更多金融机构承担扶贫贴息贷款的政策任务，中国农业银行扶贫贴息贷款总量逐步减少，由此在扶贫贴息贷款的金融统计上逐步弱化。1998—2007 年中国农业银行扶贫贷款发放情况见表 6-5。

表 6-5　1998—2007 年中国农业银行扶贫贷款发放情况　单位：亿元

年份	累计发放		余额			财政贴息
	全部扶贫贷款	扶贫贴息贷款	全部扶贫贷款余额	扶贫贴息贷款余额	一般扶贫贷款余额	
1998	95.7	31	433	230	203	—
1999	209.5	50	575	253	322	4.29
2000	213	213	706	270	436	5.24
2001	217	170	793	359	434	5.20
2002	254.5	188.6	900	545	355	5
2003	287.4	181.5	962	457	505	5.30
2004	279.1	171.1	996	421	575	6.13
2005	197.8	76	959	319	640	4.21
2006	157.9	56.2	960	267	693	1.64
2007	98.2	39	918	235	683	1.57

数据来源：根据国务院发展研究中心信息网统计数据库整理。

四、新型农村金融机构供给分析

随着我国农村金融制度的改革，2006 年开始，我国逐步放宽农村金融市

场的准入限制，村镇银行、贷款公司和农村资金互助社等新型农村金融组织呈现出大发展的趋势，由此开始了我国农村金融组织形式创新的新阶段。与大中型金融机构和股份制商业金融机构相比，新型农村金融组织在覆盖范围上更加广泛，在服务方式上更为灵活且更加贴近农户。如表6-6所示，2007—2019年我国新型农村金融机构取得了长足的发展。其中，村镇银行的发展情况最好，从2007年仅有的19家发展到2019年的1 630家，增加了近84.79倍，在新型农村金融机构中占比高达98%，在新型农村金融机构中占有绝对优势。此外，贷款公司和农村资金互助社的增加数量放缓，从2011年开始数量基本没有变化，甚至在2018年之后农村资金互助社的数量逐步减少。这主要是由于存在不法资金互助社假借合作社的名义或以合作社的形式吸收公众存款或集资诈骗的现象，2012年之后原银监会逐步加强互助社的监管和暂缓审批。由此看来，新型农村金融机构在总量上和机构上仍有较大的发展空间，在支持"三农"发展和解决农村资金需求上仍有较大的市场潜力。2007—2019年我国新型农村金融机构数量统计一览见表6-6。

表6-6　2007—2019年我国新型农村金融机构数量统计一览

年份	村镇银行/个	小贷公司/个	农村资金互助社/个	机构总量/个	村镇银行占比/%
2007	19	4	8	31	61.29
2008	89	6	10	105	84.76
2009	148	8	16	172	86.05
2010	349	9	37	395	88.35
2011	726	10	50	786	92.36
2012	800	14	49	863	92.69
2013	930	14	49	993	93.65
2014	1 153	14	49	1 216	94.81
2016	1 443	—	48	1 491	96.78
2017	1 562	—	48	1 610	97.08
2018	1 616	—	45	1 661	97.29
2019	1 630	—	44	1 674	97.37

数据来源：根据2007—2014年的《中国区域金融运行报告》和2019—2020年的《中国农村金融发展报告》整理。因2015年数据缺失，故此处省略。

第三节　西部地区农户金融需求微观分析

西部地区作为我国贫困人口较为集中的地区，2019 年贫困人口总量的 58.7%生活在西部地区，超过了东、西部地区贫困人口的总和。通过前文的研究分析我们可以发现，西部地区有自身的主要特征和致贫因素。农村贫困人口的规模、家庭收入结构、生产结构和消费结构随着历史发展都有所变化，贫困地区的农村社会阶层呈现出多层次、多元化的发展特点，既有依靠政府救济的低保户、特困户，又有以种植业和畜牧业为主要来源的传统农户以及以务工收入为主的农民工群体。随着土地流转规模的不断扩大，种植行业、家庭农场等从事农业产业化经营的农户的数量不断增加。西部地区农村农户类型呈现出多样化特征，各类农户对金融信贷资金的数额、期限、利率和审批要求、借贷周期和借款用途都存在较大差别。此外，我国土地面积广阔，东部、中部、东北部与西部地区的农业结构和土地种植面积都具有较大程度的差异。因此，农村金融的发展应充分考虑农户对金融的微观需求，构建多元化、多层次和广覆盖的普惠性农村金融组织体系。

中国人民银行对我国 10 个省份的 20 040 户农户的借贷情况展开问卷调查，本书结合中国人民银行的问卷调查，将总样本按省份经济发展水平，划分为东北部、东部、中部、西部四大经济区，如表6-7 所示。我们围绕农户已经发生的金融借贷行为，从借贷需求以及时间与规模、借款来源和用途、借款期限和利率、借款抵押和担保、还款资金来源和方式五类因素分析农户金融借贷的地区差异，重点对西部地区农户的金融需求展开分析。

表 6-7　样本农户分布情况

地区	省份	样本数/个	样本县/个	样本村/个	权重
全国	10 省份	20 040	263	2 004	—
东北部	吉林	2 000	20	200	0.55
东部	江苏、福建	4 000	50	400	2.88
中部	河南、湖南、安徽	6 000	80	604	4.18
西部	内蒙古、宁夏、四川、贵州	8 000	103	800	3.27

一、借贷需求、发生时间与借贷规模差异

样本农户中有贷款需求者占 49.7%，无需求者占 50.3%，两者相差甚小。其中，东北地区和西部地区的农民金融需求分别为 60.55% 和 57.83%，远高于东部地区和中部地区的 42.43% 和 39.97%，四者间最大差接近 20 个百分点，可见这四个经济区之间的农户金融需求差异显著。

农户借贷时间具有显著周期性，借贷高峰期为每年 3—4 月的春季农耕忙期，在东北地区尤为明显，借贷比例高达 23.4%，约占全年借贷总数的 1/4。在 9 月秋季农耕期会出现一个借贷次高峰，说明农户借贷时间与农户农业生产经营活动周期具有重要相关性。从农耕借贷规模来看，据何广文（1999）的调查，1996 年和 1997 年样本农户借贷均值为 1 553 元和 2 442 元。随着时间的推移，我国农户的借贷规模已大幅攀升，现阶段我国样本农户的借款均值已达 6 120 元，东部地区已达 8 897 元。但 5 000 元以下的小额信贷仍占 73.9%，农户期望的贷款额度需求仍不能被有效满足。

二、借贷期限与利率差异

农户借贷以短期为主（见表 6-8），在东北地区尤为明显（92.4%），中部地区最低（75.2%）。长期借款则与此相反，平均期限为 5.75 年，中部地区最长为 6 年，东北地区为 4.8 年。这与地区间农业生产的特征相关。利率作为农户借贷的主要成本，调查显示，全国样本农户借款利率均值为 9.5%，短期利率为 8.2%，长期利率为 10.8%。韩俊（2007）对我国 29 个省份的 1 962 户农户的调查显示，64.9% 的农户所能接受的最高借款利率为 5.58%，现行利率偏高，农户的借贷需求仍受到普遍抑制。此外，地区间农村金融市场存在较大差异，西部地区和东北部地区的利率分别为 10.1% 和 9.9%，普遍高于东、中部地区（6.5% 和 8.6%）。样本农户借贷期限分布情况见表 6-8。

表 6-8 样本农户借贷期限分布情况

<table>
<tr><td colspan="2"></td><td>全国</td><td>东北</td><td>东部</td><td>中部</td><td>西部</td></tr>
<tr><td rowspan="2">短期</td><td>均值/月</td><td>8</td><td>8</td><td>9</td><td>8</td><td>8</td></tr>
<tr><td>占比/%</td><td>81.6</td><td>92.4</td><td>80.9</td><td>75.2</td><td>81.4</td></tr>
<tr><td rowspan="2">长期</td><td>均值/年</td><td>5.75</td><td>4.80</td><td>5.25</td><td>6</td><td>5.75</td></tr>
<tr><td>占比/%</td><td>18.4</td><td>7.6</td><td>19.1</td><td>24.8</td><td>18.6</td></tr>
<tr><td colspan="2">全均值/月</td><td>19</td><td>12</td><td>19</td><td>24</td><td>20</td></tr>
</table>

三、借款来源与用途差异

农户金融借贷来源于两个途径：一是以农村信用合作社为代表的正规金融机构的贷款；二是以亲戚、朋友为代表的非正规金融贷款。两者占比为53.5%和46.5%，一次性贷款均值为8 896元和4 765元，这充分证明现阶段我国农村地区逐步由非正规金融占据主导地位向正规金融发展的阶段，且农村金融市场的倒挂与抑制现象较为严重。从四大经济区样本农户借贷来源比重分布来看（见图6-1），农户借贷来源存在四类显著差异。东北正规金融机构发展占比最大，达64.9%，是正规金融机构的主导区域；中部地区两者间的占比差异为34.7%和45.3%，是非正规金融机构占主导地位的区域；东部地区农村信用合作社以外的正规金融机构贷款比例高达10.4%，是多种正规金融机构混合发展区；西部地区两者占比为41.6%和58.4%，充分证实西部地区正处于非正规金融机构向正规金融机构发展的过渡期，充分显示出我国农户借贷地区的差异性。样本农户借贷来源比重分布见图6-1。

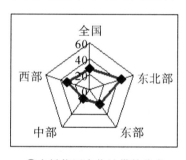

①农村信用合作社借款分布

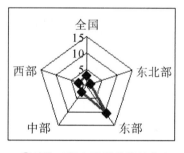

②其他正规金融机构借款分布

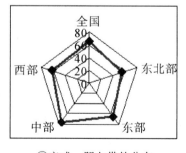

③亲戚、朋友借款分布

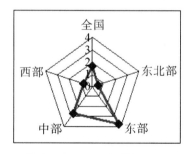

④非正规金融机构借款分布

图6-1　样本农户借贷来源比重分布

从借贷用途来看，农户生活与生产需求占比为59.9%和40.1%，相差近20个百分点，在中、东部地区差距尤为显著，而东北地区则是生产性需求占据主导地位。具体来看，农户生活性需求以生活质量改善性和预防突发性为主，如建房、学杂费、看病，这三项占比分别为12.5%、12.3%和12.2%，这与农户的储蓄资金用途有较大的相似性。在农户的生产性借贷中，农业与非农生产经营占比为30.3%和8.3%，购买农机、兽禽等农业生产投入占主导，我国农业的生产方式正处于由传统方式向现代化发展方式转变的阶段。样本农户借贷用途分布见表6-9。

表6-9　样本农户借贷用途分布　　　　　　　　单位:%

地区	生活性用途							生产性用途					
	看病	红白事	建房	还账	学杂费	其他	总计	买农机	买农资	买兽禽	打工	工商业	总计
全国	12.2	6.7	12.5	3.4	12.3	12.8	59.9	2.8	22.6	4.9	1.7	6.6	40.1
东北	8.9	4.1	5.7	3.5	10.6	9.2	42.1	2.8	47.2	4.4	1.3	2.2	57.9
东部	8.2	9.7	18.1	6.5	12.6	11.9	67.2	2.5	10.5	3.4	1.2	15.2	32.8
中部	13.6	10.3	16.1	2.5	13.4	12.3	68.2	3.6	16.2	3.1	2.0	6.6	31.8
西部	14.2	4.7	10.8	2.6	12.3	14.4	58.8	2.5	23.9	7.0	2.0	5.7	41.2

四、借款抵押和担保差异

农户的金融借贷需求主要是通过抵押和担保两个途径来预防并化解金融风险的。调查表明，农户抵押、担保主要发生在正规金融机构贷款过程中（共2 278户），建立在亲朋关系上的非正规金融抵押、担保要求较低（共405户），两者占比为72.4%和5.8%。只有较少农户贷款中发生抵押或担保，大部分贷款只是依靠农户个人信用状况开展的无条件贷款，这是正规金融机构小额信贷业务的快速发展以及非正规金融机构无须抵押等原因导致。从农户的抵押品来看，在正规金融机构借贷过程中，以房屋作为抵押的比例最高达45.6%。韩俊等（2009）对29个省份的1 962户农户的调查显示，在申请贷款被拒绝的农户中，38%的农户认为是缺乏抵押和担保而没有获得贷款；而西部地区农户担保、抵押发生率为73.2%，大大高于全国均值，主要因为该地区抵押品较为灵活、充足。因此，政府若要发展农村金融借贷服务，应注意从改善农村抵押品的局限性着手。

五、还款资金来源和方式差异

我国传统小农经济决定了农户的还款资金来源主要为农业经营收入，占比为60%，其中东北地区农业收入占比高达90.8%，而东、中部地区农户还款资金具有多元性，如表6-10所示。从还款方式来看，是否约定还款方式与农户的借款来源具有密切关系，正规金融机构通过与农户签订的规范合约约定一次性还款或分期还款，东北正规金融业务较为完善，一次性还款达79.6%；我国非正规金融机构的农户还款方式主要为何时有钱何时还，占比为33.5%，中部地区的非正规金融借贷业务较为繁荣，此占比达46.5%，为全国最高水平。农户金融借贷还款资金来源和方式情况分布见表6-10。

表6-10　农户金融借贷还款资金来源和方式情况分布　　　　单位:%

地区	农户还款资金来源				农户还款方式		
	农业收入	非农收入	工资收入	其他收入	一次性偿还	分期偿还	何时有钱何时还
全国	60.0	17.5	15.0	7.5	49.0	17.5	33.5
东北	90.8	4.9	2.3	2.0	79.6	8.1	12.3
东部	38.3	26.3	25.2	10.2	42.3	20.2	37.5
中部	50.1	21.2	20.7	8.0	36.3	17.1	46.5
西部	62.9	17.1	13.2	7.8	45.8	20.9	33.3

从以上分析发现，农户的借贷行为具有显著的几个特征：农业生产季节周期性、短期小额信贷、民间借贷发生率仍然较高，正规金融机构借贷快速发展，生活性借贷多于生产性借贷，个人信用借贷高于担保抵押性借贷。在四大经济区之间，由于农业的发展水平及方式决定了农户对农村金融机构的选择倾向性存在显著差异，农村金融机构在不同地区的发展程度也存在较大差异，东北地区为正规金融机构现代服务区，东部地区为多种正规金融机构混合服务区，中部地区为非正规金融机构传统服务区，西部地区为金融机构发展过渡期。由此看来，西部地区农村金融发展应充分考虑农户生活生产的差异性和需求性。

第七章 西部地区农村金融反贫困突出问题分析

第一节 强制性的制度变迁 公共政策主体约束

一、强制性农村金融制度变迁影响农村金融市场发育

我国政策性、商业性和合作性农村金融机构体系的制度变迁是在政府主导下的强制性制度变迁，在强化政策引导的同时也使我国金融主体的发展丧失了自主性。新中国成立以来，我国实施了优先发展重工业和城市的国家战略，在此基础上建立了由中国人民银行完全垄断的金融体制，统一集合调配国内各行业的剩余资源。据统计，1950—1994 年，政府从农业提取的农业剩余利润在1 000 亿元以上（徐彬，2003）。在此过程中，农村信用合作社仅作为中国人民银行或中国农业银行在农村的基层结构，经历了由"民办"到"官办"的变迁历程。在政府主导的宏观制度下，农业和农村金融一直处于尴尬的发展境地，在某种条件下是一种历史的发展必然。与此同时，1994 年以后，国有商业银行实行大规模的金融改革，导致金融机构纷纷撤销农村金融网点，农村金融外流的现象较为严重。据统计，1994 年以来，平均每年从农村外流的资金高达 586.2 亿元，巨额的存贷差和资金短缺现象，促使农村金融在贷款对象选择上更加慎重，贫困农户获得正规金融贷款的可能性更加匮乏。

由此，从我国农村金融体制改革的政策变迁历程来看，更侧重于农村正规金融机构的改革和发展，忽视了民间金融的发展。从改革次序上看，农村正规金融优先于非正规金融；从改革机制上看，农村金融系统改革缺乏协调推进机制，农户信贷偏好及农村金融环境特征等需求因素长期被忽视，农村金融政策失灵与市场失灵的格局并存。长期以来，政府指令型金融机构占据着农村金融

市场的主体地位，垄断经营造成了农村金融市场惜贷和信贷配给现象的发生，农村金融制度化供给使得正规金融机构具有脱农化、非农化的信贷偏好，进而偏离了满足农户信贷需求的政治目标，政策失灵直接导致农村金融的低效率和信贷结构失衡。金融监管部门对非正规金融机构的高压态势抑制了农村金融的有效供给，市场配置资源作用失灵，限制了农村金融市场的发育，致使农村金融市场缺乏创新性，金融业务服务与产品开发不足，农村金融服务与农村经济发展之间的矛盾凸显。由此可见，我国农村金融不但落后于城市金融，而且还落后于农村经济的发展。

二、农村金融发展易受政府监管和政策导向的影响

我国是发展中国家，是多民族、多人口大国。在经济和金融发展过程中，中央与地方政府的干预较多，监管严格，如金融机构的准入、组织形式的选择、选点布局及业务规划等方面均存在直接或间接介入。政府的推动和支持是我国金融体系建立和发展的重要因素。在我国经济体制改革历程中，政府经济政策的区域性差异和地方政府经济政策的区域性差异，是形成目前区域金融发展差异的重要原因之一。由此可见，政府和监管部门的制度安排、政策导向都将直接影响和决定着农村金融机构的发展规模与结构。从我国农村金融机构的发展特征及政策效果研究来看，政府和监管部门的激励扶持政策力度越大，或当地政府对政策的推动越积极，农村金融机构在本地的发展也就越快。如2006年之后，西部地区村镇银行、小额贷款公司、农村资金互助社数量明显增多，这与我国放宽西部地区农村金融的政府管制以及"西部大开发"战略及相关政策倾斜的影响结果有关。随着政策支持力度的加大，西部农村金融发展势头不断向好。总体而言，目前我国仍未形成农村经济发展和农户需求相对应的有效的农村金融市场，尤其是西部地区农村金融市场建设仍任重道远。

三、公共政策的强制干预影响农村金融市场秩序

农村信用合作社等政策性金融机构在管理体制方面具有准行政性质，承担着国家政策性和地方行政性等金融支持义务。这为基层政府和乡镇干部对政策性金融机构信贷资金的干预提供了制度上的合理性。而在官办金融和商业金融之间游走的特点，使得市场中形成的风险由国家买单成为一条潜规则。基于这样的理性预期，在业已形成的信贷寻租等路径惯性的指引下，一方面，部分基层政府出于政绩的目标需求，盲目增加涉农企业线上项目。在基层政府的干预和担保下，政策性金融机构不能确定涉农企业的风险类型、还款能力、还款意

愿而导致逆向选择和道德风险现象发生。另一方面，部分乡镇干部、信贷员等利益相关者以权谋私、营私舞弊、违规违纪确立信贷关系，干扰了正常的农村金融市场秩序，致使信贷审核、监督等机制流于形式，导致大量金融资产流失。长期以来形成的呆账、坏账、挂账等经营风险，已经成为农村信用合作社等政策性金融机构沉重的历史包袱。

四、西部地区农村金融综合改革动力机制不完善

当前我国农村金融改革进入攻坚期和深水区，改革已经走过了帕累托改进的黄金阶段，正在步入挤出农村金融机构利益阶段。改革可利用的空间越来越小、越来越窄，即农村金融改革的每一步前进都是以牺牲农村金融机构的利益为代价的，这就增加了农村金融机构改革的阻力和摩擦力。由于我国农村金融在政府介入的前提下借助制度安排以使农村金融市场的供给主体与农村金融的需求主体达成合作一致，随着农村金融改革的日益深入，政府的推力基本上得到最大化释放，并处于超负荷运转状态。目前的农村金融改革已不单是仅凭政府的推力就能解决的。

由于农村金融服务对象和业务主要针对农户，他们不仅存在融资障碍，而且还在生产技术、生产营销、财务管理等方面面临能力不足的问题，其中贫困户的这些能力更加匮乏。从客观需求来看，农户不仅存在资金需求，而且还存在从资金到技术、销售等多方面的服务需求，这就需要农村金融机构在提供资金支持的同时，向其提供配套的增值服务。而这方面的配套服务在西部地区仍有较大的发展空间。由于西部地区的金融扶贫协调机制相对不完善、金融机构改革发展的内生动力相对不足、缺少真正的农民合作金融组织等，农村金融改革必然伴随着对抗、摩擦、适应等特征，这就使得农村金融改革的合力长期处于低水平阶段。虽然从纵向的维度来看，农村金融改革合力呈现出由低到高的趋势，但从整体来看，我国农村金融改革的合力效果仍不显著，重视正规金融轻视民间金融、重视资源禀赋显著农户轻视资源贫瘠农户、重视农村金融供给轻视农户需求是改革效果不显著的重要原因。

第二节　金融市场供给失衡　金融主体功能受限

结合西部地区农村贫困状况与金融供需情况来看，总体而言，西部地区农村金融供给量不能够满足农户金融需求。如 2018 年年末，西部地区涉农贷款总量占全国涉农贷款总量不到 1/3，尤其是 2014—2018 年西部地区涉农贷款绝对值总量稳步增加，但增长率呈现逐年下降趋势。此外，西部地区农林牧副渔贷款比例高于农村贷款余额、农户贷款余额和涉农贷款余额在全国涉农贷款中的比例。究其原因，主要是西部地区的金融需求没有得到充分满足，针对农户尤其是贫困农户的普惠金融还有待进一步深化发展。

一、西部地区正规金融机构供给数量总体不足

西部贫困地区与非贫困地区相对比，主要是地理位置偏僻、生态环境脆弱、基础设施薄弱、产业发展不足，人口密度和经济发展程度与非贫困地区存在较大差异。从而提升了农村金融机构的服务成本、运营能力，降低了西部贫困地区金融服务的广度和深度。首先，以中国农业发展银行为代表的政策性农村金融，资金来源于中国人民银行的贷款资金，存在金融资金不足、筹资渠道单一、贷款监管不力、坏账率高等问题。同时，其只承担国有粮棉企业的资金供给者的任务，缺乏对"三农"资金的政策性统筹指导。其次，农村商业金融机构萎缩和金融功能异化的问题。1997 年亚洲金融危机之后，商业银行开始进行县域撤并，截至 2009 年年底，全国仍有 2 945 个乡镇没有金融机构网点，主要分布在西部地区 2 080 个区域，占比高达 70.8%，导致西部地区农村金融体系严重萎缩。最后，农村合作性金融机构存在治理结构不完善、入社农户并未充分享受信贷优惠和股东权利，以及面临商业化和非农户倾向严重等问题。

无论是以国有银行和股份制银行为代表的大型商业银行，还是以小型农村金融机构为代表的农村信用合作社，商业盈利是其首要经营目标。在金融市场化改革的过程中，源于我国政府主导的农村金融体系，大型金融机构在西部农村地区提供金融服务不具备比较优势，开展的相关业务无法适应小农经济的发展需求，在经营过程中无法解决信息不对称带来的高风险与高成本问题。1997 年以来，四大商业银行的网点陆续开始县域撤并，西部农村地区一马当先，逐步将信贷业务转向城市和发达地区，致使西部地区仍有 2 000 多个乡镇存在金融空白。原银监会的相关数据显示，2007 年年末，四大商业银行的县域金融机

构网点数为 2.6 万个，比 2004 年减少了 6 743 个，其中中国农业银行网点数减少了 3 784 个，占减少量的 56.12%，县域金融从业人员减少了 3.8 万人。2008 年年末，全国县域金融机构的网点数为 10.75 万个，相比 2007 年减少了 16 800 个，相比 2004 年减少了 26 611 个。全国仍有 2 751 个乡镇没有任何金融机构的营业网点，且大都分布在西部地区，仅拥有一家营业网点的乡镇为 9 134 个。我国农村金融机构网点县域撤并情况一览见表 7-1。

表 7-1　我国农村金融机构网点县域撤并情况一览　　　单位：个

网点数	2004	2005	2006
县域金融服务网点总数	134 073	128 728	123 974
其中：国家开发银行网点数	1 555	1 533	1 517
中国农业银行网点数	16 926	15 511	13 175
中国邮政储蓄银行网点数	23 239	23 468	23 695
农村商业银行网点数	535	524	505
农村合作银行网点数	1 800	2 142	2 515
农村信用合作社网点数	60 869	55 953	52 089

数据来源：根据国务院发展研究中心统计数据库整理。

2009 年为促进城乡基础金融服务均等化发展，党中央在全国启动了偏远地区金融机构空白乡镇金融全覆盖工作。2018 年年末，全国银行业金融机构乡镇机构覆盖率达到了 96%，全国行政村基础金融服务覆盖率为 97%。2020 年年底，我国全面消除金融机构空白乡镇，在有条件的行政村推动实现基础金融服务"村村通"。我国金融机构网点已覆盖全部县（市）和绝大多数乡镇，金融机构空白乡镇逐步消除。但总体而言，如前一章节所述，西部省份中农村金融数量偏少且发展不均衡。西藏、新疆、青海和内蒙古为单位面积金融机构数量最少的省份，同时这些省份也是贫困原因最为复杂、贫困分布最广、少数民族聚集最多、自然条件相对恶劣的地区。经济发展的落后和自然条件的不足，阻碍了金融机构的设立，金融服务水平的低下进一步制约了西部贫困地区的经济发展和人们贫困状态的脱离。

二、西部地区农村金融整体供给效率偏低

效率问题是农村金融市场普遍面临的发展难题。现阶段我国形成了政策性、商业性、合作性以及以新型农村金融为主体的农村金融体系。在当前西部地区农村金融体系中，仍存在效率失衡的问题。其一，西部地区农村金融配置效率偏低。从城乡对比来看，西部地区农村金融效率低于城市金融的信贷效率，农村金融资源在农业发展以及农村建设上配置效率低下，但在非农行业或城镇区域配置效率较高。这也是促进农村金融脱农化现象发生以及造成农业及农村系统性负投资问题的关键所在。此外，西部地区金融效率低于中、东部地区的金融效率。例如，从金融结构上看，西部贫困地区的农村金融机构主要以农村信用合作社和中国邮政储蓄银行为主，尤其是农村信用合作社长期占据主导地位，在一定程度上导致我国农村金融市场竞争不够充分、金融服务效率低下，进而影响农村金融服务水平。同时，由于经济状况不良，农村信用合作社的县域网点数也在同步下降，2007 年为 5.2 万个，分别比 2006 年、2005 年和 2004 年减少了 89 个、3 953 个和 8 869 个。其二，西部地区农村金融适应性效率偏低。尽管我国不断改革和完善农村金融制度体系，但目前我国农村金融安排与农村信贷结构和经济社会结构尚存在互斥效应，尤其是西部地区农村金融真正融入农村中去并实现农村可持续发展尚属于农村金融改革的未来目标。其三，西部地区农村金融经济效率偏低。通过前文论述可知，农村金融在促进农村发展、加快农业现代化、增加农民收入、促进农村社会福利增加等方面发挥了积极作用。但毋庸置疑，西部广大的县域地区经济发展还相对不足，在金融机构供给数量和质量上效率偏低，不利于农村金融对经济的拉动作用，未能有效地发挥促进农村投资增加和农民收入增长的作用。

三、新型农村金融机构扎根西部农村难度大

2006 年，我国政府主导的新一轮以市场化为导向的农村金融改革开始推行，逐步放宽了农村市场的金融准入门槛。截至 2019 年年底，我国新设立的村镇银行、小型贷款公司、农村资金互助社等新型金融机构达 1 600 家。随着新型农村金融机构的快速发展，2014 年以后，新型农村金融机构发展速度逐步降低。如以村镇银行为例，2011 年村镇银行才开始较快发展，但 2014 年以后，村镇银行的发展开始减速，2014 年新设立 162 家村镇银行，2015 年新设立 78 家村镇银行，2018 年新设立 54 家村镇银行，2019 年仅新设立 14 家村镇银行。如宁夏回族自治区村镇银行等基本都成立在 2011 年之后。新型农村金融机构在西部地区发展过程中起步较晚，尚未探索形成较为成熟的、具有差异化的农村金融商业模式，在客户的选择上主要以农户为主，尚未能够真正发挥扎根农村、服务"三农"、有效承担农村金融"支农"反贫困的作用。除此之外，农户在对新型农村金融的认知上也较为受限。受传统国有商业银行的认知

影响，新型农村金融机构由于成立时间短、营业网点少、经营规模小，导致农户对其市场认知程度相对较低。由于农户认知程度较低，则进一步导致这些新型农村金融机构吸收存款与筹资的难度大、市场份额小、业务拓展缓慢等一系列问题出现，也进一步限制了新型农村金融机构的发展。因此，新型农村金融机构仍难从根本上解决我国西部农村金融供给主体不足的问题。

四、西部农村非正规金融反贫困发展受限

农村的非正规金融主要是与中国人民银行、中国农业银行和农村信用合作社等正规金融相对应的农民民间金融活动，包括农民民间借贷和各种非正规金融组织进行的金融活动等两种形式。改革开放以前，农村非正规金融的规模较小且受到严格监管；改革开放以后，源于我国实施的以政府为主体的强制性金融制度变迁，直接导致我国农村正规金融制度供给短缺，存在贷款过程烦琐、农户贷款难、贷款利率高等现状，农村正规金融机构难以满足农户的金融需求，使得农村非正规金融迅速发展。而农村非正规金融具有融资形式多样化、融资速度快、信息费用低和利率市场化等优势，导致农户很少使用正规金融，农户主要依靠自己的社会关系网开展借贷，虽然这在一定程度上支持了农村经济的发展，但农村非正规金融一直游离于政府法定金融之外。如农村合作基金会作为一种具有合作性质的资金融通组织，其产生、发展和消亡历程与我国农村金融政策存在紧密联系，1996 年我国政府将农村合作基金会进行全面整顿并清理关闭。

五、西部地区农村金融资金外流现象突出

我国政府主导的农村金融制度体系，在我国工业化和城市化的过程中，为支持我国工业化发展进程，大量农村金融资金流入城市，为我国经济发展做出了隐形贡献。现阶段，我国西部农村正规金融反贫困的资金外流仍然突出。据估算，2007 年，全国通过县域金融机构流入的资金为 1.41 万亿元，流出的资金为 2.63 万亿元，全国县域信贷资金净流出金额为 1.22 万亿元。由表 7-2 所示，我国农村信用合作社作为农村金融的主导机构，1980 年农户存款为 117 亿元，农户贷款仅为 16 亿元，资金外流金额为 101 亿元。1982—1997 年，我国农村信用合作社的存贷比均在 20% 左右，说明在我国农村金融发展的历史进程中，在县域内吸收的资金几乎全部流出农村，而经济相对落后的西部农村地区的资金外流现象则更为严重。从 1998 年开始，农户的存贷比陡然上升至184.52%，这与我国农村金融政策调整密切相关，要求农村信用合作社的农村

金融机构县域新增贷款高于平均贷款增速，并通过财政补贴和奖励等方式对金融机构进行奖励，由此促进了农村金融机构县域贷款的增加。但总的来看，农村地区的农户贷款主要来源于自身存款，县域以外的金融资本很少用于农村经济发展和农户贷款。农村信用合作社农户贷款、存款增长变动情况（1980—2007 年）见表 7-2。

表 7-2　农村信用合作社农户贷款、存款增长变动情况（1980—2007 年）

年份	农户存款/亿元	农户贷款/亿元	存贷比/%	年份	农户存款/亿元	农户贷款/亿元	存贷比/%
1980	117	16	13.68	1997	9 132	1 843	20.18
1982	228	44	19.30	1998	1 441	2 659	184.52
1984	438	181	41.32	1999	1 767	3 039	171.99
1986	766	258	33.68	2000	2 244	3 587	159.85
1988	1 142	372	32.57	2001	2 658	4 417	166.18
1990	1 842	518	28.12	2002	3 279	3 238	98.75
1991	2 317	631	27.23	2003	4 298	4 021	93.56
1992	2 867	760	26.51	2004	4 867	8 445	173.52
1993	3 567	881	24.70	2005	4 297	9 331	217.15
1994	4 816	1 081	22.45	2006	4 737	5 667	119.63
1995	6 196	1 360	21.95	2007	5 741	6 421	111.84
1996	7 671	1 487	19.38	—	—	—	—

数据来源：根据国家发展研究中心统计数据库整理。

从我国各区域来看，经济越是不发达的地区农村资金外流的情况越严重。从表 7-3 可知，西部地区农村资金的利用率最低，资金外流的现象最为严重。2005 年年底，西部农村金融机构的存贷比为 56.05%，2008 年下降为 45.73%，与全国和东部地区相比，分别低于全国水平 7.75 个百分点和 12.78 个百分点，这说明西部农村地区存款资源的利用水平进一步下降。全国和各区域农村金融机构存贷比（2005 年和 2008 年）见表 7-3。

表 7-3　全国和各区域农村金融机构存贷比（2005 年和 2008 年）单位:%

年份	全国	东北	东部	中部	西部
2005	56.30	63.68	57.37	51.80	56.05
2008	53.48	51.57	58.51	48.66	45.73

数据来源：徐忠. 中国贫困地区农村金融发展研究［M］. 北京：中国金融出版社，2009.

第三节　扶贫瞄准机制受限　公共政策客体偏差

一、公共政策阶段性转变使扶贫瞄准机制受限

反贫困过程中公共政策的客体为贫困人群，但贫困人口更易受国家的扶贫政策和制度影响。在新中国成立初期，我国实施了一系列政府主导的金融扶贫政策。1979—1985 年，我国采取直接瞄准贫困人群的扶贫目标政策，采取直接"输血"式的政府救济方式，解决了贫困人口的暂时之需，但却没有从根本上实现脱贫。1986—1994 年，我国由"输血式"扶贫方式向"造血式"扶贫方式转变。1994 年"八七"扶贫攻坚时期，我国从中央到地方直接投放了大量的信贷扶贫资金，重点强调扶贫直接到户，将扶贫目标定为 592 个国定贫困县的区域扶贫瞄准机制。这一时期对反贫困起到极大的降低作用，但是随着贫困人口的减少，扶贫机制的瞄准偏差在逐渐增大，剩余的贫困人口居住分散且大都居住在自认环境恶劣的西部山区，扶贫的难度进一步增大。2000 年制定的《中国农村扶贫开发纲要（2001—2010）》将扶贫重点转向扶贫项目和扶贫到户两种方式，但扶贫贷款主要贷给企事业单位，由它们承担扶贫任务，扶贫投资的工业倾向比较明显，导致由扶贫到户转变为扶贫到产业，使贫困农户被排除在直接贷款的对象之外，致使农户脱贫的时效较之前的更长。相关学者研究发现，2000 年以后，我国的扶贫资金瞄准的有效性在逐步降低，漏出在增加，如 1998 年国家统计局的测算表明，居住的国家级贫困县的贫困人口只占我国全部贫困人口的 50% 左右，也就是说，仅有一半的贫困人口享受到了政府扶贫资金，且又被 592 个国定贫困县的农村居民平均使用了，扶贫资金的瞄准使用效率降低了 10 倍，严重影响了我国当时的扶贫资金的使用效益。

二、西部农村正规金融扶贫贷款存在瞄准机制偏差

农村金融的信贷扶贫资金能够在多大程度上瞄准贫困地区的贫困人群，是衡量公共扶贫政策和扶贫资金使用效益的主要指标。1986 年，我国确定了区域瞄准的公共扶贫政策，农村扶贫资源的目标群体主要投向国家级贫困县，而贫困县之外的贫困人口几乎得不到国家的扶贫资源和正规金融的扶贫政策。"八七"扶贫攻坚计划（1994—2000 年）结束后，我国确定了由国定贫困县向国家扶贫工作重点村转变的政策目标。如表 7-4 所示，从西部正规金融中不同类型农户得到贷款的比重和金额发现，从贷款投向上看，种养业大户和个体工

商户是正规金融贷款主要瞄准的目标，2006年得到贷款的比重分别为8.7%和4.1%，远高于贫困户的3.2%；从户均贷款余额来看，2006年个体工商户和种养业大户的贷款余额分别是14 479.5元和5 410.8元，贫困户的贷款余额仅为3 764.2元；2008年贫困户的贷款比例进一步下降，仅为2.2%。由此看来，无论是贷款比例还是贷款规模，种养大户和个体工商户是正规金融的主要贷款对象，贫困户由于缺乏抵押产品等因素，即使在公共政策鼓励投向贫困户的扶贫政策下，金融机构也将绝对比重的扶贫贴息贷款优先贷给种养业大户。国家扶贫重点县域不同类型农户得到贷款的比例和户均贷款金额（2006—2010年）见表7-4。

表7-4　国家扶贫重点县域不同类型农户得到贷款的比例和户均贷款金额

（2006—2010年）

年份	全部农户		个体工商户		种养业大户		贫困户	
	得到贷款户比重/%	户均贷款金额/元	得到贷款户比重/%	户均贷款金额/元	得到贷款户比重/%	户均贷款金额/元	得到贷款户比重/%	户均贷款金额/元
2006	4.1	5 040.1	4.1	14 479.5	8.7	5 410.8	3.2	3 764.2
2007	4.2	5 614.4	3.4	8 188	8.0	5 888.8	3.0	4 400.0
2008	3.3	8 322.3	4.1	24 531.4	7.6	8 094.3	2.2	5 421.3
2009	3.9	10 575.4	4.8	22 226.6	9.4	13 942.6	2.7	7 382.6
2010	3	12 633.4	4.2	23 306.8	6.8	15 845.9	2	7 985.3

数据来源：根据2006—2010年的《中国农村贫困监测报告》整理。

同时，在信贷扶贫资金的实际运用中，主要是通过中央、省（自治区、直辖市）、地（市）、县、乡、村、贫困户一级一级的传递过程实现的，贷款资金的分配、申请和发放的全过程都由政府、金融机构和企业负责，贫困农户几乎不能参与政策决策过程。现行信贷政策和制度设计显然是将贫困农户置于无法主动利用正规金融的地位。此外，由于财政信贷扶贫资金并非直接发放到贫困者手中，在发放过程中，资金被挪用和缩水现象时有出现，导致扶贫资金面向目标群体的瞄准精度偏差和管理成本的升高。

三、西部地区贫困农户的金融需求满足率较低

从农村金融的需求来看，农户和农村企业的金融信贷需求都未得到满足。如表7-5所示，西部地区只有57.03%和44.37%的农户及农村企业认为金融机构农村贷款可以基本满足需求，而有10.75%和14.54%的农户及农村企业认为

金融机构农村贷款很少能够满足其需求。同时，农业贷款一般要求贫困农户以存单抵押或者担保，贫困农户往往缺乏抵押，结交的朋友也难以满足担保要求，导致越是需要贷款的贫困农户越是难以从正规金融渠道获得贷款，绝大多数农户更倾向于向亲友无息贷款。这说明"关系借贷"仍然是较为普遍的借款方式。由此看来，大多数贫困户未被纳入正规信贷服务体系之中。究其原因，这一方面是因为贫困地区收入普遍较低，收入存在不确定性和较大的波动，存在很大的信贷风险并且还款压力较大，容易造成金融机构慎贷、惜贷的状况；另一方面是因为贫困地区农户自身抵押品不足，人脉圈以低收入者居多，社会资本缺乏，并且信贷需求以传统生活需求为主，导致贫困地区农户难以达到金融机构审批要求。农户、农村企业贷款需求满足程度调查情况见表7-5。

表7-5　农户、农村企业贷款需求满足程度调查情况　　　单位:%

贷款对象	满足程度	全国	东北	东部	中部	西部
农户	基本满足	55.15	70.60	54.21	48.38	57.03
	部分满足	33.38	23.98	33.04	38.44	32.22
	很少满足	11.47	5.42	12.75	13.18	10.75
农村企业	基本满足	44.63	47.97	49.36	38.11	44.37
	部分满足	41.78	37.85	40.56	46.41	41.09
	很少满足	13.59	14.18	10.08	15.48	14.54

数据来源：根据原银监会合作部抽样调查数据整理。

四、西部农村贫困农户"道义小农"思想使其受困

美国著名学者斯科特（Chayanov，1986）在其《农民的道义经济学：东南亚的反叛与生存》一书中提出"道义小农"的观点[1]，认为为了生存而挣扎的贫困农民并不会为了追求收入的最大化而去承担一定的风险以改变现有的生活困境。贫困农户属于"道义小农"的范畴，固守"道义小农"的思想，其仍保持严重的小农意识和小农经济的传统模式（张杰，2004）。贫困农户的小农意识内在决定其经济行为有较强的"规避风险"特征，宁愿选择较为稳妥的

---

[1]　农户金融需求行为和动机的研究，主要形成四种假设：T. W. Schultz（1964）和 S. Popkin（1979）的"理性小农"；Polanyi（1957）、Scott（1976）、Chayanov（1986）为代表的小农学派则坚持"道义小农"（"非理性小农"）；黄宗智（2000）的"商品小农"并提出著名的"拐杖逻辑"以及费孝通（1985）的"乡村小农"。

来自非正规金融的友情借款或者救助性借贷。当贫困农户面临生产和生活资金短缺时，农民为了规避生存风险，一方面把自己牢牢地绑在土地生产中，认为守住土地就能解决温饱问题，保证其基本的生存需要。在信贷行为上西部地区农户的信贷意识仍然比较欠缺，西部地区农村、农户和涉农产业贷款没有跟上农业总体发展的贷款需求总量，在未来如何培育农村、农户和涉农产业贷款上仍具有很大的市场潜力和市场空间。另一方面，在传统的"乡土社会"中面临着国家权力、公共政策和市场力量的空缺，农民更多是依靠"熟人社会"进行信贷支持。因此，西部农村贫困地区一方面源于贫困农户的乡土意识浓重，另一方面并不具备商业金融承贷主体的条件，使其常常被排斥在正规金融供给范围之外，主要以政策性扶贫贴息贷款、政府或民间渠道的小额贷款等特殊方式满足其需求。

第四节 "二元"金融结构 公共政策环境约束

一、西部地区突出的"二元"金融结构制约

我国工业化过程中也形成了"二元"金融结构，包括农村金融市场一方面面临城市和农村金融市场的"分割"，另一方面在农村金融市场内部面临正规金融和非正规金融的"共存"局面。首先，在城乡金融市场中，受到历史背景、资源禀赋、市场规模和制度安排等因素的影响，金融"二元"结构也受制于城乡"二元"结构，面临着农村金融体系城乡失调的"二元"结构，不仅体现在金融总量的发展差异上，还体现在城乡金融组织结构、制度安排、金融工具、金融创新等方面，更重要的是体现在内生于城市和工业的中国金融上（张杰，2003）。二元经济结构必然造成农村金融市场发育程度低、金融市场机制滞后的结果。其次，正规金融与非正规金融的二元结构。正规金融市场面临严重的信息不对称和交易成本高的现状，存在利率管制、规避风险和通过信贷合同筛选借款人等制约，促使非正规金融市场凭借市场或者内生需求，通过一定的"非市场化"安排获得信息优势。然而，非正规金融的发展受到极大限制，在一定程度上制约了农村金融的供给并抑制了农户的需求。

二、西部农村地区经济基础薄弱，农村市场主体发育不良

西部地区是少数民族聚集区、边境地区和自然条件恶劣地区，与东、中部地区相比，其面临自然资源要素禀赋不足、自然灾害频发的先天条件。同时，

西部地区作为欠发达地区，农村市场和非农产业发展相对落后，农业产业化经营程度相对较低，人均家庭收入也相对较低。农村经济发展水平、速度和结构在一定程度上决定了金融发展现状。这些先天因素和经济因素在较大程度上限制了地区投资和地区经济发展潜力，导致包括农村金融在内的投资效率低下、农村金融发展运营成本较高等问题出现。因此，限制了西部贫困地区的金融发展，西部地区农村金融有效需求不足，农户的市场主体意识和地位也尚未确立，使西部地区进一步面临农村地区贫困程度深、贫困面大、脱贫困难的现状。

三、西部地区农村金融生态环境恶化

金融生态是在借鉴生态学家 A. G. Tansley（1935）的生态系统基础上提出的，反映的是金融内外部因素之间相互依存、相互制约的价值关系，包括市场、法律、信用、社会和经济环境等。周小川（2005）最早将"金融生态"一词引入国内，韩平（1998）、宁逢明（1999）、王松奇（2000）等对其展开了相关研究。金融生态具体包括：金融发展的信用制度、法律制度、监管制度和交易制度。就西部地区而言，首先，农民的受教育程度普遍低于全国水平，农户传统观念受到制约，金融信用知识匮乏。当面临资金短缺时，相对较贫困农户首选亲戚朋友间的非正规金融借贷，在非正规金融难以满足的条件下，才会考虑正规金融借贷，这在一定程度上限制了正规金融的发展市场。其次，西部农村金融监管和法律规范欠缺，在一定条件下助涨了扶贫投资的漏出，一部分扶贫资金被挪用。据统计，贵州省 1986—1996 年共投入 24 亿元的扶贫资金，开发项目近 5 000 个，但卓有成效的项目仅占 1/4，有 75% 的资金是无效投资。最后，西部农村金融机构的供给不足，市场竞争机制难以形成，导致金融借贷的逆向选择问题严重。

四、西部地区农业与农村经济系统相对弱质的发展基础

弱质性是对农业生产特征的准确描述，它首先来源于农业生产过程对自然环境的高度依赖。所有产业中农业受自然条件影响最大，自然风险是农业面临的首要风险，因而在农村有着"靠天吃饭"的传统观念。农业的资本化和技术进步虽然在一定程度上提高了应对自然风险的能力，但自然风险对农业的影响仍然十分显著。农业的弱质性还来源于市场风险。传统的农产品市场是典型的完全竞争市场，产品差异性小、行业壁垒低、供给者数量众多、生产过程分散。完全竞争的市场特征决定了农业不存在超额利润率，整个产业的收益水平

低。农产品是生活必需品，需求相对稳定，缺乏弹性，而供给却因为竞争充分和低壁垒，具有较高弹性，因此供需失衡现象普遍存在。农业生产周期长，导致供给调整周期性滞后于市场，农产品价格变化的周期性强、波动性大，增加了市场风险。农业的弱质性还体现为对基础设施的依赖性高，农业基础设施薄弱制约着农业的稳产、高产。此外，农业的科技投入水平低，生产方式相对落后，农产品深加工的产业链条延伸不足，农业生产的集约化程度不足，缺乏规模效益与范围经济，限制了农业附加值的提高和风险的分散。总体上看，农业的投资回报周期长、回报率低，而面临的风险又较大，农业的资本投入不足普遍存在。

除农业外，农村经济系统也具有弱质性特征。改革开放之前的农村经济系统相对封闭，除了为城市工业体系提供农产品并接收最基本的工业产品外，农村经济系统还通过"工农业剪刀差"① 为工业部门提供资金支持。农村经济系统同城市经济系统的交换几乎是单向的，农业剩余被工业部门吸收。改革开放以后，由于赋予了农民剩余索取权，"工农业剪刀差"也在 20 世纪 80 年代初被取消，提升了农村经济系统的稳定性。这主要体现在农业部门劳动生产率显著提升以及以乡镇企业为代表的农村第二产业的兴起上。如果沿着这样的路径持续下去，农村经济系统的稳定性会越来越高。随着出口导向型战略替代了赶超战略，劳动力比较优势成为促进经济增长的重要因素，大批劳动力在先离土不离乡之后又开始了离土离乡的进程，从农村向城镇转移。同时，原有的金融渠道对农村资金的抽取现象并未得到逆转，资金仍然向边际收益更高的城市和工业部门流动。劳动力外流对农村经济系统的影响是重大的，形成了农村经济系统的开放性非平衡状态，各项要素不断向城市流动，而农村却在要素流失的过程中不断凋敝，这不仅表现在经济上的弱质化，还表现为自然生态环境和社会环境的恶化。当前我国农村经济系统仍较为脆弱，要维持相对平衡状态，需要政策性输血。近年来，国家各个层面对农业的倾斜政策为农村经济提供了一定的血液，但为了形成健康稳定的农村经济系统仍需继续深化改革。

---

① "工农业剪刀差"是指工农业产品交换时，工业品价格高于价值，农产品价格低于价值所出现的差额。

第五节　金融主体功能不足　公共政策工具失衡

一、西部农村金融机构产品服务功能不足

现阶段我国基本上形成了政策性金融、商业性金融和合作性金额为主体的农村金融体系，虽然经历了多轮金融商业化改革，但是仍面临着农村金融产品和服务未能有效满足农户需求的结构性失衡状态。针对农户需求的农村金融产品缺乏的状况，首先，西部地区不少省份仍存在农户融资手续烦琐、时间长、要求抵押担保物、贷款数额小和周期短等问题。其次，农户担保抵押条件受限，宅基地和房屋作为生存资料，是农民生存的基础，农户缺乏作为信贷担保物的社会条件。此外，农民的生产性固定资产和耐用消费品等财产评估成本较高，产权交易市场空白，担保品变现困难，与农村金融机构担保要求错位。最后，农村金融服务与其他扶贫措施协同发展不足，农户尤其是贫困户往往面临资金、技术、销售等多种服务支持，农村金融机构在满足农户金融需求的同时，缺乏配套的生产服务和长期跟踪机制，从而导致呆账、坏账的产生。

二、农村信用担保体系建设滞后制约农户信贷可得性

农村金融建设发展是一项系统性工程，其中信用担保体系是金融活动的重要组成部分。长期以来，农村地区信贷担保物的缺失与农村固有的经济社会环境是密不可分的。虽然我国鼓励各地区金融机构针对农户探索发展"三权"抵押贷款、动产抵押贷款，但总体而言，农民可利用担保财产具有数量上少、规模上小、分布上失衡等特点，与正常的信贷需求金额不相匹配。农民有效性担保物面临着法律约束的问题，农村土地、房产作为最重要的财产，面临抵押权变现困难等难题，其他的担保人、担保物以及反担保面临落实难的局面，如农机折旧快、处置变现难、抵押价值偏低等。如何化解农户生产经营风险，从而降低农村金融的信用风险，降低农村金融对抵押担保的过度依赖，是未来农村金融发展的一个突破点。同时，各地区探索建立农村信用体系，大力发展小额信用贷款，是弥补抵押贷款缺陷的一个有益补充，但农村信用体系缺乏系统性和规模化也是制约普惠金融发展的一个重要原因。

三、农村金融的商业化与信贷扶贫的公益性矛盾突出

政府公共政策实施的扶贫贴息贷款，长期是由中国农业银行进行管理和发

放的。在实施的过程中，一方面中国农业银行作为企业，在信贷贴息贷款发放过程中考虑的首要因素是利润和资金安全，因此会按照企业的发展原则发放信贷资金；另一方面信贷贴息扶贫政策是政府为促进贫困地区经济发展和贫困农户的反贫困而采取的公共政策措施，在政策的实施过程中中国农业银行的商业性与公共政策的公益性面临着不可调和的矛盾。如在公共政策实施的过程中，1989年之后，70%以上的扶贫贴息贷款发放给了贫困地区的经济实体，只有30%左右的扶贫贷款直接贷款给贫困农户（王曙光，2000）。1996年之后，中央政府决定将贷款的使用重点放在种养业上，但是在实际的发放过程中要求农户提供有效的抵押物，而贫困户无力提供抵押物，致使扶贫贴息贷款到户率进一步降低。由于当前政府主导的金融体制与公共政策扶持的群体和使用目的之间存在冲突，导致在资源分配过程中贫困农户一直处于弱势地位，致使扶贫贴息贷款资金在实施的过程中并不能很好地发挥对贫困农户的信贷支持与推动作用。

四、农业保险水平有待普及和提高

当前，我国农业保险主要以政策性保险为主，农业保险激励政策的受益面和试点范围十分有限。首先，西部地区农业保险的参保范围有待提高。现阶段我国农业保险主要由各级财政分担，东、西部地区各级财政补贴的差异化程度不够明显，在西部地区主要是农业大县居多。由于农业县的财政收入有限，县级财政面临着农业保险补贴支出压力较大的困境，随着西部地区农业产业化和规模化发展，影响农业的参保范围和保险金额。其次，农业保险保费补贴拨付机制不完善。现阶段农业保险保费补贴机制容易产生资金截留和挪用问题，给保险公司带来应收保费的催收风险。同时，由于市场准入和退出机制不完善，主要以政府招标为主，容易造成招标不规范、不透明等竞争失序的隐患。最后，农业保险的赔保模式有待创新。农业保险的赔保方式主要有超赔保险、产量保险、价格保险和收入保险。这些赔付方式容易导致农户逆向选择，进一步影响价格的市场渗透，也不利于产量保险和收入保险的发展，从而不利于调动农户从事农业生产经营的积极性，也不利于农业产业化、规模化的发展。

五、农村金融机构的数字化转型发展面临障碍

随着信息化、数字化经济的发展，金融领域正大力推进数字化转型发展的浪潮，农村金融深入推进金融科技发展也是大势所趋。但是，农村金融尤其是西部地区的农村金融主体在数字化发展方面面临着内生障碍。西部地区面向广

大农村地区提供便捷的农村金融服务的金融机构主要以小型金融机构为主，这些金融机构资产规模小、传统思维强、科技人才欠缺，而科技金融投资门槛高、投入资金大、后期升级快、运行维护成本高，导致农村地区的中小金融机构面临两难境界，不投资发展科技金融则难以适应形式发展需要，投资则能力有限、力不从心。同时，在农村地区的中小型农村金融机构还面临着客户信用数据的采集量不足和采集渠道不畅通等问题，需要地方政府和金融机构的资源整合和合力推动。此外，科技金融的发展在管理应用方面还面临着网络攻击、数据泄露、系统崩溃等风险，这无疑又增大了西部地区农村金融机构在科技金融发展方面的挑战。

第八章 国内外农村金融反贫困典型案例分析

无论是发达国家还是发展中国家，都在努力破解贫困问题，在解决农业生产的弱质性和农村经济的薄弱性的过程中，它们都将视线聚焦在农村金融市场发展完善和提升农村金融服务上。无论是发达国家还是发展中国家，以及我国在脱贫攻坚战的具体实践过程中，都积累了丰富的农村金融反贫困的实践经验，这些经验对化解农村金融排斥和提高金融渗透能力提供了宝贵经验及实践价值。因此，本章通过对国内外农村金融反贫困的典型案例和成功经验展开系统分析，为我国农村金融深化发展提供宏观的经验总结和微观的有益借鉴，同时为持续推动脱贫攻坚与乡村振兴衔接的金融支持提供更为可靠的实践样本。

第一节 国内农村金融反贫困的案例分析

一、广西壮族自治区普惠性农村金融反贫困的"田东模式"

（一）案例背景分析

广西壮族自治区（以下简称"广西"）地处我国西南边陲，拥有滇黔桂石漠化区和滇西边境山区两个集中连片特困地区，农村贫困人口多，多集中生活在自然环境恶劣、农村基础设施薄弱、农业产业基础较差的大石山区、资源匮乏地区和边远山区，农民的自我发展能力相对较弱，自我脱贫难度大、动力不足，脱贫后因灾、因病返贫风险高。虽然广西在大力推动脱贫攻坚工作，但其集中连片特困地区整体经济发展增速和农户脱贫成效仍相对比较缓慢。整体而言，贫困地区的现状比较严峻，且经济发展水平还不够高。

与此同时，当时广西的农村金融发展程度相对滞后，农村金融反贫困面临多方面困难：一是农户的信贷规模普遍较小，主要为1万元以下贷款，且信贷时间较短，主要为一年期贷款；二是农村金融机构的贷款利率上浮，农户的贷款成本较高，贷款手续较为烦琐，导致农户的贷款门槛较高，多数农户望而却步；三是农村金融扶持政策不够具有针对性和精准性；四是农村贴息再贷款面临利用率较低而且不良贷款率比较高的问题。因此，为了真正解决这些突出问题，广西相关部门不断开展试点和研究解决措施。正是在这样的实践背景下，2008年全国正在深入开展学习实践科学发展观活动，而广西田东县作为时任中央政治局常委、全国人大常委会吴邦国委员长的活动联系点，他于2008年10月亲自到田东县开展调研指导，并提出"金融是发展农村经济的瓶颈，建议以田东为试点，在中央金融部门的支持下，破解这一难题"的要求。与此同时，中国共产党第十七届三中全会明确提出，要建立现代农村金融制度，创新农村金融体制，引导更多的信贷资金和社会资金投向农村。正是在这样的背景下，广西田东县开启了农村金融改革发展新征程，成为我国首个农村金融改革试点县。

田东县位于广西的西部，是百色市的12个区县之一，毗邻南宁并与越南接壤，地处右江上游的河谷地区，面积达2816平方千米，下设9个镇1个乡167个村（社区），拥有人口43万人，是以壮族等少数民族为主的民族县，是百色起义的发源地和革命老区。田东县主要以传统农业生产为主，全县167个村社中就有95个属于贫困村，农业生产较为薄弱，农村经济和县域经济都较为落后。农村金融发展也相对滞后，农村信贷面临整体规模比较小甚至仍处于全省的低水平状态，金融供给严重不足。农村金融基础设置发展非常滞后，仅有5个商业银行金融网点和1个农村信用合作社网点，以及9个保险公司。这些金融网点主要分布在县城，农民获取的金融服务和拥有的金融意识都相对欠缺。同时，已有的金融机构信贷服务和手续非常烦琐，由此形成了金融机构不想贷、农民不想借款的"供给与需求双不足"的恶性循环机制。

（二）探索农村金融"六大体系"系统性改革

2008年以后，田东县正是在上述的经济基础和金融现状的背景下开展了农村金融综合试点改革，在中国人民银行和原银监会的直接推动下，编制形成了《田东县农村金融综合改革发展总体规划》，在规划中指明田东县金融改革的指导思想、总体思路、基本原则、主要措施和保障条件。在此基础上，广西成立了专门针对田东县的农村金融改革领导小组，并出台了《广西壮族自治区人民政府办公厅关于印发扩大农村金融改革试点工作方案的通知》《广西壮族自治区人民政府办公厅关于印发开展田东县农村金融改革试点工作方案的通知》，具体指导田东县农村金融改革，提出了农村金融改革的具体措施、政策保障、实施阶段和推进效果，由此拉开了田东县农村金融改革序幕。通过 10 多年的发展，田东县实现了对农村金融机构、农村金融信用体系、农村金融支付体系、农村金融保险、农村金融担保、农村金融村级服务组织体系六大金融服务体系的系统改革，形成了在全国推广的农村金融"田东模式"。

1. 注重信用基础：建立农村金融信用体系

农村信用体系建设是田东县推动农村金融改革的基础，同时也是其推动农村金融综合改革的突破口。针对我国广大农村地区的征信体系建设较为滞后甚至空白的这一现状和突出问题，田东县针对农村征信体系开展系统性建设。在信用体系建立之初，田东县按照"政府主导、人行推动、多方参与、共同受益"的原则，在全县建设了"田东县农户信用信息采集和评价系统"作为基础信用系统，在全县开展农户信用的信息采集、信息录入、信用评级、确定授信额度以及颁发信用贷款证书等工作。为保证信息系统采集的长期性和有效性，田东县将农村信用系统建设作为基层乡镇的重要工作，并纳入年度考核，构建了以驻村干部、村两委和大学生村官为主的农户信用信息采集主体。针对庞大的信息数据基础，田东县又进一步完善了农户的信用评价机制，立足农户的信用采集系统和评价系统，直接由数据库进行信用评分，在此基础上根据农户的信用等级匹配相应的贷款利率优惠政策，有了信用体系的支撑，大大增加了农户贷款的便捷性和高效性，贷款流程由原来的 3~7 天直接缩减至 1 天即可完成。通过对信用体系的完善，仅在 2009 年，田东县就为全县 2.9 万户农户建立了信用信息电子档案，为 2.23 万户农户发放了贷款证，并创建了 1 个信用镇、10 个信用村和 60 个信用组①。同时，在此基础上，田东县又进一步拓展完善了农村信用体系，结合全国扶贫管理系统，建立了一套专门针对贫困户的信用评级指标体系，创新研发了百色市精准扶贫信息管理子系统；创新建立了社会信用信息采集系统，在原有的信息系统基础上，将违法犯罪、治安处罚和邻里和睦等信息设置为具体的指标增加至信用系统中，并将该系统与公安、计生、医保等部门的系统建立共享机制，由此形成了覆盖广泛、信息完善和信息共享的信用体系。

2. 完善金融主体：创立新型农村金融组织

针对当时田东县正规金融组织数量少且分布不均的现状，当地政府决定通

---

① 刘振伟. 农村金融服务难题如何破解：广西田东县农村金融综合改革的试点经验及启示 [J]. 中国人大. 2010（8）：56-62.

过新设机构和现有机构改革的方式解决这一现状。针对农村金融机构空白问题，田东县新开设了村镇银行、资金互助社和小额信贷公司等新型农村金融组织，并于2009年成立了田东北部湾村镇银行，后续又陆续成立了鸿祥农村资金互助社、思林竹海农村资金互助社和鑫正小额贷款公司。之后，田东县又对当时的农村信用合作社进行改革，2011年将官办性质的农村信用合作社改制为田东农村商业银行。通过改革，田东县增设3家银行类机构和2家担保机构，并大力推动金融机构网点建设，银行类金融机构网点增加至44个，能够覆盖到全县所有的乡镇，田东县逐步发展成为广西壮族自治区农村金融机构种类、数量最多和金融系统最完善的县域。在完善金融机构的同时，针对农村金融产品量少和服务不到位的问题，田东县又进一步结合"三农"的发展需求和县域农村经济发展的需要，推动农村金融产品与服务创新。首先，其充分运用已有的银行产品增加信贷功能，利用桂盛卡、惠农卡和小额信用贷款证大力发展农村小额信贷；其次，为活跃县域民营经济和有效解决民营企业贷款难等问题，其专门成立了小企业贷款专营中心，针对中小企业办理贷款；再次，其针对农村特定群体提供金融服务，通过"公司+基地+农户"的模式着力解决农村青年、农村妇女、返乡农民工、个体工商户、残疾人创业等贷款需求问题；最后，其还针对农村贫困户发放扶贫小额信贷，促使农户贷款覆盖率增加至90%以上，有效地解决了农户尤其是贫困户缺资金、贷款难和难贷款等问题，对促进农村经济发展和改善农户生活发挥了积极作用。

3. 搭建支付网络：优化农村金融支付体系

为解决长期以来农村支付结算体系发展相对滞后以及支付环境不够安全高效的问题，田东县为建立安全高效的农村金融支付体系，在中国人民银行的直接推动下，以改善农村金融支付环境为目标，大力推动农村金融支付结算体系改革。当地政府要求各类农村金融机构接入大额支付系统和小额支付系统，大额支付系统是中国人民银行现金化支付系统，主要处理跨行和跨区域的支付业务，小额支付系统主要针对5万元以下的同城跨行业务，从而便于实现不同地区、不同性质的金融机构金融网点的资源共享；将农村金融机构与财税库横向联网，进一步提升了农村地区金融机构支付体系的现代化程度；在县域和农村地区积极推动非现金支付和移动支付方式，在广大农村地区尤其是贫困地区加大ATM机、POS机等支付终端设施的布设力度。随着移动支付方式的兴起，当地政府大力推动移动支付方式在农村地区的普及和拓展，尤其是在公共交通、医疗健康、财政补助、公共缴费等便民服务领域大力推广移动支付方式在农村地区的普及，实现移动支付方式在医院药店、超市菜场、校园、旅游景区、农资销售点、农村电商等农村便民服务领域中的广泛普及与应用。

4. 降低金融风险：完善农村金融保险体系

为降低农村金融服务风险以及提高农村金融的市场普及率，田东县大力推动农村金融保险体系建设。首先，田东县对政策性农村金融保险产品进行创新，针对该县域农业生产特色开展特色性农业政策性保险，依托县域内的保险机构大力推广和发展特色保险产品。例如，依托中国人民财产保险股份有限公司田东支公司，针对生猪养殖、杧果、甘蔗、香蕉等农业特色产业开展特色养殖和种植保险险种，将 18 万亩甘蔗和 3 万亩香蕉纳入特色政策性保险范围，除开展能繁母猪保险外，选取甘蔗、香蕉作为田东县首批政策性种植保险试点项目。在此基础上，该地区构建了"小农户+小贷款+小保险""新农合+农村小额保险"以及"保险+期货"等综合保障服务模式，将农业保险、农村金融信贷服务和农民公共服务相结合，在增加农户经营收入的同时进一步降低生产经营风险。其次，田东县大力加强农村金融保险网点建设，推动农村金融保险服务站（点）在县、乡、村范围内全覆盖，构建 1 个县 9 个镇 1 个乡 167 个村（社区）相结合的三级农村保险服务网络。最后，田东县对农业保险的理赔服务流程进行了完善。其通过进一步规范政策性农业保险公司的理赔流程和服务方式，提升了农业保险的服务水平，探索建立了"惠农政策公开、承保情况公开、理赔结果公开、服务标准公开、监管要求公开"和"承保到户、定损到户、理赔到户"的"五公开""三到户"的农业保险理赔流程。同时，为进一步探索建立农业保险信息共享机制，田东县将农业保险信息与农业部门、糖业部门、保险监管和财政部门的系统相对接，提升信息收集的便捷性，并保证数据口径的一致性。

5. 完善金融保障：构建农村金融担保体系

长期以来，农户金融信贷面临着信贷抵押产品少、农村范围内的抵押担保机构少的现状。为有效解决抵押机构和抵押品偏小的问题，田东县首先是大力推进抵押担保机构建设。2009 年，田东县政府直接出资 1 000 万元用于建立田东县助农担保公司，同时大力引进和鼓励外来担保机构赴田东县设立分支机构，通过招商引资的方式大力引进百色市银信投资担保公司、广西农业信贷融资担保有限公司，通过在田东县设立分支机构和业务联系点，积极推动小微企业融资担保公司"三农"业务，进一步增加抵押机构数量和覆盖面。其次是增加农户的抵押物品种类。通过林权抵押贷款和土地承包经营权预期收益抵押贷款试点建设，田东县探索将厂房和大型农机具抵押、圈舍和活体畜禽等农户更多的动产和不动产纳入抵押担保范围。再次是创新农业贷款融资担保方式。

田东县大力创新发展信用、抵押、质押和联保等多种担保方式，通过信用村、信用户建设大力发展无抵押、无担保信用贷款。当地村镇银行积极推动互助担保方式，通过农户的联保、互保等方式，构建"农户+合作社""农户+家庭农场"的联保结合体，为农户、农民专业合作社提供优惠的涉农贷款，同时探索农业保险保单、仓单和应收账款等多种形式的质押方式。最后是建立和完善信贷风险补偿机制。田东县出台了《小额农户贷款风险补偿办法》，通过财政出资的方式建立了贷款风险补偿和扶贫小额信贷等5类风险补偿基金，通过风险补偿的方式，专门用于发放给农村金融机构涉农贷款的风险补偿，以弥补农村金融机构信贷风险所带来的违约损失。同时，为鼓励信贷资金回流以及支持县域经济发展，田东县还出台了《金融机构涉农贷款奖励办法》和《金融机构信贷增量奖励办法》，通过设立贷款超额奖励基金的方式，对超额完成涉农信贷业务以及信贷增量大的金融机构给予奖励。为促进县域内农村金融机构存款增量发展，田东县对政府财政存款方式进行优化，通过以每一类县域内金融机构信贷服务对田东县经济社会发展的份额占比为依据，来确定政府财政性存款在每一类金融机构中的存款比例，由此来规避政府和银行之间因关系的亲疏远近所决定的存款份额，这一方式也大大增加了农村金融机构助推"三农"发展的资金实力和扎根地区发展的长期目标。与此同时，田东县还加强了抵押担保与农村信用体系的对接。根据建立完善的农村信用体系，田东县将抵押担保业务信息化管理系统与农村信用体系有效对接，通过信息共享和数据联通，不断提升抵押担保和农村信用体系的科学性与精准性。

6. 构建服务网络：建立村级服务组织体系

针对我国广大农村地区尤其是贫困地区金融机构空白、金融服务缺少和农民的金融知识缺乏等问题，田东县以广大农村地区的村、社为单位，在全县167个村（社区）创新建设村级"三农"金融服务室，对"'三农'金融服务室"开展规范化建设，坚持做到"7个有"（有系统、有标识、有人员、有制度、有场所、有内容、有一家及以上金融机构发起备案），并在此基础上形成"一村一室，一室多点，一室统管，多点经营"的村级农村金融服务组织体系[①]。当地政府将"三农"金融服务室与农村信用体系建设有机结合，主要负责对农户信用进行信息采集、信息录入、授权审核、信用评级和信用户、信用村的评选及建设等工作，以及直接面向农户开展信贷服务和便于银行金融机构

[①] 广西壮族自治区人民政府办公厅. 广西壮族自治区人民政府办公厅关于印发农村金融改革"田东模式"六大体系升级建设方案（2021—2023年）的通知（桂政办发〔2021〕28号）[EB/OL]. (2021-04-13) [2022-05-08]. http://www.gxzf.gov.cn/zfwj/zxwj/t8545242.shtml.

开展贷款调查、贷款使用、贷后清收等信贷业务，积极开展金融知识的宣传培训活动。仅 2009 年，田东县就依托"三农"金融服务室向 3 744 户农户发放了农业贷款达 9 317 万元。在此基础上，田东县还延伸了"三农"金融服务室的功能，将助农服务点、普惠金融服务点、供销社网点、惠农服务点等功能有效融合并入"三农"金融服务室，通过进一步规范助农服务点建设，将助农服务点建成农村电商入口，推动助农取款服务可持续发展，打造"一站多能、一网多用"的综合性服务平台。

田东县农村金融体系正是以农村信用体系建设为重点，以农村金融支付体系建设为基础，以农村金融信贷机构和产品创新为动力，以农村金融保险体系、抵押担保体系为保障以及以农村金融服务体系为延伸的改革路径，通过"六大体系"的良性循环和有机串联，对农户获取农村金融服务和提升农户的金融便利性、收益性发挥了重要作用。田东县的农村金融体系创新在全国农村金融网络建设中独树一帜，形成了一个多层次、广覆盖、可持续的农村金融发展"田东模式"。2015 年，"田东模式"开始在广西推广并在全国积极推动"田东模式"的成功经验。

（三）持续打造田东农村金融改革的升级版

2019 年在北京大学召开的田东县农村金融改革研讨会上，专家学者共同研究探讨田东县农村金融改革的升级版。2021 年，随着脱贫攻坚任务的完美收官，我国全面建成了小康社会并开启了社会主义现代化建设新征程。因此，为进一步深化广西农村金融改革创新，持续推动广西脱贫攻坚与乡村振兴的有效衔接，按照乡村振兴实现"产业兴旺、生态宜居、乡风文明、治理有效、生活富裕"的总要求，结合时代背景，广西在全区范围内针对已经探索成功的农村金融改革实践模式进行全面升级。2021 年 4 月，广西壮族自治区办公厅正式出台的《农村金融改革"田东模式"六大体系升级建设方案（2021—2023 年）》，针对农村数字金融、普惠金融和现代金融的发展趋势，更好地满足乡村振兴多样化、多层次的金融需求。该方案对"田东模式"在信用体系建设、机构体系建设、支付体系建设、保险体系建设、担保体系建设、村级服务体系建设六大体系方面进行升级，确定了 2021—2023 年的"六大体系"建设的具体目标和主要任务，具体内容如下：

一是在信用体系建设中，相关部门应围绕"政策助农、信贷'支农'、信用惠农、服务便农"的总目标，在全区范围内推动"1+14+N"模式，并推动"金色乡村"广西农村信用信息系统进一步升级；结合大数据、云计算发展向信用体系接入"壮美广西·金融云"系统；争取在 2023 年实现全域全覆盖，充分发挥农村信用体系服务"三农"的基础性作用和实践性效果。

二是在机构体系建设中，相关部门应立足于实现乡镇一级银行机构全覆盖和行政村一级银行服务全覆盖的目标，通过进一步完善金融服务体系和巩固脱贫成果持续开展针对性的金融扶贫，针对重点领域和重点人群持续做好金融信贷支持工作，持续推动农村金融产品与服务创新等具体举措，力争在2023年将全区农村金融建设成为一个"多层次、广覆盖、可持续、适度竞争、有序创新、风险可控"的现代化农村金融机构体系。

三是在支付体系建设中，相关部门应以着力推动建设普惠金融服务点为抓手，通过在农村地区大力推广移动支付业务、规范惠农金融服务点建设、优化支付系统、提升安全支付意识等具体举措，将农民生产生活相关的各类便民服务和公共服务渠道与银行业统一标准移动支付受理应用功能进行有效嫁接和全面覆盖，进一步提升农村基础公共服务和社会便民服务的智能化、移动化水平。

四是在保险体系建设中，相关部门应立足于持续推动农业保险的"扩面、增品、提标"，通过进一步健全"五公开""三到户"的农村保险服务体系、提高农业保险保障能力和打造农业保险信息共享机制等具体举措，力争在2021年实现乡镇一级保险服务全覆盖，在2023年构建一个多层次、广覆盖、可持续、有序创新的现代化农村保险服务体系。

五是在担保体系建设中，相关部门应着力于政府性融资担保体系"三农"业务和小微企业融资担保公司"三农"业务的持续壮大，通过完善人才、技术、资本等方面的信贷融资担保体系，持续推动联保、抵押、信用和质押等融资担保方式的创新，推动担保体系与农村信用体系的有效对接，持续加强风险防控和政银企业合作等方式，实现"三农"业务的担保规模和分支机构建设覆盖领域更广泛、更全面。

六是在村级服务体系中，相关部门应按照"7个有"标准持续推动"'三农'金融服务室"建设，通过统一标准建设、完善备案制度、优化组织和运营体系、延长服务内容、建立风险保障机制等举措，力争在2023年实现"7个有"标准的"'三农'金融服务室"在广西所有行政村的全覆盖。

二、安徽省大力发展新型农村合作金融的"金寨模式"

（一）案例背景分析

安徽省地处我国中部地区，大别山集中连片特困地区的12个国家级贫困县在安徽省范围内，国家级贫困县总面积为2.8万平方千米，占全省面积的

20%。2012 年，安徽省总人口为 6 930 万人，其中贫困人口为 543 万人，大别山 12 个国家级重点县的总人口为 1 400 万人，占到全省总人口的 20.2%，贫困人口约为 207 万人，占到全省贫困人口的 38%以上。金寨县隶属于安徽省六安市，地处于安徽西部边陲的大别山区腹地，是河南省、湖北省和安徽省三省交界处，总面积为 3 814 平方千米，下辖 12 个镇 11 个乡 1 个开发区 226 个行政村，总人口有 68 万人，是安徽省内县域面积最大、人口最多且集革命老区、高寒山区、重点库区和集中连片特困地区为一体的贫困县、山区县，是大别山集中连片特困地区 12 个国家级重点县之一。2011 年，金寨县被列入大别山集中连片特困地区的重点开发县，全县贫困人口接近 20 万人，贫困发生率为 33%，高于全国贫困发生率 20 个百分点。当时的金寨县面临着贫困面积广、贫困程度深与脱贫任务重的问题。

金寨县农村金融服务普遍面临金融机构发展滞后、金融产品服务和供给十分短缺的情况。其金融基础设施建设较为落后，在 23 个乡镇中仅有少数乡镇拥有农村信用合作社或中国邮政储蓄银行的金融网点，在县城外几乎没有其他商业银行金融机构的布局，存在普遍的金融网点建设不足和金融空白现象。全县人均生产总值仅为全省平均水平的 50%，财政收入仅为全省平均水平的 1/5，人均贷款仅为全国平均水平的 16%和全省平均水平的 30%。此外，金寨县相关的金融产品主要以存贷款为主要服务方式，缺乏资金融通和经济发展活力，针对农户的贷款业务程序和资料十分复杂，金融机构的存贷比仅为 44%，全县金融贷款仅为 37 亿元，存在严重的农村资金外流现象。由于农户缺乏有效的抵押物和信贷成本较高，农户的借贷需求面临着意愿低和行为少的情况。在此背景下，如何破解农户的金融需求瓶颈和实现金融供给与县域经济良性互动发展，成为金寨县农村金融改革发展的主要目标。

（二）统筹推进农村金融综合试点改革

2012 年，金寨县正是在上述的贫困现状和金融基础下开展的农村金融综合试点改革。2012 年 6 月，时任中央政治局常委、全国人大委员会委员长吴邦国同志赴金寨县的农家、库区和山区农村展开考察调研，面对金寨县农村金融发展滞后、农民融资难融资贵等现状，他鼓励金寨县积极学习广西田东县农村金融改革经验，并对金寨县农村金融发展做出了"搞活金寨县农村金融，使金融在扶贫开发中发挥更大作用"的调研指示。在原银监会和安徽省政府的大力帮助与推动下，金寨县于 2012 年全面开启农村金融改革试点，并于 2014 年成为全国第二批农村改革试验区、全国开展农村资金互助社改革的试点地区，于 2015 年成为全国第一批农村土地制度改革试点。由此，金寨县农村金融改革之路全面铺开。在全国人民代表大会的直接帮扶下，我国将农村金融改革试点纳入对金寨县开展的"5+1"帮扶项目体系，包括对金寨农业产业化龙头企业开展重点帮扶，帮助其规划建设现代产业园区、加快推动农村金融改革试点，帮扶筹建全国示范中等职业教育学校和推动大别山旅游扶贫开发道路建设，帮扶推动抽水蓄能电站项目建设等，其中农村金融综合改革是重点帮扶项目之一。2012年6月，安徽省政府出台了《金寨县农村金融综合改革实施方案》，对金寨县农村金融改革的指导思想、主要任务、具体举措和保障措施提出了明确要求。安徽省政府牵头成立了抓金寨促全省扶贫开发领导小组，负责对金寨县的农村金融综合改革进行统一指导、组织监督和协调等工作。在此基础上，中国人民银行、中国证券监督管理委员会、六安市政府和金寨县政府分别成立了具体的改革试点领导小组，以农村金融组织体系、农村金融产品服务体系、农村金融担保体系和农村金融生态体系"四大创新体系"为抓手，着力对金寨县的农村金融体系进行系统性改革。

1. 强支撑，完善农村金融组织体系

为改善农村金融组织数量少和发展不均衡等问题，破解对国有商业银行信贷服务的过度依赖，以及增加更多不同类型金融机构的融资渠道，金寨县通过机构改制、机构增设、基础分设等方式建立农村金融准入的绿色通道，促使金寨县的农村金融机构业态和类型更具多元化、差异性。首先是推动农村信用合作社进行改制。2012年，金寨县通过增资扩股的方式推进农村信用合作社商业化股份化改制，增加农村信用合作社的注册资本和减轻历史负担，率先在六安市各区县将农村信用合作社改制为农村商业银行。其次是积极培育各类新型农村金融机构。2013年，金寨县先后新设江淮村镇银行、徽银村镇银行两家村镇银行，并在金寨县下辖经济发展较好的6个乡镇设立6家分支机构，这进一步地弥补了农村基层地区金融机构空白。再次是大力引进各类国有商业银行新设网点。金寨县通过招商引资和政策奖励等方式先后引进国有商业银行、中国邮政储蓄银行和徽商银行在6个乡镇中新设立6家金融网点。最后是新设其他各类农村金融机构。为解决信贷、抵押、证券和保险的金融机构短缺问题，金寨县通过政策引进等方式引进两家证券公司设立营业网点，引进安徽省投资担保公司、国元农业保险公司分别在金寨县设立分支机构两家，同时通过国有企业改革方式重新组建金寨县城市投资公司，新设融资租赁公司和典当行，促使金融机构业态和类型更加多元化。此外，2014年，金寨县以全国农村资金互助社试点为契机，依托已有的农民专业合作社，引进农村金融机构参与互助资金的组建及管理工作，通过"农民专业合作社+农村金融机构"的方式，将中央与地方政府投入的扶贫资金整合为贫困村互助资金，设立农村资金互助社。金寨县通过大力推动农村金融组织，盘活县域地区农村金融发展的市场活力，金寨县政策性银行和国有商业银行的分支机构增加至 7 家，村镇银行、小额贷款公司等各类新型农村金融机构由 0 家增加至 3 家，各类金融机构营业网点由 62 个增加至 77 个，金融机构自助网点由 58 个增加至 67 个，实现了 226 个行政村的金融服务全覆盖。

2. 破制约，创新农村金融产品服务

针对有效金融需求比较旺盛，而农户和县域内的中小企业又面临抵押品不足、担保难等难题，金寨县大力开发适合农户需求和企业要求的金融产品与服务方式，着力化解制约农村金融发展的信贷难题。这一是为了鼓励农村金融机构大力创新金融产品，鼓励农村金融机构结合农产品生长周期和农产品上市季节有效开发不同期限的农村信贷产品，鼓励中国农业发展银行结合金寨县农村金融需求实际创新"五位一体"的农村信贷金融产品；引导中国建设银行和徽商银行推出"助保金""金徽通"等农村金融信用贷款产品，引导江淮村镇银行、徽银村镇银行两家村镇银行分别创新出"科联贷"和"金生通"农户联保信贷产品。二是面向农村特定群体发放信贷产品。如针对城市下岗职工、返乡创业农民、农村妇女和大学生推出小额信贷担保贷款等特定信贷产品，尤其是针对农村建档贫困户发放 1 万~5 万元不等且最长期限为 3 年的扶贫小额贷款；建档贫困户可以向指定农村金融机构申请小额信用贷款，着力通过信贷资金助推贫困户发展种养植业和家庭旅游业，在短期内实现明显的增收效果；依托农村金融机构创新"扶大带小"的扶贫模式，通过"金融机构+农业大户+贫困户"的方式，在茶叶产业和光伏产业中以金融机构助力农业大户生产发展，及时提供信贷周转资金扩大"大户"生产经营规模的方式，吸纳当地贫困户就近务工增加贫困户的劳动收入，助力贫困户脱贫；大力开展农业产业链信贷，支持开展"金融机构+农业专业合作社+农户""公司+农户+担保机构"的农业产业贷款模式。

3. 重升级，优化农村金融担保体系

针对广大农村地区普遍存在的农户缺乏有效的动产和不动产抵押物等问题，农村金融机构在综合分析信贷风险和经营成本的基础上，通过增加信贷审批条件、减低经营风险等方式导致农村贷款难度不断增加。由此，金寨县开始在大力扩大有效信贷抵押物品、开展灵活多样的信贷模式上下功夫。一是增加信贷抵押担保种类。金寨县通过完善农村产权登记和管理制度，进一步规范农村各类资产的规范化、制度化和股权化管理及使用，同时将土地承包经营权、林权、宅基地使用权、划拨土地使用权等不动产纳入抵押范围，将财政直补资金、应收账款、活体养殖产品、商标、旅游景点门票收益权等权益一并纳入抵押物范围。二是创新信贷抵押担保方式，建立农村信用体系，通过金融机构联合授信的方式为农户小额信贷、农户联保和信用贷款提供信用支持。三是加强产权流转服务。金寨县对农村的各类权益和收益权的市场认定价值进行有效评估，发展并完善抵押物资产评估中介服务。此外，金寨县制定出台林权流转和服务制度，积极建立抵押物资产中介评估机构，为抵押物贷款评估提供有效机构支持。金寨县还探索建立了农村集体产权交易中心，试点开展农村林权、集体产权和商标权等权益的市场交易。在此基础上，金寨县探索建立了农村产权收储基金，对到期不能偿还银行贷款的抵押物进行购买，有利于降低金融机构的信贷风险和避免抵押物的搁置荒废，从而保证抵押担保的循环畅通。四是优化完善抵押担保合作机制，促进银行机构与担保机构、银行机构与保险机构分别建立风险分担机制和合作信贷产品，有效扩大信贷担保规模和降低信贷抵押风险。

4. 促保障，改善农村金融生态体系

金寨县属于山区、库区于一体的大别山地区，针对其农户居住较为分散、区域集中程度较低的现状，农户享受金融服务的便利性条件仅是依靠金融机构延伸金融网点拓宽服务面，面临较大的市场投入和人员成本开支。因此，该地区需要在既能够减轻金融机构负担又能够使金融服务更便于贴近群众的基础上下功夫，从而最大限度地激发农村金融供给和需求双方的市场潜力。由此，金寨县着力于在改善农村金融环境、提升金融服务上下功夫。一是开设基层金融服务室。金寨县在全县行政村内设立金融服务室，针对农户征信系统，为信息采集、金融咨询、金融培训、金融信息收集、配置农村金融电子支付系统提供服务场所。二是建立乡镇金融服务站。金寨县在全县 12 个镇 11 个乡统一建立金融服务站，并由金融机构提供业务、技术支持，安排专人负责，对辖区内的金融服务室开展业务指导工作，提供金融知识、金融产品宣传推广活动，以及为金融机构和农户供需双方提供联系平台。三是建立线上金融服务平台。金寨县利用已有的政府网络平台搭建"三农"金融服务线上服务板块，并通过线上专栏发布金融政策、宣传金融知识、推广涉农金融产品、收集农户金融需求，积极为农户和农村金融机构提供线上服务平台。四是搭建农村金融便民服务点。针对农户存取款不便等问题，金寨县充分利用已有的农村便民超市、卖场、百货店、农资点等居民生活服务点，鼓励金寨县农村商业银行、中国邮政储蓄银行、中国农业银行等农村金融机构在居民相对集中的生活聚集地设立方便居民生活的存取款服务点，通过设置 POS 机、ATM 机等设备，方便居民日常的存取款需求。五是建立金融行政服务中心。为满足企业和农户的金融需求和降低交易成本，金寨县建立了一站式金融服务平台，针对用户账户审批、贷款卡审批、征信报告查询和涉农金融机构零售业务开展集中办理，真正实现金寨县涉农金融业务和服务"一站式平台办理"。

5. 强保障，筑牢农村金融体系基础

农村金融的发展需要完善的制度体系、有效的政策支持和健全的风险防控体系。因此，金寨县在"四大创新"的基础上，着力推进"七大体系"建设，健全农村金融发展的系列保障体系。一是构建农村信用体系。信用体系的构建是推动农村金融发展的基础，金寨县以弥补农村信用体系短板为契机，建立覆盖全社会各领域的征信系统；整合工商、税务、法院、社保、环保等部门的公共信用信息平台，完善多领域的信用信息数据库，实现金融领域信用体系与公共信息平台有效对接，推进数据的共建共享和互联互通。二是完善政策性农业保险体系。金寨县通过建设政策性保险机构乡镇和村级服务网点，引导国元农业保险股份有限公司金寨支公司、中国人民财产保险股份有限公司金寨支公司提升基层覆盖面，使农村基层更便捷地接触农业保险产品；针对茶叶、板栗、油茶、蔬菜和桑蚕等金寨县的特色优势农业，开发特色农产品保险、高山有机作物保险和生态养殖保险，并不断提升保险的保障水平，由保生产向保产量转变、保自然灾害向保病虫害扩大；针对农户积极推广普惠性小额人身保险和农房保险，进一步简化农业保险申请、受理及理赔程序，提升保障水平和参保积极性。三是搭建农村金融政策支持体系。金寨县通过调增其农村商业银行等农村金融机构"支农"再贷款和票据再贴现的比例和限额，并降低"支农"再贷款的利率，以及争取中国人民银行对金寨县村镇银行、农村资金互助社等新型农村金融机构不设存贷考核指标等方式，增加农村金融机构的自主性和灵活性。四是健全财税政策保障体系。金寨县通过设立农村金融改革专项扶持基金、建立"三农"金融风险补偿制度等方式，对涉农风险、贷款利息给予适当政策补偿；进一步加大农村金融机构税收政策的扶持力度；对涉农贷款满足一定比例的金融机构，按照3%税率征收企业所得税；对新设立、改制以及考核合格的金融机构，在一定期限内返还营业税。五是建立金融风险防控体系。金寨县通过完善风险防范关键环节、主要领域、风险预案和等级标准，加强对金融机构的资产管理和风险防控；定期对金融机构的资本充足率、不良贷款率和逾期贷款率等指标进行考核，避免系统性金融风险的发生。六是建立考核评价体系。金寨县通过建立农村金融机构改革综合评价体系，每年度对各类金融机构进行考核评价；建立金寨县金融机构信贷支持县域经济发展考核奖励办法，综合评价金融机构在促进发展、涉农贷款、便民服务等方面的贡献值，并通过财政发放发展贡献奖励。七是建立农村金融知识培训体系。金寨县通过成立金寨县金融知识培训推进小组、制定金融知识教育培训办法、建立年度金融教育培训计划、开展干部金融知识轮训等方式，强化金融知识培训；尤其针对农户特别是贫困农户开展系列农村金融知识普及活动，如"金融知识下基层、进农家、进校园和乡村行"等，充分利用农村金融服务室等载体，促使农户真正了解和掌握金融业务知识。

第二节　国内案例对西部农村金融反贫困的政策启示

"田东模式"和"金寨模式"成为我国农村金融发展促进贫困减缓的典型代表，受到党中央的高度重视，在相关政策文件中对两类模式给予了高度肯定，并鼓励在各个地区进行有益探索和积极推广。2008年田东县成为我国农村金融综合改革的首个试点地区，2012年金寨县纳入我国农村金融改革试点范围，通过10余年的发展，两县的农村信贷投入明显增加，农村金融产品更加丰富，农村金融环境明显改善，农村金融服务水平明显提高。纵观田东县和金寨县的农村金融体系的试点改革，对我国农村金融体系改革发展具有诸多启示。

一、政府主导是推动农村金融体系改革的主要动力

田东县和金寨县的农村金融改革都是在时任全国人民代表大会委员长吴邦国同志多次调研和批示下进行的，受到全国人民代表大会、中国人民银行、原银监会、省政府的高度重视，在直接推动和政策支持下促成两县开展农村金融综合试点和系统性改革。尤其是田东县在改革初期，全国人民代表大会农业委员会和相关中央金融机构组成联合调研组展开调研，厘清了田东县农村金融改革基本思路，形成了《支持田东县农村金融服务和农业保险发展的报告》，并为田东县量身制定了《田东县农村金融综合改革总体规划》，这为田东县农村金融改革明确了总体方向。金寨县的农村金融改革亦是如此，在中央有关国家机关的重视与推动下，由当地省政府出台具体的改革指导文件，并成立省级改革领导小组。在此基础上，市级政府部门和县级部门分别制定了具体可操作性的金融改革方案和具体的执行机构，形成了"中央—省级—市级—县级"农

村金融综合改革的政府领导体系。无论是在资源调配、政策支持还是工作效率上，这都为改革提供了强有力的人、财、物保障。由此看来，现阶段我国仍是以正规金融为主导的农村金融体系，农村金融综合深化改革离不开各级政府自上而下的重视和支持。

二、系统改革是确保农村金融试点取得实效的重要保障

田东县和金寨县的农村金融改革试点不是某一部门推动的单一改革，而是整体协同推进的系统性改革。在试点启动后，省、市、县三级政府机构和中国人民银行、银保监会、财政、税收、发改委以及有关金融机构等诸多部门在具体实施方案的推动下形成了分工明确、相互协作、有效配合和部门联动的改革机制，并在省、市、县出台了配套改革"一揽子"措施。如田东县构建"六大体系"推动农村金融体系改革，在推动农村信用体系建设过程中，配套建设了农村信用信息系统、采集体系、授权体系等一系列人、财、物制度的综合改革，制定了具体工作方案和明确了工作思路。与此同时，田东县在农村金融支付体系建设中构建了"一个指导、两个机制和三个体系"，形成农村支付体系、征信体系和惠农综合服务体系有效结合的工作思路。金寨县在信用体系建设中构建了覆盖全社会的征信系统、完善信用评级和授信制度以及农村信用信息和评价系统。田东县和金寨县的农村金融改革，建立了政府主导和部门协调联动的工作机制，在管理体制和运行机制上都形成了一整套有效衔接的改革机制。由此可见，两个县的综合性、系统性的改革所付出的改革经历、改革成本和取得的成效，也是其他地区农村金融单项改革所不能比拟的。

三、适合"三农"的财税金融政策体系是对改革的有力支持

"三农"的独特属性决定了农村金融信贷产品和服务的特殊性。农户的金融需求相对于城市金融而言，具有数额较小、地域分散、放贷成本较高和风险较大的特点。在信用担保体系不完善、金融产品复杂和金融风险管控比较高的背景下，农村金融供给与需求存在长期矛盾。因此，农村金融发展需要配套建立有效的财政、税收和金融政策引导机制，通过强化财政、税收政策奖励与补贴机制，促进财税政策和金融政策的有效结合，引导农村金融机构积极助力"三农"发展。现阶段我国扶持农村金融发展的财税政策体系主要包括涉农贷款税收优惠、定向费用补贴、涉农贷款增量资金奖励、有差别的存款准备金、涉农贷款风险补偿等。田东县和金寨县在推动农村金融综合改革的过程中十分注重发挥财税政策的引导作用。田东县建立了农村金融风险补偿和金融信贷

"支农"奖励政策，对新型农村金融机构给予扶持，对涉农贷款较多的金融机构给予税收减免和返还。金寨县建立了农村金融改革扶持基金和风险补偿制度，对新设和改制的金融机构给予税收返还，对考核合格的金融机构给予财政奖励。这些有效的政策激励有利于更好地发挥农村金融机构服务"三农"的市场主动性，有效增强农村金融机构信贷"支农"的资金实力，发挥良好的引导示范作用。"田东模式"和"金寨模式"的试点成效充分证明，在推动农村金融综合改革中，当地政府不能仅依靠市场机制，还需要进一步在完善财政、税收等农村金融扶持政策上下功夫，引导更多信贷资金回流"三农"市场。

四、注重脱贫是推动农村金融综合改革发展的重要任务

传统"输血式"扶贫的做法是短暂不可持续的，本质上不能真正解决贫困户的生产发展问题。因此，在精准式扶贫和"造血式"扶贫的脱贫理念指导下，农村金融发展成为有效的减贫途径。田东县和金寨县将农村金融作为贫困减缓的重要方式，一是通过农村信用体系的建设和抵押担保方式的创新，为农户开展信用贷款、抵押、质押和联保贷款提供有效的制度支持。二是农村金融注重贫困人口的金融需求，注重开发针对特定群体尤其是弱势群体的金融贷款产品与服务，依托农村金融提供的多样化扶贫贷款模式，为贫困地区的贫困人口量身打造金融贷款产品，向贫困地区的贫困人口提供小额信贷，推动农户就业创业，扩大收入来源，帮助贫困人口实现自我脱贫，真正满足贫困人口的金融需求。同时，农村金融还重视对加强农村金融服务室等金融便民服务场所的建立，以保障农户获取金融服务的便捷性。三是注重完善政策性农业保险制度。田东县采取"先易后难，分步推进"的措施，以特色农业产业为突破口，县财政给予30%保费补贴等方式，推进农业政策性保险。金寨县通过扩大保险产品覆盖面和提升保障水平等方式大力发展农业保险、商业保险和大病医疗保险。试点表明，完善的农业政策性保险有利于降低和分散农村金融机构的信贷风险，有利于提升农民获得金融机构的信贷支持率。与此同时，相关部门还需要着力培育新时期金融机构扶贫责任担当，充分发挥政银、银企、银保和金融机构之间的联动作用，建立金融扶贫长效体制机制，这也是农村金融服务的重要工作。

第三节　国外农村金融反贫困的案例分析

无论是发达国家还是发展中国家，它们在推动本国农村经济发展、农业生产以及农民摆脱贫困的过程中，都将农村金融作为重要的政策手段和经济方式。这其中比较典型的有美国的农村金融政策体系，以德国和法国为代表的欧洲农村金融反贫困政策体系，以及日本、孟加拉国、印度在内的亚洲国家农村金融反贫困政策体系，它们都立足于本国国情构建了完善的农村金融组织体系和有针对性的农村金融机构，为本国的农业生产和农村发展提供了金融支持。

一、美国农村金融反贫困的政策安排

以美国为代表的农村金融体系是一种由政府主导的自上而下形成的较为完善的农村金融组织体系。虽然美国从事农业生产的农村人口仅占总人口的3%，但却是世界上最主要的粮食生产国家和出口国家，完善的农村金融体系为美国高度发达的农业提供了有效的金融产品和信贷资金融通渠道。

（一）美国建立多元性农村金融模式

20世纪初，美国逐步形成了比较完备的农业金融体系，在商业金融机构发展的基础上发展起农村金融主体，形成了以农村合作金融为主导、以政策性信贷机构为补充的农村金融体制。有效的分工合作和相互配合的农村金融体系为美国发达的农业提供了充足的信贷支持和资金保障。

1. 完善的农村政策性金融机构

美国农村金融体系成立之初获得了政府充足的资金支持和政策保障。美国农业现代化、规模化与机械化水平较高，而农业又存在生产风险高、投资规模大、经营周期长和回本周期慢等特点，这些特点决定了农业生产经营中所需的资金和金融服务需要获得政府的大力支持与保障。因此，20世纪30年代，美国为应对经济危机和贫困形成了专门的农村政策性金融机构，由农民家计局、商品信贷公司、农村电气化管理局、小企业管理局组成的农村政策性金融机构，为促进农村信贷事业的正规化发展投入了大量的政府资金。如美国联邦土地银行最初是一种政策性金融机构，政府的财政拨款是其初期主要的资金来源，占到了所有股金的80%。政策性的农村金融机构主要资金来源于政府财政拨款或借款，管理权也主要由政府来控制。因此，这些农村政策性金融机构会严格按照政府政策，专门针对本国农业和农村发展提供信贷资金和服务，为灾民救济、新农村建设、价格支持、农产品收购、自然灾害损失等方面提供了商业金融机构不愿提供的低息、长期贷款，有效弥补了政府和商业机构对农村贷款不足的问题。美国各类农村金融机构情况一览如表8-1所示。

表8-1　美国各类农村金融机构情况一览

机构	组成	资金来源	主要投向
政策性金融机构	农民家计局	政府资本金、专项拨款、贷款周转资金、部分借款	农场所有权贷款、农房建设贷款、水利开发贷款等
	商品信贷公司	国库拨付、部分借款	农产品抵押贷款、设备贷款、灾害和差价补贴
	农村电气化管理局	政府拨款（贷款期限长达35年，利率为2%）	改善农村公共设施和环境，如组建农村电网，购置发电和通信设备
	小企业管理局	国会拨款、收回的贷款本息	小农场融资帮助
	农家管理局	政府拨款	贫农的贷款需求
合作性金融机构	联邦土地银行	借款人入股、盈余资金、统一债券和票据	向个体农场主提供长期不动产抵押贷款、购买土地房屋和牲畜、修缮房屋
	联邦中期信贷银行	借款人入股、联邦农业债券、银行借款	向农场主发放中短期动产农业抵押贷款
	合作社银行	借款人入股、政府拨款	只向农村合作社提供贷款和咨询服务
商业性金融机构	商业银行	自有资金、部分借款	短、中、长期农业贷款
	商业保险公司	自有资金、再保险资金	为农村提供长期贷款、农作物保险
	经销商	自有资金	赊销和预付两大商业信用

由于各类政策性、合作性和商业性的金融机构贷款需要土地、农机等动产或不动产作为抵押或保证，这无疑是将许多生活贫困或无地的农户排除在农村金融体系之外，使其得不到信贷支持和经济帮扶。为了满足中低收入农户的信贷需求，美国专门成立农家管理局作为专门针对贫农的信贷机构。农家管理局对贫农的信贷支持不以抵押为担保，主要以债务人的信用道德评价和个人还款能力为依据，虽需要抵押物品但并不作为农户贷款的唯一条件。同时，农家管理局明确规定，能够向其他政策性、合作性或商业性金融机构获得贷款的中农、富农不允许向农家管理局进行信用借贷，这有效地防止了农村金融的逆向选择且保证了贫农的金融可得性。

2. 建立农村合作金融体系

为促进农村经济规模化发展，1916年，美国建立了农村合作金融体系，由联邦政府的农业信贷管理局出资扶持，在全美设立12个信贷区，每个信贷区分别设立一个联邦土地银行、联邦中期信贷银行和合作社银行。这一时期的联邦土地银行和联邦中期信贷银行主要是由政府财政拨款或借款的政策性金融机构。随着农村经济的快速发展和经营效益越来越有保障，政府所出资的股金逐步退出改革，成为由农民合作社控股的合作性质的金融机构。联邦土地银行主要以土地等不动产为抵押，向个体农场主提供长期不动产抵押贷款或者满足贷款人用于扩大再生产购买土地、牲畜，以及改善生活条件的购买房屋和修缮房屋的资金需求；联邦中期信贷银行主要向借款人发放中短期动产农业抵押贷款；合作社银行主要向农民合作社提供贷款和咨询服务。农村合作性金融体系的建立既得到政府资金与政策的支持，又得到合作社社员的支持，促成了农村合作性金融体系的快速发展，尤其是在长期农业信贷业务和中短期农业信贷业务上处于主导地位。

3. 组建农村商业性金融机构

美国农村商业性金融机构作为合作性金融机构的主要竞争对手，长期以来一直以商业性金融机构作为主导力量。为鼓励商业性金融机构从事农业领域的信贷业务，美国政府规定凡是农业贷款占贷款总额25%以上的商业银行，均享有税收优惠。这大大地促进了商业性金融机构对农村信贷业务的发展，在农村金融市场上形成分工明确、相互竞争的金融体系。此外，美国高度发达的商业金融和农业保险体系作为农村金融的重要组成力量，为降低农业生产的不确定性和提高金融机构贷款的积极性提供了金融保障。因此，美国完备的农村金融体系是盘活农村资源的基础，为农业生产及相关活动提供信贷资金、服务和政策支持，为改善农民工作条件和福利、增加农民收入、提高农业生产率和农工商一体化程度起到了加速作用。

（二）美国政府财政与货币政策支持

美国政府为促进农村金融机构的良性发展和有序竞争，采取了诸多的财政、货币等扶持政策，为避免农村金融机构外流、逆向选择和农村金融退出等局面，积极引导农村金融扎根农村经济和农业生产提供了完善的政策支持。

（1）税收减免政策：农村金融机构可获得营业税和企业所得税的免征政策，同时金融机构的涉农贷款大于贷款总额的1/4时，可享受减免政策。

（2）存款保证金政策：规定农村金融机构全部免交存款保证金，放大资金信贷量。

（3）利率优惠政策：美国政府对金融机构的利率干预较少，给予农村金融机构较大的发展空间。

（4）建立农村金融机构的存款保险制度，成立联邦存款保险公司作为独立的存款保险和金融监管机构，要求所有的注册银行和金融机构进行强制投保，以保证储户的资金安全。

（5）建立完善的农村信贷资金的筹集体系。美国金融机构的信贷资金主要依赖于金融市场而非存款和储蓄业务，金融机构通过购买国家在金融市场上发行和出售的有价证券筹集信贷资金。

（6）建立完善的农业信贷系统，建设由合作社银行体系、农业信贷银行和联邦农业信贷银行基金公司等机构组成的全国性的信贷体系，针对银行和参加信贷协会的农民以及从事农业生产的企业提供信用服务。完备的农业信贷系统为现代化的农业生产和农村信贷提供了最基础的信用支持。

美国通过制定和出台一系列的农村金融扶持政策，对应对农业危机、降低农村信贷风险、解决农村贫困问题和促进农村经济发展发挥了重要作用。

二、欧洲农村金融反贫困的公共政策安排

（一）德国合作式农村金融模式

德国的农村金融体系相较于其他国家有其自身的特点。德国作为农业合作社和农村合作金融的创始国及发源地，具有漫长的发展历史和实践经验，在农业合作社和农村合作金融领域的发展非常完善，为我国农村合作社银行的发展提供了实践指导。

1. 建立完善的合作性农村金融体系

德国于 1847 年在农村成立了最早的信用合作社，德国人雷发和舒尔茨在理论分析和倡导的合作化运动中推动了农村信用合作社的建立。经历 200 多年的发展，德国已经形成了发展完善、分工明确的农村金融系统体系，其中合作社银行体系是德国农村金融体系的重要组成部分。目前，德国已形成一个呈金字塔体系的三层次统筹的自下而上逐级入股、自上而下服务的农村合作金融体系。

第一层次是基层地方性合作社银行，作为德国农村信用合作社银行的根基处于金字塔最底端，主要由农民、城市居民、个体私营企业和合作社入股，由若干个基层信用社或合作社银行构成，以 1~3 个村为业务范围。目前，德国约有 2 500 家基层合作社银行，面向社员提供传统的存贷款业务、结算业务、信用卡业务、证券业务和代办保险业务等。

第二层是区域性合作社银行，处于金字塔中间，由基层合作社银行入股且将吸收存款的 70% 存放于区域性合作社银行。我们可以发现，基层合作社银行既是区域合作社银行的股东又是其客户，面向基层合作社银行提供吸收存款业务、支付结算和再融资服务，同时为基层合作社银行提供存款准备金。

第三层是合作社银行体系的中国人民银行即德意志合作社银行，区域性合作社银行是德意志合作社银行的入股股东之一，此外其他合作性机构和政府也是德意志合作社银行的出资人，主要为地方合作社银行提供资金融通、支付结算和业务开发等，不经营零售业务，积极与其他国家和地区政府机构以及金融机构开展业务合作。

2. 强化行业自律组织向农村金融会员提供监管和服务

合作社银行体系建立了健全的行业管理和监管机构。首先，其建立了专门的行业自律组织——德国全国信用合作联盟，地方性、区域性和中央合作银行加入了该组织，成为合作联盟的会员并交纳会费，全国信用合作联盟对金融机构会员提供信息服务，沟通与政府各部门之间的关系。其次，其成立了合作社审计联合会和区域性审计协会，通过构建严格的审计监督系统，对合作社进行经常性审计和监督，保证合作性农村金融体系在合规的政策要求下逐步壮大。最后，其还建立了相对完善的资金融通与清算系统，保证了三个层级合作金融机构资金流通的高效性和收益性。

3. 公共财政政策对农村金融市场的大力支持

为扶持农业发展，德国政府十分重视农村金融，实施了利息限制政策，限制农村贷款的最高利率或者降低农村金融机构的贷款利率；开展了利率补贴，对种养业、农业生产资料、水利设施、房屋建筑等方面的利息进行补贴；实施了存款准备金政策，为鼓励金融机构积极参与农业贷款，对其不断降低存款准备金比例。

（二）法国官民结合的农村金融模式

法国作为传统型农业经济较为发达的西欧国家，也是世界上最大的农业生产国和农产品出口国之一，农业一直在国民经济中占据着十分重要的地位。法国十分重视农业政策和农村金融政策对农业生产的引导作用。在推动农业现代化过程中，法国已经形成了国家农业信贷银行、信贷互助银行和法国土地银行等农村金融体系并存的发展局面。

1. 实行上官下民的政策性金融管理体制

法国也是最早建立农村政策性金融机构的国家，农业信贷体系在法国的农村金融系统中占据着重要地位。法国农村信贷银行体系由国家农业信贷银行（总行）、农业信贷地区金库（地区行）和农业信贷地方金库（地方行）三层机构组成。法国的农业信贷银行是在农村基层合作信用银行的基础上逐步发展完善起来的，形成了"总行—地区行—地方行"农业信贷体系，具有政策性和合作性相结合的典型模式，具有半官半民、上官下民的特点。

上层：法国国家农业信贷银行是商业化运作的政策性金融机构，作为法国农业信贷领域的专业机构和行政机构，受到法国财政部门和农业部门的领导与监督。其主要任务是制定和审议农业信贷银行的政策，同时对各个省份的地方行进行信贷监督、政策引导。同时，它也承担着一定的商业银行的业务，为各类企业提供较为稳定的信贷服务。

中层：农业信贷地区金库，具有合作性质的金融组织，作为基层行的直接领导机构，主要职能是筹集信贷资金和发放农业信贷，多余资金可以上存至国家农业信贷银行，或者与其他省份的地区行进行拆借。

底层：地方行是具有合作性质的金融组织，其信贷组织成员也是具体开展乡村农业信贷业务的机构，主要由从事农业活动的自然人和法人组成，成立会员大会掌握本地区信贷银行的控制权。目前，法国共有地方行 3 150 个，仅地方行社员总数已经达到 400 万人。

2. 实施系列财政政策支持农村金融市场发展

由于法国是上官下民、半官半民的农村金融组织体系，其制定了农村信贷银行与国家政策紧密相连的制度体系，这种组织体系和制度体系更加有利于各类金融政策体系的贯彻执行。因此，国家制定的各类农业发展规划项目，法国农村信贷银行都给予了积极的信贷支持和贴息政策。首先，国家农业信贷银行制定的各类农业信贷政策发挥着政策性金融机构的职能，地区行和地方行在贯彻执行的过程中，可以获得国家财政的利率补贴、担保、税收优惠，贷款主要用于农业经营、基础设施建设、农村工业和教育改善。其次，法国的农业信贷银行是唯一享受政府贴息的银行体系，在市场发展中具有诸多优势。1990 年法国政府制定了贴息贷款投标制度，由农业部从政府农业年度预算中直接支付，通过财政贴息有效地降低了银行的贷款利率，极大地减轻了信贷者的利息负担。如 1996 年，法国的国家农业财政贴息总额为 131.88 亿法郎，制定定标利率为 7.5%，政府财政贴息为 3%，农民仅需支付 4.5%，同时贷款期限可长达 15~18 年，农户的贷款金融最高也可达 10 万~125 万法郎，极大地促进了农业生产和农民的积极性。因此，法国的农村信贷银行既能够发挥政策性金融机构的优势，又能够起到合作社银行的作用。

三、亚洲农村金融反贫困的公共政策安排

（一）日本民间合作性质的金融模式

第二次世界大战结束之后，日本的农村金融系统逐步建立并快速发展。日

本的农村金融体系主要由两部分构成：一是合作金融体系。农业主要是以农业、渔业为主，由此日本的农村金融系统是在农林渔业有机结合的基础上形成的农村合作型信用机构。二是农村金融作为日本政府进行财政拨款和筹集借贷资金的金融部门，对合作金融进行利息补贴并开展低利息贷款。这为第二次世界大战结束后的日本农业现代化与机械化发展提供了积极的农村信贷支持。

1. 制定健全的农村金融组织体系

日本形成了以民间合作性质的"农协金融系统"为主体，以政府主导的"农业金融制度"为保障的农村合作金融体系。从组织结构上看，日本的农村金融组织体系也是由三个层次构成。

基层：市、町、村的农协组织，直接接收来自市、町、村农户和团体入股，农协成员具有获得优先贷款的权力，并享有自益权和公益权，同时农协具有共同销售、采购和信贷保险等综合功能，主要任务是对农户提供存贷款业务，还从事保险和农产品供销业务，这也成为日本农村金融机构与世界其他国家金融机构的主要区别。

中层：都、道、府、县信用联合会，简称"信农联"，全国共有 47 个机构，主要由综合性农协和地区性农协的县级联合会组成，也接收非农协的其他性质的农业机构团体入股。根据《农业协会组合法》，将基层农协剩余资金中30%的定期存款和15%的活期存款要上存信农联，信农联的贷款应先满足农协的需要，再用于支持农林渔的资金需求。其主要业务就是从事满足基层农协资金需求的信贷业务，不得从事保险和农产品销售业务，如有需要另外单独成立联合会经营相关业务。

高层：农林渔业金融公库、农林中央公库，入股的主要是由中层从事农林渔业的信用联合会或者从事与农业相关的其他经营团体。其中，农林渔业金融公库是日本唯一专门支持农林渔业发展的农业政策性金融机构，资金主要用于农业现代化融资、农业改良资金融资、农业生产性基础设施建设资金等。农林中央公库是农协信用业务的最高机构，主要职责是协调全国信联社的资金活动，同时还负责从事存贷款业务和发行国家农业债券。

日本"三层三业式"的农村金融组织结构、基层农协组织和中层联合会都是由农林渔业不同的协会和联合会构成，基层、中层、高层经济组织之间只有经济往来，没有行政上的隶属关系，是一种典型的相互支持型的农村金融组织，形成了独立的资金运营系统。

2. 政府扶持政策为农村金融提供了大力支持

日本形成了完备的政府政策支持体系。日本的政策性金融根据政府的财政政策、信贷政策设立各种形式的农村信贷制度，为鼓励和推动信贷政策的执行，政府给予了一定程度的政策引导，提供贷款资金以及给予贷款补贴、贷款贴息和债务担保等。如日本政府对农协采取存款利率优惠和22%的税收优惠。日本也实施政府财政贴息政策，将贴息直接给予发放低息贷款的金融机构，而不直接补贴给农户，这与我国的贴息政策相一致。仅1990年，日本中央财政向农协金融机构发放的贴息就有149.5亿日元，农户可获得11 010亿日元的贴息贷款。政府扶持政策促进了农村金融体系的发展。为增强农业的生产能力，日本政府还成立了专门为农村金融机构提供资金融通的农林公库，通过办理低息的长期贷款，为其他金融机构提供资金补充，具有较强的政策性和控制性。同时，日本为保证对农村金融的政策引导和降低农村金融风险，还建立了完善的农业保险制度和农业信用保证制度，保险制度与利息补贴和损失保险相结合，为政策性金融提供信用补偿，为农村金融机构积极贯彻政府的农村、农业政策提供了可靠保障。

（二）孟加拉国乡村银行反贫困模式

孟加拉国是亚洲小额信贷的发源地，1976年被称为"穷人银行之父"的穆罕默德·尤努斯创办了GB项目，并于1983年正式改制为孟加拉国乡村银行（也被称为"Grameen Bank银行"，简称"GB银行"或"GB模式"）。其初衷是为社会底层民众尤其是贫困农户提供小额贷款，达到推动经济和社会发展的目的，成为世界上最成功的小额信贷模式。该银行通过小组联保和零抵押方式为社会底层的贫困人群尤其是妇女群体发放贷款，使其能够有资金购买生产生活资料以渡过难关，实现帮助穷人改善经济状况的目的。因其低成本、无担保、高还款率等特点，被称为规模最大、运行最成功、效益最好和扶贫效果最突出的金融扶贫方法之一。2006年，由于穆罕默德·尤努斯创立的孟加拉国乡村银行在金融扶贫领域做出了卓越贡献，因此其被授予诺贝尔和平奖。目前，全球50多个国家和地区尝试借鉴孟加拉国乡村银行的小贷模式，以及乡村银行有效扶贫和推动发展的模式。

孟加拉国乡村银行相较于其他国家的金融机构具有非常显著的特点，呈现出专业化、特色化的运作模式，主要表现在以下几个方面：

（1）乡村银行具有完善的组织架构，在组织架构上形成了"总行—分行—支行—乡村中心"金字塔型的管理体系。乡村银行的总行设立在孟加拉国首都达卡，在全国各地成立分行，并下设和管理10~15家支行。为降低经营成本，每个支行仅有10几名直接面对客户从事借贷业务的中心经理。每个支行要管理120~150个乡村中心，乡村中心直接负责管理6~8个贷款小组。

（2）具有较强的经营运作独立性。乡村银行在成立之初接受中国人民银行和政府机构的财政拨款，但从 1995 年之后不再接受政府和社会捐赠，真正实现自给自足和良性运作，发展成为以金融扶贫为主要目的的小额信贷机构，具有独立的组织系统和经营机构。经过 30 多年的发展，其逐渐成为遍布孟加拉国 64 个地区和 6.8 万个乡村且拥有 650 万名客户的金融机构。

（3）乡村银行在贷款资金来源和用途上做出明确规定。资金主要来源于国际组织及其他方面的支持和信贷成员的储蓄。同时，乡村银行对用户的贷款用途做出了明确规定，要求贷款只能用于农业生产经营活动，而不能用于满足消费性活动。

（4）贷款对象定位于贫困农户，即主要是无土地、无资产的赤贫农户，特别是农村贫困妇女。为精准识别出贷款对象，该银行将拥有 1 英亩土地的农户排除在贷款服务对象范围之外，专门为贫困群体尤其是贫困户提供信贷和保险服务，着力向贫困人群提供多元化的金融服务，这是孟加拉国乡村银行区别于其他国家农村金融机构的一大特点。

（5）贷款方式主要是信用贷款，即主要是无抵押、无担保、小组担保、分批联保、分批贷款等方式。这是乡村银行的一大特色，通过采用小组担保的方式，将借款人组成 5 人的信贷联保小组，当借款人想要借款时，必须加入一个 5 人小组，且小组内成员不能为亲缘和血缘关系，同时居住地理位置要相对较近，小组内部借贷成员相互监督并为贷款提供担保，小组内每一位成员的借贷记录将影响本小组的后续借贷金额。在每次提供贷款时，支行的中心经理会对新成立的 5 人小组进行为期一周的专业培训，使他们了解银行的业务和制度要求。此外，该银行还要求每个小组内每周要定期召开小组会议和每周小组代表参加的中心会议，并派专门的银行专员参加，检查借贷资金用途是否符合预期要求。中心经理要负责办理还款手续并普及现代生产经营理念，对小组成员遇到的生产困难提供积极帮助和专业化的技术指导。乡村银行成立了专门的农业基金会以帮助农民解决生产困难，将农业生产与农村金融有效结合，真正提升借款人的生产积累和还款能力。

（6）乡村银行在贷款偿还上采取分批偿还方式，将贷款总额划分为若干个还款周期，每一期规定明确的还款额度；为保障贷款安全和提升借款人的财务能力，在贷款之初借款人按照 1% 的比例从贷款总额中提取风险保障基金，这 1% 的金融保障基金用来认购乡村银行的股份，成为股东后借款人的还款积极性和企业忠诚度将大大提升；还要求借款人每次借款后将少部分资金储存在乡村银行内，以帮助他们建立日常储蓄的习惯，进一步降低了银行的经营风险并增加了储蓄来源。

（7）贷款流程透明简洁与高效。乡村银行明确要求所有的借贷手续必须在本地区的银行机构办理，为保障借贷便捷高效，规定了明确的业务流程，提升业务的透明度和资料手续的简洁性，便于贫困农户的操作与使用。

（8）政府政策的积极支持。孟加拉国政府无论是在财税政策层面还是在法律层面都对乡村银行给予了积极支持，允许其以非政府组织的形式开展金融活动，积极发展商业银行和政府项目。乡村银行成立之初，政府仅以4%~5%低利率为其提供政府贷款，并且通过免税政策和提供信贷支持等方式助力其发展。

孟加拉国的乡村银行模式颠覆了我们对传统农村金融的刻板印象，解决了传统农村金融"嫌贫爱富"的刻板印象和"利润最大化"的经营理念；将目标群体瞄准为无土地、无财产这群排除在传统正规金融之外的贫困农户，并承认这群弱势群体具有良好的信用；通过有效的组织形式、信贷保证小组、生产帮扶服务等有机统一信用贷款的偿还，解决了贫困群体在资金供给、借贷需求与信用偿还之间的市场空白和实践鸿沟，以99%的偿贷率有力地证明了尤纳斯对"穷人信用"的最初预想；运用完善的运行模式，小额信贷业务获得快速发展，逐步由边缘金融向主流金融迈进，真正实现了农村金融反贫困的发展目标。

（三）印度合作性与地区性相结合的农村金融模式

第二次世界大战结束后，印度开始独立发展，当时的农村凋敝、农业基础薄弱、经济发展十分缓慢。在广大农村地区依靠高利贷为农户生产提供中短期贷款，印度作为传统的农业大国，迫切需要建立农村金融体系。在政府的大力推动下以及美国和世界银行的资助下，1966年印度建立了农业技术中心，并为农户提供财政、商业和信贷措施相结合的农村信贷、财政补贴和价格补贴。由此，印度的农村金融制度开始逐步发展起来，形成了以农村信贷合作银行、国家农业和农村开发银行、印度储备银行、地区农村银行为主体的农村金融系统。

1. 建立完善的农村合作金融体系

印度形成了以国有商业银行为政策性主导，以农村合作银行、国家农业和农村发展银行为辅的农村金融系统。印度的农村合作银行具有明显的合作性质，主要由三个层级组成。

基层：初级农业信用社。资金主要来源于社员购买的股票和存款，同时上级合作银行将注入资金弥补信贷不足的部门，着力为基层农民提供中期和短期的信贷服务，信贷主要是以 1 年短期 6% 左右的低息贷款为主。

中层：中心合作银行。主要成员是本地区内部的初级信用合作社，并着力解决初级信用合作社在信贷服务中的资金缺口问题。信贷资金主要来源于储蓄和对外投资所得。

最高：邦合作银行。资金主要来源于邦内局面的个人储蓄、中心合作银行的存款以及其他银行的资助，着力解决邦内合作金融机构的信贷资金需求，主要向贫困农户提供信贷服务，为其提供生产和消费所需的信贷资金。

2. 在金融薄弱地区建立地区农村银行

为了弥补金融空白和商业银行对农村地区支持匮乏等问题，1975 年在印度政府的大力推动和倡导下，农村金融薄弱地区建立起地区农村银行。按照政府规定，每个地区由商业银行、中央政府和邦政府分别按 15：50：35 的投资比例，由商业银行牵头成立地区农村银行，并且通过发行债券等方式解决资金短缺的问题；在全国 12 个地区组建地区农村银行，重点是向无土地、无财产的贫困农民以及处于贫困边缘的临界农户和农业手工业者提供信贷支持，贫困农户的信贷额占到了所有客户的 90% 以上。地区农村银行结合商业银行和农村合作银行两者的长处，具备专业化的管理、相对充足的资金和专业化的农村服务等方面的优势，逐步成为农村信贷薄弱地区最主要的信贷机构。

此外，印度国家农业和农村发展银行也承接农业信贷业务，并针对农村贫困人群大力创新和发展了一些适合本国国情的金融产品。印度国家农业和农村发展银行创新形成了银行联合计划，通过组建农户自助团体并对其进行培训。合格的农户自助团体可以向农村金融机构提出贷款申请，实现正规的农村金融机构与非正式组织的合作和联动，提高了农户自助团体内成员金融的获得性和信息的对称性；同时，大力发展微型金融，将民间放款人与扶贫和正规金融相结合，充分利用民间金融高效社会网络、信息便捷性与经营低成本等特征，作为金融扶贫的有效措施。

第四节　典型国家对西部农村金融反贫困的政策启示

通过对国外农村金融反贫困的组织体系、运行情况和公共政策安排进行梳理和分析，我们可以清晰地发现世界各国农村金融都结合本国农业生产情况，形成了与本国国情相符合的农村金融制度体系，这些国家的农村金融体系在诸多特殊性的基础上，也有着众多一致性和共性的经验，可以为我国农村金融反贫困协调发展提供启示性结论。

一、积极探索适合本国国情发展的农村金融体系

我们对美洲、欧洲、亚洲等不同国家和地区的农村金融系统进行梳理，可以清晰地发现农村金融系统的构建必须与本国的农村经济的土地性质、农业发展规模、农业发展形式以及农业发展现代化情况密切相关。无论是政策性金融发展还是合作性、商业性金融发展，都必须与本国农业国情相适应。本国农村金融制度体系的优势与劣势都是基于本国农业发展情况而言的，如果脱离本国农业发展情况和农民生活习惯，单纯分析农村金融制度，无异于无本之木、空中楼阁。同时，评判各国农村金融体系最好的依据也主要得益于对本国农村经济的推动效果，如果这一农村金融体系推动本国的农业生产、农村经济和农民脱贫，就是一种有效的农村金融措施；反之则是无效的。因此，在借鉴和吸收其他国家农村金融制度优势的同时，我们还需要深入分析我国的农村经济发展现状，尤其是我国作为社会主义国家，在土地性质和所有权问题上与其他资本主义国家在本质上具有较大的差异。因此，在学习借鉴其他国家的农村金融优势过程中，我们必须充分结合我国国情。

二、减少贫困促进农村发展是农村金融发展的共同目标

在分析各国建立和发展农村金融体系的分析中，我们可以清晰地发现它们的一个共同目标在于消除本国的农村贫困并促进农村经济发展。农村金融体系的建立和完善对于减缓贫困发挥了重要的作用，无论是发达国家还是发展中国家，都针对贫困群体设置了相应的金融产品。如美国专门成立农家管理局针对贫农发放贷款；孟加拉国乡村银行是专门为无土地、无财产的贫农开设的银行，在实践中通过小组担保、农业基金等方式，协助农户解决经营生产困难，将农村金融与农业生产有机结合；印度也成立了专门针对贫困农户的地区农业银行，针对低收入群体而创立的无抵押、程序相对便捷的农村金融产品。从中我们可以发现，在经济发展相对落后、基础设施不够完善的广大乡村地区，这部分群体虽然缺乏有效的抵押物和财产支撑，文化知识相对匮乏，长期被排斥在正规农村金融系统之外，但仍然可以通过农村金融机构完善的组织架构、有效的金融产品定位、符合农村实际的贷款方式、明确的客户定位为其改变贫穷落后状态提供资金支持和发展助力。这也是我国农村金融机构发展、金融产品设计和运行机制上不断改革创新、寻求突破的领域。

三、公共政策在农村金融反贫困中发挥突出作用

从国外的典型农村金融实例分析我们可以发现，政府强有力的公共扶持政策对农村金融的发展起到了巨大的推动作用。各国政府非常重视通过有效的公共政策实现对本国农村经济指导的意图。首先是政府的财政贴息政策。法国和日本在财政贴息政策中具有典型示范作用，将财政贴息政策和农业的信贷政策相结合，作为政府财政政策在农业方面的主要措施。其次是政府税收优惠政策。国外主要是给予金融机构、农民和农村合作组织较为优惠的税收政策。如法国对农业贷款比重达到政府规定的比例，给予农村金融机构一定的税收优惠。最后是政府农业财政补贴政策。国外政府非常重视对农户的补贴，发达国家农民年收入的一半来自政府的相关补贴。如1995年法国用于农业的财政补贴为560亿法郎；2000年美国用于农业的补贴高达280亿美元；日本为增加农户收入，农业支出的50%用于对农户的配套补贴。我国政府虽然十分重视通过公共政策引导农村金融发展，但相对而言，我国对农村金融机构扶持的公共政策供给与国外相比仍稍显不足。因此，我国还需要进一步改善农村金融的政策环境，制定和实施有效的农村金融鼓励政策和激励措施，尤其是西部地区的金融扶持政策。这一方面可以改善我国农村金融政策环境，激励农村金融机构发展，解决农村金融市场供需矛盾；另一方面需要充分依靠政府"有形的手"实施有效的公共政策措施，减少农村金融市场失灵问题。

四、注重构建多元化和多层次的农村金融制度体系

对上述各国农村金融体系的系统分析我们可以发现，美国、德国、法国、日本、孟加拉国、印度等国都结合本国农业发展实际构建了多元化和多层次化的农村金融制度体系。如美国构建了以农村合作金融为主导、以政策性信贷机构为补充的多元化农村金融模式；德国建设了世界上最早的农民合作社，形成了呈金字塔型的三层次统筹的自下而上逐级入股、自上而下服务的农村合作金融体系；法国构建了上官下民、半官半民的农村金融组织体系；日本构建了民间金融和政府金融相结合的农村金融组织体系；孟加拉国构建了以贫困农户为主要服务对象的农村金融组织和运行体系，并彻底颠覆了我们对传统农村金融的"嫌贫爱富"印象；印度构建了以国有商业银行为政策性主导，以农村合作社银行、印度国家农业和农村发展银行为辅的农村金融系统。由此可见，各国都结合本国国情形成了多层级、多性质、体系化的农村金融结构，同时每一层次农村金融机构的职责明确且分工协作，这充分保障了农村金融运作的系统

性和资金的相对独立性。

五、合作性金融体系成为各国农村金融体系的重要组成形式

国外的经验表明，合作金融无一例外成为各国农村金融的重要组成形式，在各国金融体系中具有重要地位。为了对各国合作性农村金融体系有一个更清晰的了解，我们对各国的合作性金融组织架构进行了列表分析。如美国的合作性农村金融结构，是以美国的联邦土地银行为主体，要求银行要贷款给农场主，必须由借款人组成的合作社进行审查；联邦中期信用银行只向生产信用合作社贷款等。德国作为合作信用社的发源地，最初农村合作金融由农民自发建立，生产合作社与合作金融相互服务，一些生产合作社的成员也是基层合作银行的股东。日本三个层级合作性金融组织，在基层农民协会要求直接接收来自市、町、村的农户和团体入股，农协成员具有获得优先贷款的权力，在提供贷款的同时，一并提供生产物质等农业帮扶活动。孟加拉国乡村银行采取小组联保和提取风险保障基金及入股的方式提升贫困农户的忠诚度和还款意愿。这些合作性质的金融主体地位与农业生产的弱质性、农业产品缺乏弹性具有密切关系，无论是以家庭为单位还是以农场为单位的农户，都面临着比较收益和交易成本非农化的逆向选择，而合作金融促使农村金融交易成本的内部化，资本的互利精神取代逐利精神，从而为保障农村经济和反贫困提供了有利条件。各国农村合作型金融组织情况一览见表8-2。

六、小额信用贷款成为各国农村金融大力推广的形式

孟加拉国乡村银行的小额信贷产品发展成功后，受到世界各国尤其是发展中国家的关注和效仿。农业生产的性质决定了农村金融与城市金融具有较大的属性差异，一方面农民生产所需的扩大再生产资金一般为10万元以下小额贷款，另一方面源于农户尤其是贫困农户缺乏有效的动产和不动产抵押物，信用贷款和联保贷款更能够适合农户实际情况。目前，孟加拉国已基本形成以政府支持为前提、以穷人为对象、以自愿为原则、以非政府组织为主体的发展共性。孟加拉国、印度尼西亚、菲律宾、印度、中国等国家不断改革以适应本国客户和市场的需要，形成与本国国情相结合的多种实践模式。我国在小额信用贷款发展的过程中仍需要进一步创新制度、完善农村信用体系、提高信贷手续的高效便捷性、建立农户还款困难的后续帮扶机制，探索建立一种既区别于传统城市金融又真正结合农村实际的农村金融服务模式，为广大农村贫困群体获得金融服务提供有效途径。

表8-2　各国农村合作型金融组织情况一览

相关要素	美国	德国	法国	日本	孟加拉国	中国
组织构架	联邦土地银行、联邦中期信用银行、合作社银行	高:德意志合作银行 中:区域合作银行 低:基层合作银行	高:国家农业合作信贷银行 中:省农业合作信贷银行 低:地方合作银行	高:农林渔业金融公库、农林中央公库 中:都道府县信用联合会 低:市、町、村农协组织	高:乡村银行总行 中:分行、支行 底:乡村中心	高:省联合社 中:市信用合作社 低:县信用合作社
与政府关系	政府主导型	政府扶持型	政府主导型	政府干预型	相对独立型	政府主导型
与合作社关系	相互参股、监管机构	基层直接入股	社员持股	互利互惠、产供销资金一体化	社员持股	农户入股、贷款
与商业银行关系	竞争关系	合作关系	竞争关系	竞争关系	竞争关系	竞争关系
监管组织	借款人组成的合作社审查	合作社缴纳会费组成的合作审计协监管	—	信用保险机构	5人借贷小组	中国人民银行、中国农业银行、银保监会
政府支持政策	政府出资组建、农产品抵押贷款、低息贷款、专项补贴	利率补贴和限制优惠贷款、政府干预信贷	利息补贴、税收优惠	制度贷款、损失补贴、债务补贴、农业保险补贴	税收优惠、利息优惠	税收优惠、利息补贴

第九章　西部农村金融反贫困的公共政策优化路径

第一节　提升公共政策主体服务能力

一、中央政府：优化和提升公共政策主体能力

（一）提升农村金融反贫困的政策能力

公共政策制定主体能力的高低，直接影响公共政策功能发挥和政策结果的好坏，从而促进或阻碍政策目标的实现。我国中央政府机关作为核心的政策制定者，从农村金融发展和反贫困的制度变迁过程来看，中央政府先后颁布了《国家八七扶贫攻坚计划（1994—2000 年）》《中国农村扶贫开发纲要（2001—2010 年）》《中国扶贫开发纲要（2011—2020 年）》以及一系列扶贫惠农政策，为农村金融发展和反贫困过程中在财政资金扶持、机构设置、制度建立和监管机制等方面发挥了重要作用，为我国的扶贫事业做出了指导性贡献。西部农村地区发展程度不同于东部沿海地区和中部平原地区，仍普遍存在农村市场发育滞后、农村正规金融外生性强、"道义小农"观念浓厚等现状。

如图 9-1 所示，新时期需要建立中央政府、扶贫部门、财政部门、中国人民银行、银保监会、证监会通力配合和相互支撑的农村金融反贫困公共政策优化体系，实施有利于反贫困的农村金融运行机制。政策主体在政策的制定过程中，应更加注重了解西部地区的政策需求和行为方式，树立公众利益最大化的政策目标，并与公众建立良好的伙伴关系；重视东、中、西部地区之间的金融需求差异，在制定农村金融反贫困的公共政策时应实施有差异的政府指导措施；针对西部地区金融环境相对恶劣和农村金融发展相对滞后的现状，充分发挥政府"有形之手"的调控机制；在农村金融发展过程中坚持"政府扶持型"

的宏观调控政策，统一引导和规划西部农村金融市场及扶贫地区发展，根据薄弱领域、特殊群体金融服务需求变化趋势，调整完善管理政策，促进金融资源向普惠金融倾斜。公共政策推动农村金融反贫困的优化机制见图9-1。

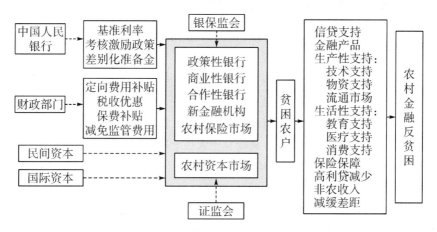

图9-1　公共政策推动农村金融反贫困的优化机制

（二）持续深化我国农村金融制度改革成效

新中国成立以来，我国经历了从机构到体系再到机制的多轮农村金融系统改革，取得了从点到面、从部分到整体的改革成效。随着农村金融外部环境的不断变化，新时期农村金融已经进入改革攻坚的深水区，相关部门应从系统性、整体性和结构性的角度推进农村金融改革，尤其是应从农村金融体制机制、运作体系、内外部环境和供需主体上推进改革。当前我国农村金融体制是延续1996年的改革思路，并在此基础上进行修补和完善的，仍然坚持的是供给领先型自上而下改革的发展模式，民间金融依旧被排除在金融体系之外，农村金融仍然面临供需关系紧张、信贷资金外流、逆向选择和信贷排斥的问题。

因此，要想彻底解决我国农村金融的突出问题，尤其是西部地区农村金融的运行缺陷，最根本的就是从农村金融体制机制改革入手。一是在金融框架上深化农村金融改革，如探索民间金融合法化试点和提升贫困农户贷款可得性、加强农村信用体系建设等系统性工程。二是构建农村金融供给体系的具体指标，把农村金融改革的目标具体化、内容明晰化、手段多元化，用联系的和发展的观点及方法来协调目标、内容与手段的关系，确保农村金融供给体系改革同步推进、协同发展。三是加快发展完善我国普惠金融基本制度，在完善现有"三农"金融政策的基础上，研究论证相关综合性法律制度，满足"三农"金融服务的诉求；针对土地经营权、宅基地使用权、技术专利权、设备财产使用权和场地使用权等财产权益，完善推进普惠金融工作相关制度，明确对各类新型机构的管理责任。

二、地方政府：提升农村金融政策执行能力

（一）理顺农村金融机构与地方政府的关系

农村金融的发展应以地方政府干预程度最小化、农村金融机构自主权力最大化为基本目标，把农村金融业务纳入法治化的轨道，还原农村金融机构的基本信贷权利。一是强化农村金融机构的主体责任，减少地方政府干预信贷活动的空间，降低地方政府干预信贷行为的可能性，让地方政府与农村金融机构的关系正常化、生态化、常态化，从而稳定农村金融市场秩序。二是提高农村金融供给体系改革的主导主体层级，把下放到省（自治区、直辖市）甚至基层的改革权利收回到中央，按照"一分部署，九分落实"的方针，由中央来统一部署和协调农村金融改革的主体框架，而后通过任务分解等办法，把经过详细论证和系统设计的改革措施层层落实下去。这样既强化了农村金融改革的权威性和严肃性，使改革的措施切实得到有效的贯彻，又降低了农村金融供给体系改革的成本。三是把农村金融改革体系的改革内容和目标具体化、精确化、数量化、透明化，确保改革的技术指标具备可操作性，打破模糊地带的模糊政策，消除灰色空间和寻租地带。

（二）推进农户信用档案系统和小组信用联保制度

地方政府应积极建立西部农村贫困农户的个人发展档案，积极跟踪和反馈农户生产和生活状态，并利用政策倾向，逐步提高贫困农户的自我发展能力；同时，要积极探索包括贫困农户在内的农村小组联保制度。孟加拉国乡村银行的成功经验是充分发挥了组织化的联保制度，我国西部地区地方政府也应在此基础上进行借鉴，建立我国西部农村的小组联保制度，加大对信用村、信用户的认证力度，在此基础上将小组联保制度与信贷信息相结合，由此降低缺乏担保和抵押品的贷款者的违约风险。同时，有条件的村镇应积极建立合作社基础上的基层基金合作会等自助组织。

三、基层政府：强化农村金融政策落实能力

（一）构建县、乡、村三级农村金融基层服务网络

基层政府应根据国家扶贫纲要中确定的西部农村地区扶贫重点县域和重点村，建立县、乡、村三级农村金融服务网络；将县政府作为基层农村金融综合改革的组织者，基层银保监局、中国人民银行、财政局、税务局和金融办等相

关职能部门在县政府的领导下各司其职、分工到位，积极制定财政、税收和奖励政策；加大扶贫资金投入力度，按时足额发放"支农"补贴资金；发挥财政杠杆作用，不断扩大贴息贷款的金融机构范围和服务对象；发展西部县域多种农村金融组织形式，活跃和丰富农村金融市场主体。乡域和村应积极建设西部农村便民金融服务网点，如选取商店作为代理店建立银行卡自助存取款服务网点，培养农户的金融工具意识。

（二）重视提高农村金融服务覆盖率、可得性

基层政府要加强与金融机构的合作，进一步提升农村基层金融机构覆盖率，基本实现"乡乡有机构、村村有服务"，乡镇一级基本实现银行物理网点和保险服务全覆盖，巩固助农取款服务村级覆盖网络，提升利用效率，推动行政村一级实现更多基础金融服务全覆盖。行政村的金融服务方式可以积极借鉴广西的"田东模式"，推行农村金融综合服务室的建设，保证农户可以足不出村就可以享受到银行类、保险类金融服务，方便农户的生产生活，打通农村金融服务的"最后一公里"，有效提升农村基础金融服务能力和水平。基层政府还要重视提高金融服务的可得性；重视中低收入群体农村金融的获得率；要强化金融需求满足率，加大对城镇低收入人群、困难人群以及农村贫困人口、创业农民、创业学生、残疾劳动者等初始创业者的金融支持力度，完善对特殊群体的无障碍金融服务，真正提高农户贷款覆盖率。

第二节　大力发展普惠式农村金融网络体系

针对西部地区农村金融发展的问题，基层政府应继续坚持和深化西部地区农村金融改革，不断完善西部地区农村金融市场竞争机制，引导和鼓励多元化和差异化的农村金融机构在县域拓展，引导民间非正规金融借贷规范化发展；充分发挥传统金融机构和新型业态主体的积极性、能动性，引导各类机构和组织结合自身特点，找准市场定位，完善机制建设，发挥各自优势，为市场主体和群众提供多层次全覆盖的金融服务。

一、拓宽西部政策性银行"支农"服务范围和领域

中国农业发展银行、国家开发银行作为我国农业领域的主要政策性银行，一是要大力加强国家信贷扶贫开发重点片区和重点县机构建设，加强西部农村地区商业性银行难以覆盖领域的信贷服务工作规范化建设；鼓励开发性政策性

银行以批发资金转贷形式与其他银行业金融机构合作，强化中国农业发展银行政策性功能定位；加大对农业开发和水利、贫困地区公路等农业农村基础设施建设的贷款力度。二是要鼓励开发性、政策性金融机构在业务范围内提供中长期信贷支持；充分利用服务国家战略、市场运作、保本微利的优势，开展西部贫困县的基础设施建设、农户种养业、农田基础开发和农业科技项目等中长期贷款业务。

二、持续拓展西部地区商业性金融的业务范围

在持续拓展西部地区商业性金融的业务范围方面，基层政府一是要完善中国农业银行长效"支农"机制，不断完善中国农业银行"'三农'金融事业部"管理体制和运行机制；稳步推进中国农业银行"三农"金融事业部改革，统筹和加强"支农"业务改革，提升金融服务"三农"水平；改革现行"三农"信贷政策制度体系，不断扩大县域分支行的信贷业务授权自主性；充分考虑不同地区的信贷差异，制定更加符合西部农村基层需求的信贷政策，提高存贷比和涉农贷款比例。二是引导中国邮政储蓄银行稳步发展小额涉农贷款业务，逐步扩大涉农业务范围。三是注重鼓励全国性股份制商业银行、城市商业银行和民营银行扎根基层、服务农村，为农业企业、"三农"提供更有针对性、更加便利的金融服务。

三、充分发挥农村合作性金融组织助农作用

在充分发挥农村合作性金融组织助农作用方面，基层政府要持续推动农村信用合作社省联社职能转换，提高农村商业银行、农村合作社银行、农村信用联社服务小微企业和"三农"能力；在机构改革方面逐步完善农村信用合作社的产权制度，成为产权明晰和管理科学的农村合作性金融机构，进一步向农村社区型银行金融机构转型；在经营重点上要以农户生产经营为工作重点；在扶持农业龙头企业基础上要进一步创新和完善商业小额信贷模式，重点依据贫困农户的信贷需求特点，开展贫困农户小额信贷联保机制和评级授信机制。

四、重视新型农村金融机构的"支农"扶贫作用

新型农村金融机构作为灵活方便的"支农"主体，现阶段面临总量偏少、发展乏力、服务受限的局面。因此，基层政府应进一步放宽准入条件，增加新型农村金融有效供给。一是村镇银行应进一步完善发起人设立新型农村金融机构的准入制度。村镇银行作为新型农村金融机构的重点发展形式，其主要的出

资人包括企业法人（境内非金融机构的企业法人和境内外的金融机构）和境内自然人。村镇银行的发起人通常是由一家或多家境内银行业金融机构组成，随后企业和个人按一定比例出资共同设立。当前村镇银行的发起人主要是境内银行业金融机构，基层政府应该适当放宽村镇银行发起人的限制，不仅使境内银行业金融机构作为村镇银行的控股单位，还应该充分吸收社会投资者参与到村镇银行的发起设立中，使村镇银行的投资主体逐步多样化。同时，基层政府应加快在县域集约发起设立村镇银行，重点在西部相对贫困地区、粮食主产区、小微企业聚集地区布局村镇银行。二是改革小额贷款公司的发起设立准入制度。小额贷款公司出资人主要是农村合作银行或境内商业银行，基层政府应扫除只允许农村合作银行或境内商业银行出资的障碍，充分吸引国有企业、金融机构、民营企业等各类投资者；制定相关的优惠政策，鼓励和支持大中型涉农金融与小额贷款公司的合作，为"三农"发展提供更加丰富的资金。三是基层政府应给予农村资金互助社更多的政策供给及配套措施，鼓励农村资金互助社深入农村腹地，聚集入股社员的闲散资金，服务于更多的入社农民和农户。

第三节　改善公共政策客体瞄准机制

一、优化公共政策执行中扶贫对象的瞄准机制

公共政策执行过程中会出现政策执行偏差，相关部门需要对公共政策执行过程中的偏差进行预防和治理，如公共扶贫政策在执行过程中会出现部分非贫困人口获益的政策偏差和瞄准偏差等问题，扶贫政策的瞄准机制应坚持以"贫困人口为核心"的根本原则，直接面向贫困人口的扶贫方式。我国信贷扶贫贴息政策也应建立以贫困地区的贫困人口为直接瞄准对象的机制。首先，在信贷扶贫资金的发放过程中，相关部门应尽量减少中间层级，使中央到省级、市级、县、村五级的发放过程中，可以尽量节约资金在发放过程中的管理费用。其次，有关贫困村的瞄准机制应着力实现扶贫资金直接到村，减少资金在传递过程中的渗漏。再次，相关部门应制定扶贫对象的阶段性评估与调整政策。在扶贫政策的实施过程中，虽然部分贫困地区已经实现脱贫，但仍存在某些地区返贫的现状。因此，相关部门要制定阶段性的扶贫对象的进入与退出机制，促使已经具备自我发展能力的贫困人口和地区及时退出，而让"漏出"的那一部分贫困人口进入政府公共政策扶持范围内。

二、充分重视西部地区贫困农户的金融信贷需求

长期以来，中国农村金融市场采取供给领先型发展战略，金融服务供给优先于信贷需求的发展思路放大了金融机构的实践效果，忽视了农户信贷需求的特征和偏好，致使农村金融市场效率低下、发展时滞和农户信贷满足困难。新时期西部地区农村金融改革过程应从供给端改革向需求侧改革，以农户的信贷特征为改革抓手。虽然中国农村金融市场发育程度整体较低，但在经济比较发达的农村地区，市场化运行机制比较成熟，多层次、多元化的农村金融体系逐渐形成。根据前文分析我们可以发现，西部贫困地区农户潜在信贷需求较高，并且以传统生活需求为主，其信贷需求主要集中在建房置业、商业运营、农产品种养殖、子女教育、婚丧嫁娶和健康医疗等方面。金融机构一是应设计开发针对贫困农户信贷需求的金融产品。随着农民分化带来的信贷差异性、层次性使得农户的信贷特征逐渐得到重视和关注，因此当前金融改革应跳出"就机构论机构"的陷阱，转换农村金融"重机构、轻农户"的改革路径，注重农民信贷需求的层次性和差异性；注重提升农村金融系统的稳定性、资源的优化配置以及金融效率的提高等。二是要注重异地搬迁扶贫农户的生产生活信贷需求。易地搬迁扶贫有效地贯彻了精准扶贫的宗旨，成为我国新一轮扶贫攻坚战的主要方式，这需要金融机构开展专项业务，通过降低信贷约束和信贷成本，提升对移民搬迁户的金融服务能力，完善生产生活配套设施并培育相关产业，使老百姓搬得出、稳得住、有事做、能致富，做到将新房、新村、新产业、新生活、新发展融为一体。三是要加大对返乡创业人员的信贷支持力度。返乡的农民工、大学生、村干部等是新时期助力乡村发展的重要力量，金融机构应针对农民创业特点创新金融产品；实行多种形式的抵押物贷款，以及企业联保互保贷款，并给予相关政策支持。金融机构应与政府部门联合设立农民创业互助基金和农民创业风险补贴款项，鼓励有创业意愿和能力的农民申请创业资金。四是应继续推进助学贷款业务，助力贫困家庭学生顺利完成学业。教育投资是贫困农户信贷用途的主要构成要素，关系到贫困家庭子女的后续发展、意识观念的转变以及贫困链条的阻断，应持续推进国家助学贷款和生源地信用助学贷款工作。

三、助力贫困地区特色产业和重点项目发展

西部地区的特色产业和重点项目连接着贫困地区农民和市场的重要纽带，既是金融减贫有效的作用载体，又是带动贫困农户快速脱贫的重要手段。因

此，基层政府应鼓励金融机构加大对贫困地区特色产业、重点项目和龙头企业的金融支持力度。首先，根据贫困地区发展规划指导，金融机构要明确所在地区特色产业、基础设施和基本公共服务等规划信息，确保信贷资金准确投放于最具带动性和特色的项目上；结合不同项目的资金投放规模、投放时间和信贷期限，有序推动规划项目的开展。其次，金融机构要客观分析地区的资源特点和产业结构，积极支持如绿色生态种养业、经济林产业、林下经济、森林草原旅游、休闲农业、传统手工业、乡村旅游、农村电商等特色产业发展。其中，金融机构、政府及其他部门要深度配合，金融机构不仅要突出信贷支持重点，还要参与产业与项目发展，最大限度地发挥货币政策、产业政策和财政政策的政策合力，为贫困地区特色产业和重点项目的开展提供优惠政策扶持。再次，金融机构应积极探索和推广金融"支农"模式，如"金融机构+农民专业合作社贫困地区特色产业""金融机构+农业龙头企业+贫困农户""贫困农户+经纪人+银行+担保公司+龙头企业""金融机构+龙头企业+贫困农户"的农贷模式，实现贫困地区龙头企业、特色产业、贫困农户、金融机构一体化发展。最后，金融机构要积极探索与创新适合特色产业、龙头企业与基础设施和基本公共服务的金融产品，完善新型的抵押贷款方式，如订单质押、仓单质押、应收账款质押和农村集体土地使用权抵押贷款等。

四、积极培育西部农村地区农民金融意识

在公共政策的引导下，加快基层金融教育发展，积极培育西部农村地区现代农民的金融意识迫在眉睫。西部农村地区一方面面临金融供给资金短缺的现状，另一方面金融需求意识不足，缺少正规金融借贷意识等。基层政府应通过多种渠道宣传金融知识，如通过开设金融"支农"服务班，利用广播、电视、宣传栏等媒介工具宣传金融知识和金融政策等形式，加大农村金融产品的宣传和营销力度，逐步培养贫困农户的金融消费观念，增加其信贷需求，提高贫困居民使用和获得现代金融产品及服务的能力，逐步增强贫困农民的金融素质；同时，将金融扶贫政策与人力扶贫政策相结合，在人力资本扶贫培训过程中积极宣传金融信用扶贫文化，培养农户尤其是相对贫困农户的良好金融意识。

第四节 积极优化农村金融的公共政策环境

一、构建西部农村地区资金回流政策环境机制

我国农村资金外流已是不争的事实，政府应积极构建农村资金的回流机制。首先，政府应采取立法手段保障农业发展的增量资金，实现内部良性循环，例如制定农村金融机构服务法，以法律的手段界定农村金融机构的服务范围和职责，切实实施中央一号文件中将金融机构新增可贷资金70%以上留在当地使用的农村金融回流措施。其次，政府应建立西部农村资金回流的激励机制。为调动商业金融、合作金融和社会资本向农村流动的积极性，政府可以实施差别化税率政策，将西部农村地区金融机构的存贷比与减免税和政府奖励相挂钩，实施以奖励代替行政补贴的措施，并且进一步完善西部农村金融的监管机制，防范化解金融风险和引导农村金融资金回流。

二、优化西部农村地区金融生态政策环境

西部农村金融生态环境的优化离不开公共政策的引导和调节，优化的金融生态环境是西部农村地区资金聚集的长效机制。公共政策视角下优化金融生态环境主要体现在农村金融信用体系、农村金融担保体系、农村金融监督体系等方面。地方政府一是应加快西部地区农村信用体系建立。贫困农户由于缺乏贷款担保和抵押品，导致金融机构惜贷行为。为创立良好的信用环境，地方政府应积极推进信用体系建设，全面收集农户信用信息，引导金融机构制定与信用体系相联系的惠农贷款措施，坚持财政扶持贴息政策，构建正向激励机制。二是要按照"政府组织、企业参股、银行托管、市场运作"机制，建立西部政策性农村信用担保体系；建立以政府出资为主体、农民自愿投资入股的互助性担保基金，为政府推动农业项目信贷计划和扶贫救助计划提供贷款担保；鼓励创新担保方式，通过以集体林权、农房、农村土地承包经营权为代表的"三权"抵押贷款等方式，增加抵押担保物来源。三是要建立西部公共政策优化体系下的农村金融监管绩效评估和考核机制，保障农村金融的稳健运行；积极发挥基层中国人民银行的管理职能，强化对基层金融机构的监管作用，不断净化农村金融环境。西部农村地区农村金融发展反贫困的担保机制制度设计见图9-2。

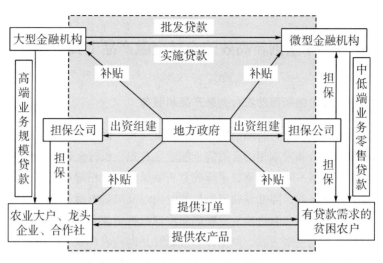

图 9-2　西部农村地区农村金融发展反贫困的担保机制制度设计

三、持续加强西部农村信用环境和信用体系建设

各级政府应加强农村金融风险的抵御意识，规范行政行为，保护农村金融机构的合法经营活动。其一是要强化各部门间的协同配合。政府应与县域内所有农村金融机构、当地中国人民银行、企业及农户协作，构建完善的信用评价体系以及有效的信用激励与惩罚机制，从根本上逐渐改善农村信用环境；通过司法部门，有效实现与相关法律、规划、政策对接，为全面推进农村金融机构产品服务创新提供有效服务和法律保障。税务、公安、工商、银行等部门应积极合作，做好信用数据的收集整理和发布工作，为农村经济和金融发展提供信息收集和查询通道。二是要建立农村中小企业和农户信用评估体系；推进信用档案建设，组建企业和个人信用登记机构，将银行、工商、税务、公安等部门的信用信息汇总登记，纳入统一的信用记录系统，为企业、个人和金融机构了解相关信用状况提供服务，减少农村金融机构因逃、废债而遭受损失。三是要针对涉农企业和农户的信用情况开展金融产品创新，大力发展农户信用贷款，有效降低金融机构的业务运行成本。四是要通过宣传、教育和舆论监督等手段，提高公众的诚实守信意识，建立失信公布制度，对个人及企业失信行为进行公布，对失信人及社会公众起到警示作用；要加大对失信行为的处罚力度，提高失信违约成本。五是持续推进信用工程建设，开展"信用户""信用村""信用乡（镇）""信用工业园区"和"农村青年信用示范户"的创建活动；对于信用良好的客户给予贷款利率、贷款期限的奖励，通过信用个体"示范作用"和"带动作用"，引导潜在客户正确的价值取向，形成诚实守信的社会风气。

第五节　注重创新高效的农村金融产品工具

一、持续优化创新西部农村金融产品和服务

不断改进和创新农村金融信贷产品和贷款流程，由过去的单一供给型信贷配给逐步转向供给和需求相结合的信贷配给。首先，农村金融机构在保证贷款安全的前提下，需不断简化贷款手续放宽贷款条件，为相对贫困的农户提供方便、快捷的信贷服务，降低其获得贷款的时间以及信贷申请过程中的交易成本和风险。其次，农村金融机构要不断创新农户抵押贷款方式。抵押贷款是银行业机构发放贷款的主要方式，而抵押物匮乏又是制约农户获得信贷支持的主要瓶颈。金融机构针对各地区经济发展特点，创新抵押贷款产品类型，拓宽抵押贷款服务范围；积极开展土地抵押、林权抵押、果园抵押、农房抵押贷款；推广农用生产设备、库存商品抵押、仓单质押、订单农业、果蔬打包、应收账款质押等贷款种类。在抵押贷款过程中，金融机构要严格参照抵押贷款操作流程，实行调查、审查、发放和贷后的风险管理，预防抵押物不实、重复抵押和抵押物价值偏离的问题，通过抵押贷款服务的创新与完善，突破贫困地区小额信贷抵押的瓶颈。最后，农村金融机构要严格细分西部农村金融需求，在产业重点、功能业务上界定农村金融信贷产品的功能，并结合相应的财政税收服务政策，创新设计金融产品。

二、重视和优化农村小额信贷产品

我国小额信贷的引进和发展与扶贫政策不可分割。20世纪90年代，在我国实施农村扶贫到村到户战略下，小额信贷在扶贫中成为一种有效的政策工具，如农村信用合作社的小额信贷模式使得很多农户由原来的"贫困户"成了"富裕户"。首先，农村金融机构要坚持使用小额信贷金融扶贫政策工具，真正帮助贫困人群获得收益，以抵御风险和维持生计。其次，农村金融机构要探索建立贷款者主动还款的激励机制，积极尝试分期还款制度或者为按期还款的农户提供优惠利率或者农业服务等对农户产生正向还款激励的方式，保证金融机构资金的良性循环，减少呆账、坏账的比率。最后，农村金融机构要稳定小额信贷利率的调整幅度。利率水平的高低是小额信贷能否成功的关键因素，因此小额贷款利率应在贷款者能够接受的利率水平范围内，参照国家规定的基准利率以及个人商业贷款或房贷利率水平进行浮动。

三、统筹和规范专项扶贫贴息政策工具的管理机制

政府财政专项信贷扶贫贴息资金是国家财政预算安排用于各省份农村贫困地区脱贫的专项贷款贴息资金，是贫困农户扶贫贴息贷款的重要来源，对改善扶贫对象的生活现状、提高自我发展能力发挥着重要作用。基层政府应充分发挥财政专项资金的扶贫引导作用，进一步统筹和规范信贷扶贫贴息资金的管理工作。其一是应统筹信贷贴息资金的层级安排和分账管理。具体来看，基层政府应严格按照财政专项扶贫资金的管理办法进行预算和分配，由财政部统一负责财政专项扶贫资金的预算、拨付、管理和监督检查，贴息资金要存入财政扶贫资金专户，实行专账管理。二是要增加扶贫资金的管理透明度、加强公平性，实施扶贫贴息资金的公告和公示制度，对挪用、虚报、截留的单位和个人按照相关法规进行惩罚，如有结余可以结转下年度继续用于扶贫补贴。三是要深化扶贫贴息贷款改革，进一步发挥信贷资金在扶贫中的作用；增强金融机构的积极性；提高贴息贷款对贫困农户的信贷扶持和自主发展生产的能力，防止贴息贷款的逆向选择。

四、持续提高农业保险的风险分担能力

农村金融机构要大力完善广大西部地区农村保险的功能，这不仅可以增强贫困农民抵御风险的能力，降低自然灾害和大疾病等因素对农民收入和生活条件的影响，还可以扩大扶贫资金的效能作用，实现以保费补贴形式投入财政资金使其成倍发挥功能的效用，更多地汇集相对贫困农户。相关部门一是要鼓励保险机构积极构建适应农业保险业务发展需要的基层服务体系，引导保险机构到农村地区设立基层服务网点，下沉服务重心，构建农村保险服务网络，加快对农村服务网点的建设和基层保险人员的培育，努力形成"以县支公司为龙头、以乡镇服务网点为依托、以驻村协保员为延伸"的基层服务网络系统。二是要科学确定农业保险保费补贴机制，鼓励西部地区有条件的地方政府结合财力加大财政补贴力度，积极构建农业保险与金融信贷的联结机制，鼓励金融机构对投保农业保险的农民和农业生产经营组织加大信贷支持力度；积极鼓励地方政府探索开展地方特色农产品保险以奖代补政策试点，改善农业保险政策的激励机制，提升农业保险机构和农户的参保热性和普及率。三是要拓宽农业保险险种；合理确定农业经营主体承担的保费水平。四是要落实农业保险大灾风险准备金制度，完善农业再保险体系，逐步扩大农业大灾保险、完全成本保险和收入保险试点范围。

五、大力推动农村科技金融应用推广

相关部门要进一步在广大西部农村地区推动和规范"互联网+金融"的发展，积极运用大数据、区块链等技术，提高涉农信贷风险的识别、监控、预警和处置水平。其一是要依据客户需求开发与设计金融产品和业务，如运用手机银行、网上银行和电话银行完成资金查询、消费购物、投资理财和转账汇款等业务，从而缓解农村地区金融物理网点不足的问题。二是要加强互联网金融的线下代理设立，发展如药店、邮局、杂货店、便利店等代理商；不断增加代理商数量和扩充代理业务种类；通过互联网金融"线上+线下"融合发展，更好地向广大农民提供金融服务。三是要让互联网金融与电子商务深度融合，鼓励金融机构开发针对农村电商的专属贷款产品和小额支付结算功能，打通农村电商资金链条，为农民提供广阔的市场。四是要加强涉农信贷数据的积累和共享，通过客户信息整合和筛选，创新农村经营主体信用评价模式，在有效做好风险防范的前提下，逐步提升发放信用贷款的比重。

第六节　强化金融保障，发挥公共政策合力

发展经济学认为，政策和制度的供给与土地、资金、技术和人力资本等生产要素同样具有稀缺性。反贫困作为政府公共领域范围内的职责，公共政策供给在满足贫困地区现实需要的同时，为弥补原有政策漏洞需要不断颁布新的政策措施，在实施的过程中会出现新的漏洞，需要对政策不断调整和修改。在农村金融反贫困领域尤其需要在财政税收、补贴和奖励政策等方面给予西部农村金融更大的帮扶和优惠，有效调动西部县域金融机构"支农"积极性。

一、注重发挥货币政策资金引导作用

货币政策对金融资本的投放领域和方向具有重要引导作用，因此西部地区农村金融的发展应重视货币政策的导向作用。相关部门一是要加强对扶贫再贷款的发放管理，有效发挥其扶贫效应。扶贫再贷款作为中央在金融扶贫领域推出的一项重要举措，比"支农"贷款的利率还要优惠1个百分点，并且实际使用期限最长可达5年，为地方法人金融机构提供了成本较低、期限较长的资金来源。因此，金融管理机构和相关部门应严格管理"扶贫再贷款"的投放方向、利率上限、申请条件和账户设置，保障贷款用于贫困领域、贫困产业和

贫困人群。二是应扩大"扶贫再贷款"的使用范围，将贫困县内有法人授权的金融机构都纳入申请使用的范围，避免由于一些贫困县金融机构过少而贷款投向缺乏竞争以及贷款使用效率较低的问题。三是要加大"支农"再贷款、再贴现、差别存款准备金率的支持力度，激励和引导金融机构加大对贫困地区的信贷投放力度。一方面，涉农金融机构应严格管理"支农"再贷款的发放利率、投放方向和效果评估，采取激励约束手段，引导金融机构将"支农"再贷款用于"三农"和扶贫领域；另一方面，涉农金融机构应通过再贴现业务支持涉农企业和农户生产发展，通过加大对涉农企业和地方实体经济的扶持力度，为涉农企业提供资金支持。

二、完善农村金融反贫困的财政扶持政策

相关部门要发挥财政政策杠杆作用，注重财政政策和金融政策的互补互促，推进财政税收减免、财政补贴和财政奖励等措施。近年来，我国政府在农村金融发展方面实施了一系列的反贫困公共财政扶持政策，通过强化财政政策对金融机构行为的政策引导，实现对农村金融资源和机构的优化配置及"支农"扶贫的目的。

（一）注重财政税收政策的引导作用

为鼓励西部农村金融机构的发展，财政和税收等部门更需重视税收对农村金融机构的引导作用：对县域以下农村金融机构，如农村信用合作社、村镇银行等，对贷款利息获得的营业税采取免征和优惠政策；降低农村金融机构在中国人民银行的贷款准备金比例，在计算应纳税所得额时给予扣除政策优惠，如为鼓励农村金融机构对农户提高贷款比重，对发放小额贷款的利息收入三年免征营业税，并在计算应纳税所得额时按90%计入收入总额；为引导农村保险业务的发展，对县域以下地区的农村合作社银行和农村商业银行的金融保险业收入减按3%的税率征收营业税，应进一步发挥财税减免政策对金融机构信贷行为的正向政策引导作用。

（二）充分发挥财政补贴政策的补助作用

相关部门应对符合条件的新型农村金融机构和金融服务基础薄弱地区的银行业金融机构给予定向费用补贴，缓解农村金融机构开办初期的资金压力；鼓励农户参加农业保险，为投保农户提供一定保费补贴，如促进对县级金融机构贷款余额增长额度达到一定标准，且年末农村金融机构的存贷比高于50%的机构，财政部门给予一定的定向费用补贴政策，以及将西部地区的2 255个基础金融服务机构全部纳入补贴范围。这些政策激励措施能够积极引导与鼓励金融资源流向西部地区。

（三）强化财政奖励政策的激励作用

相关部门通过设立金融机构涉农贷款增量奖励试点，当县域金融机构的涉农贷款余额同比增长超过一定比例时，对相关金融机构给予一定的财政奖励，奖励资金由中央及地方财政分担，促进农村金融资源支持"三农"领域发展，激励各地金融机构扩大涉农贷款的投放范围。如在东、中、西部地区，中央及地方财政分担的比例分别是3：7、5：5、7：3，对西部地区的县域金融机构给予一定的政策倾斜。我国部分农村金融反贫困政府扶持政策措施一览见表9-1。

表9-1 我国部分农村金融反贫困政府扶持政策措施一览

政策名称	政策针对对象	政府农村金融扶持政策的主要内容
《国务院办公厅关于当前金融促进经济发展的若干意见》	涉农坏账	放宽金融机构对涉农贷款的呆账核销条件，授权金融机构对符合条件的涉农贷款进行重组与减免
《中国人民银行 中国银行业监督管理委员会关于加快推进农村金融产品和服务方式创新的意见》	涉农贷款风险补偿制度，保险补贴金制度	补偿涉农金融机构由于自然风险和市场风险等原因形成的信贷损失，或对涉农企业与农户的贷款实行贴息；为提供涉农业务的保险公司和参保企业与农户提供保费、经营费用和超赔补贴
《财政部关于印发〈中央财政种植业保险保费补贴管理办法〉的通知》	农业保费定向补贴	对投保的农户、龙头企业、专业合作经济组织提供补贴
《国务院办公厅关于当前金融促进经济发展的若干意见》	涉农贷款的呆账	放宽金融机构对中小企业贷款和涉农贷款的呆账核销条件。授权金融机构对符合一定条件的中小企业贷款和涉农贷款进行重组与减免
《财政部 国家税务总局关于城市和国有工矿棚产区改造项目有关税收优惠政策的通知》（已废止）	农业贷款余额定向补贴	贷款公司、农村资金互助社：贷款平均余额同比增长达到原银监会监管指标；村镇银行：贷款平均余额同比增长、年末存贷比>50%；西部地区2 255个基础金融服务薄弱乡镇设立的各类金融机构纳入补贴范围
《财政部关于修改〈国家农业综合开发资金和项目管理办法〉的决定》	农村金融监管优惠	暂时减免农村信用合作社、农村合作社银行、农村商业银行三类新型金融机构以及中国农业银行"'三农'金融事业部"的银行业监管费用

表9-1(续)

政策名称	政策针对对象	政府农村金融扶持政策的主要内容
《财政部 国家税务总局关于中国农业银行"三农"金融事业部试点县域支行涉农贷款营业税优惠政策的通知》（已废止）	农业贷款余额定向奖励	对涉农贷款增长超过15%部分的2%给予奖励；对涉农贷款平均余额增长超过15%的县域金融机构，且对年末不良贷款率>3%的县域金融机构，不予奖励。奖励资金在东、中、西部中央和地方分担比例分别为3:7、5:5、7:3
《关于鼓励县域法人金融机构将新增存款一定比例用于当地贷款的考核办法(试行)》	涉农金融机构	对于可贷资金>70%用于当地贷款的县域金融
《财政部 国家税务总局关于延长金融企业涉农贷款和中小企业贷款损失准备金税前扣除政策执行期限的通知》	涉农金融机构	金融机构涉农贷款计提的贷款损失专项准备金准予在计算应纳税所得额时予以扣除的政策
《财政部 国家税务总局关于延长农村金融机构营业税政策执行期限的通知》	农业保险税收优惠	对县域以下地区的农村合作社银行和农村商业银行的金融保险业收入减按3%的税率征收营业税
《中国人民银行关于推广银行卡助农取款服务的通知》	银行卡助农取款服务	在农村乡（镇）、村的指定合作商户服务点布放银行卡受理终端，向借记卡持卡人提供小额取款和余额查询的业务
《财政部 国家税务总局关于保险公司农业巨灾风险准备金企业所得税税前扣除政策的通知》（已废止）	农业保险税收优惠	保险公司经营财政给予税费补贴的种植业险种，按保费收入>25%比例的巨灾风险准备金，准予在企业所得税前据实扣除
中华人民共和国国务院令（第629号）	农业保险	农业保险大灾风险分散机制，鼓励地方人民政府建立地方财政支持的农业保险大灾风险分散机制；保险费补贴，地方人民政府采取由地方财政给予保险费补贴等措施
《国务院办公关于金融服务"三农"发展的若干意见》	整合放大服务"三农"能力	深化中国农业银行"'三农'金融事业部"改革试点，探索商业金融服务"三农"的可持续模式；推行"一次核定、随用随贷、余额控制、周转使用、动态调整"的农户信贷模式；完善保费补贴政策，提高中央、省级财政对主要粮食作物保险的保费补贴比例，逐步减少或取消产粮大县的县级保费补贴；对涉农贷款占比高的县域银行业法人机构实行弹性存贷比；开展政策效果评估

表9-1（续）

政策名称	政策针对对象	政府农村金融扶持政策的主要内容
《财政部关于印发〈农村金融机构定向费用补贴资金管理办法〉的通知》	新型农村金融机构和西部基础金融服务薄弱地区银行业金融机构（网点）	当年贷款平均余额同比增长、村镇银行的年均存贷比高于50%（含）、当年涉农贷款和小微企业贷款平均余额占全部贷款平均余额的比例高于70%（含）的，财政部门按其当年贷款平均余额的2%给予补贴
《财政部 国家税务总局关于延续并完善支持农村金融发展有关税收政策的通知》（已废止）	金融机构农户小额贷款的利息收入	对金融机构农户小额贷款的利息收入，免征增值税；对金融机构农户小额贷款的利息收入，在计算应纳税所得额时，按90%计入收入总额；对保险公司为种植业、养殖业提供保险业务取得的保费收入，在计算应纳税所得额时，按90%计入收入总额
《中共中央 国务院关于深化供销合作社综合改革的决定》	供销合作社农村合作金融服务	按照社员制、封闭性原则，在不对外吸储放贷、不支付固定回报的前提下，发展农村资金互助合作
《国务院关于印发推进普惠金融发展规划（2016—2020年）的通知》	普惠金融发展	完善、用好普惠金融发展专项资金，发挥财政资金杠杆作用
《中国人民银行 银保监会 证监会 财政部 农业农村部关于金融服务乡村振兴的指导意见》	金融服务乡村振兴	专项金融债券，支持地方政府根据乡村振兴项目资金需求，试点发行项目融资和收益自平衡的专项债券；建立农业补贴、涉农信贷、农产品期货（权）和农业保险联动机制，形成金融"支农"综合体系；探索开展地方特色农产品保险以奖代补政策试点
《人力资源社会保障部 国家开发银行关于开展开发性金融支持劳务协作有关事项的通知》	开发性金融支持劳务协作	吸纳劳务协作对口地区劳动者达到一定规模的企业可向当地国家开发银行提交劳务协作贷款申请，国家开发银行为参与劳务协作的企业提供人民币贷款，给予优惠贷款利率。对于劳务协作贷款项目，贷款利率原则上不高于同期LPR（贷款市场报价利率），优惠期限不超过3年
《中国人民银行 中央农办 农业农村部 财政部 银保监会 证监会关于金融支持新型农业经营主体发展的意见》	新型农业经营主体	继续运用差别化存款准备金、再贷款再贴现等货币政策工具，支持银行业金融机构扩大对新型农业经营主体的信贷投放；对新型农业经营主体信贷支持力度较大的银行业金融机构，在降低经济资本风险权重等政策方面加大倾斜力度；对金融机构向家庭农场、农民合作社、农业社会化服务组织等新型农业经营主体发放小额贷款，符合条件的可按规定享受现行税收优惠政策
中国人民银行、中国银行业保险监督管理委员会公告〔2021〕第7号	金融机构服务乡村振兴考核评估	金融机构服务乡村振兴考核评估定量指标包括贷款总量、贷款结构、贷款比重、金融服务和资产质量五类，定性指标包括政策实施、制度建设、金融创新、金融环境、外部评价五类

这些财政优惠政策为促进我国西部农村金融反贫困发展起到了一定的积极作用，但仍需加大优惠政策力度，为我国反贫困事业发挥更大的激励作用。同时，我国政府部门应更加重视公共政策的效果评估，构建农村金融反贫困的效果评估机制，定期对制定的农村金融政策执行情况和预期效果进行理论评估和实践评估，通过政策评估结果为政策优化调整提供政策依据。

三、建立健全差异化的农村金融监管政策

为培育和鼓励农村金融机构持续发展，金融监管政策需要与城市金融的监管方式及标准具有一定差异化，对县域农村金融机构的监管给予一定的政策倾斜，促进西部地区农村金融机构发展。这一是要提高贫困地区不良贷款容忍度。由于贫困地区金融机构信贷风险较高，通过降低西部地区的不良贷款容忍度可以保障金融机构扶贫贷款投放动力。具体而言，监管部门可以依据贫困地区金融机构信贷风险、成本和核销状况，差异化考核不良贷款率等监管指标，激励金融机构持续发放扶贫贷款、"支农"贷款的行为。二是创新并落实信贷尽职免责制度。金融机构可制定针对贫困地区客户群体尽职免责的办法，若授信部门和授信工作人员在严格规范贷款流程和杜绝"人为制造容忍度"的前提下，仍出现了授信风险，则可以免除授信部门和授信工作人员的合规责任。三是适当放宽贫困地区金融机构的存贷比监管标准，对不良贷款率和资本充足率等指标实行差异化监管；暂免农村信用合作社、农村合作社银行和农村商业银行等农村金融机构的银行业监管费用，放宽金融机构对涉农贷款的呆账核销条件，为农村金融机构发展提供相对宽松的政策环境。

第十章　新时代农村金融助力
乡村振兴的政策思考

2020 年，我国脱贫攻坚战取得了全面胜利，完成了消除绝对贫困的艰巨任务。在这样一个大背景下，农村金融反贫困是否还有继续提的必要？本书认为，即便脱贫攻坚战取得了全面胜利，但考虑到交通区位、地理环境、资源禀赋等因素对区域发展的制约，未来很长一段时期，在西部地区的民族地区、集中连片山区的反贫困和全面实现乡村振兴的任务仍然艰巨。这就意味着，新时代农村金融助力脱贫和乡村振兴仍然十分必要。在乡村振兴的过程中，需要人力、财力和物力等多方面的资源要素支持，无论是基础设施建设还是产业发展都需要大量的资金投入。这就需要金融机构为乡村振兴提供资金和金融服务，让市场在资源配置中充分发挥主体作用，一方面要保证农村金融机构的安全性、流动性和营利性，另一方面要提高农村金融的运行效率，使得农户和农业产业、农村基础设施的发展更加完善。农村金融支持乡村振兴的目标是以最大限度地满足乡村振兴资金需求为核心，通过建立、健全金融支持体系和运行机制，优化配置金融资源，结合乡村振兴发展过程中的规律和特点，加快农村现代化进程，促进乡村的健康和全面振兴。

第一节　西部地区乡村振兴对农村金融需求的新变化

乡村振兴包括乡村产业、生态、治理、民生、乡风等多方面，是一项复杂而艰巨的任务。其中最重要的是产业振兴，只有实现产业兴旺，农民才能富足，才能实现全面小康。乡村振兴必须要有农村金融的支持才能实现，健全完善的农村金融体系能够为乡村发展提供更广泛、更丰富的投融资渠道，将更多的金融资源引进乡村地区，这样才能更好地满足乡村地区基础设施建设的需要、农业产业发展的需要以及生态环境建设等各方面对金融服务的需要。因此，乡村振兴对农村金融的需求也是系统性的。

一、农村金融需求主体呈现多元化、规模化

（一）农村金融需求主体发展转变

随着乡村振兴的发展和产业振兴的规模化发展，农业产业发展的模式和规模不断丰富扩展，种植大户、家庭农场、农业企业、农业专业合作社等新型农业生产主体的快速发展，促使农村金融需求主体由脱贫时期的贫困户和农民个体向新型农业经营主体转变。同时，伴随着多种农业生产主体的发展，农业经营模式也进一步多元化发展。农业生产经营模式从传统的以农户为主的单一模式，发展到新型农业经营主体及其互相结合的灵活多样的模式，如"农户+合作社""农户+公司""农户+合作社+公司""农户+合作社+社会化服务组织"等多种生产经营模式逐步发展壮大。与传统农业的小户、散户相比，新型农业经营主体更具组织化、规模化和专业化经营优势。随着新型农业经营主体的生产经营专业化和规模化发展，资金需求、融资需求也将大大增加，这就需要农村金融机构将小农户与新型农业经营主体作为重要融资对象和服务"三农"的重点客户群体。

（二）农村人口分化产生新的需求主体

随着城镇化和农民工市民化发展，新市民的发展也促使农村金融的需求对象发生调整。一方面是农村中青年成为农村金融需求的主要群体，随着这部分人群的城镇化发展，其消费、储蓄和投资的偏好发生了根本性转变；另一方面是部分进城务工人员选择返乡创业的趋势增加，这部分群体在创业初期需要符合特定需求的信贷服务和贷款方式灵活的信贷产品。此外，留守农村的老龄人口需要与之匹配的金融服务。

二、农村金融信贷规模大额化、长期化

按照"产业兴旺、生态宜居、乡风文明、治理有效、生活富裕"的总要求，这五个方面都需要大量的农业基础设施投入、建设和维护，涉及经济、生态环境和社会等多个方面。其中，随着农业产业集聚发展和农业一二三产业融合发展，"三农"对金融的需求将不断增加。2019年发布的《中国人民银行 银保监会 证监会 财政部 农业农村部关于金融服务乡村振兴的指导意见》明确提出，要满足农田水利、农业科技研发、高端农机装配制造、农产品加工业、智慧农业产品技术研发推广、农产品冷链仓储物流及烘干等现代农业重点领域的

合力融资需求，推动休闲农业、乡村旅游、特色民宿和农村康阳等产业发展，加大对现代农业产业园、农业产业强镇等金融支持力度。随着乡村振兴过程中新兴产业的经营主体的规模化、集约化程度越来越高，并结合土地入股、土地流转、农业生产资料的集中采购和现代农业生产技术的使用，农业生产资本密集程度越来越高，将逐步向规模经营、产业集聚的方向发展。传统的"小额、短期、分散"的金融服务只是为了满足个体农户季节性、临时性、周转性的需求，乡村产业振兴过程中对金融的需求呈现出长期的、集中的、大额的资金需求以及投入性、持续性、固定性的需求。

三、农村金融产品需求多样化、复合化

随着乡村振兴助推农业生产方式的转变，一是生产性金融需求成为农村金融的需求主体。与传统农业生产相比，农户更需要规模大、期限长和金额稳定的生产性农村金融信贷和保险产品，生产性金融在经营方式上涉及农业一二三产业，包括农副产品的加工和流通、农机农资的生产和销售、农业科技的研发和推广等各个方面，贯穿了整个产业链、价值链。在从业主体上，则包括传统农户、新农民、家庭农场、产业化龙头企业、农民合作社等各类主体。在生产领域上涉及种植业、林业、畜牧业、养殖业等不同产业类型的资金需求。由此可见，信贷产品由原来简单的存、贷、汇服务拓展至贴现、理财咨询、期货、资信评估、保险等多种金融产品，不同的需求主体对农村金融机构的贷款条件、贷款流程、贷款方式提出了多元化的市场需求。各种贷款需求对金融机构的信用评级、贷款抵押、担保等相关服务也提出更高要求。二是消费性金融需求增加。随着农民生活水平的提升，农民在城镇购房、购车等方面的小额消费支出增加，投资和理财意识逐步增强，这也需要农村金融市场不断完善以满足农户新的消费需求。

四、农村金融服务需求网络化、信息化

随着农业产业化发展，一方面农业经营主体的市场交易活动更加频繁，农户对转账汇款、代收代付、交易结算等金融服务的需求增加，网络化、便捷化的金融服务更加适合西部地区的交易需求，成为农业经营主体日益增长的支付结算要求。互联网金融为农业经营主体提供的信贷、保险和期货等金融服务，让普通农户能够享受到便捷丰富的金融服务。另一方面，在乡村振兴产业振兴过程中，农业一二三产业的经营规模、地域范围以及覆盖的产业链比传统的小农生产都有了极大地扩展。由此产生的资金流规模更大、范围更广，包括产业

链上下游的资金流动、国内外各市场的资金结算，这就要求农村金融机构有相应的互联网、大数据信息处理平台，更强大的资金支付结算能力，向各类农业经营主体提供信息化、网络化、全方位、全流程的信息和结算服务。

五、重点领域的农村改革金融需求扩大化

农村各领域改革的推进也对农村金融发展提出新的需求。一是农村承包土地经营权改革促进抵押贷款需求增加。从 2014 年开始，我国在各个省份试点并逐步全面推进承包地经营权登记颁证工作，并初步建成全国信息应用平台。农村承包土地经营权的改革为农村金融机构开展土地经营权抵押贷款奠定了财产抵押和法律认证基础。乡村振兴战略的深入推进，将助推农户抵押贷款的需求不断增加，通过完善农村产权教育中心或土地流转中心等平台，农村承包土地经营权和农民自建住房财产权抵押贷款的基础条件更加完善，有利于推进"两权"抵押、担保和转让，为农户和新型农业经营主体增加融资渠道，扩大经营规模提供有效支撑。二是农村集体产权制度改革推进新的金融需求产生。农村集体产权制度改革逐步推动集体经营性建设用地使用权、集体资产股份等依法合规抵押，加大对具有独立法人地位、集体资产清晰和现金流稳定的集体经济组织的金融支持力度，将促进农村土地资产和金融资源的有机结合，符合条件的集体经济组织将产生越来越多的金融需求。三是集体经营性建设用地入市促进新的金融需求。2020 年国家发展和改革委员会发布了《2020 年新型城镇化建设和城乡融合发展重点任务》，提出要全面推动农村集体经营性建设用地直接入市，并出台农村集体经营性建设用地入市指导意见，农村集体经营性建设用地入市后不仅能够在一级土地市场出让、租赁和入股，还将增加土地在二级市场上的转让、出租和抵押价值，从而带动农村集体经营性建设用地的融资等金融需求。

第二节　西部地区农村金融助推乡村振兴的政策重点

一、统筹金融精准扶贫与乡村振兴金融服务衔接工作

随着脱贫攻坚战的全面胜利，我国开始重点统筹精准扶贫与乡村振兴的衔接工作，积极发挥农村金融在扶贫和乡村振兴中的作用。一是加大农村金融服务乡村振兴的政策支持力度。2019 年银保监会出台了《中国银保监会办公厅关于做好 2019 年银行业保险业服务乡村振兴和助力脱贫攻坚工作的通知》，与

此同时，中国人民银行等五部门联合发布了《中国人民银行 银保监会 证监会 财政部 农业农村部关于金融服务乡村振兴的指导意见》，从政策衔接、金融服务和金融改革等领域明确了政策衔接和政策支持的工作重点，指明了金融服务乡村振兴的发展目标，以及到 2035 年和 2050 年的中长期目标，指出未来农村金融将以市场化运作为导向、以机构改革为动力、以政策扶持为引领、以风险防控为底线的原则，加大农村金融对乡村振兴的资金保障力度。二是强化农村金融对精准扶贫与乡村振兴的政策衔接。政府部门要持续保持金融精准扶贫的保障，通过用好用足扶贫小额贷款、农户小额信用贷款、创业担保贷款、助学贷款、康复扶贫贷款等金融优惠政策，满足其生产、创业、就业和就学等贷款需求，积极推动金融扶贫、产业扶贫、产业振兴相结合，加大对脱贫户的扶持力度；同时要重点做好新型农业经营主体和小农户的金融服务，注重针对不同主体建立分层分类的金融支持体系，提高农户和新型农业经营主体的融资可得性。

二、健全适合乡村振兴发展的农村金融体系

我国要健全适合乡村振兴发展的农村金融体系，要坚持以服务"三农"为基本方向。一是鼓励开发性、政策性金融机构为乡村振兴提供中长期信贷支持。在现阶段乡村振兴过程中，国家开发银行充分利用其开发性金融机构的定位，以及服务国家战略、市场运作和保本微利的优势，加大对乡村振兴的支持力度。相关部门要发挥好中国农业发展银行对乡村振兴的服务功能，准确定位，执行国家惠农政策，维护农户的相关利益，充分发挥服务功能，为乡村振兴提供长期性、开发性资金，进一步引导农业产业结构调整，强化农业农村优先发展投入保障；要进一步建立健全政策性金融机构的法人治理结构、激励约束机制、绩效考评机制等经营管理机制；要切实贯彻货币扶持政策，充分发挥乡村振兴的政策性金融支持的功能和作用。二是进一步发挥中国农业银行的国有银行优势，拓展"支农"业务，充分发挥"'三农'事业部"服务乡村振兴的机构职能和业务整合，继续加大对乡村振兴的支持力度，进一步加大对高标准农田、交通设施、通信和物流等领域的中长期信贷支持力度，重点支持农村人居环境整治和促进乡村旅游提质增效。三是强化中小金融机构"支农"主力军作用。农村信用合作社、农村商业银行、农村合作银行要始终坚持服务县域、"支农""支小"的市场定位，保持县域农村金融机构法人地位和数量的总体稳定，将本地区新增可贷资金用于县域经济发展，注重存贷比和县域贷款在资产占比中保持合理水平。四是强化村镇银行"支农""支小"定位。推动

村镇银行进一步向乡镇村延伸服务触角，试点组建投资管理性村镇银行和农业生产服务性村镇银行，提升村镇银行对农业产业化经营的信贷支持力度和生产服务作用。

三、明确农村金融支持乡村振兴的重点领域

我国要结合乡村振兴的重点领域提升农村金融产品和服务能力。一是强化金融产品和服务创新。金融机构要着力推出农民用得着、用得起的金融产品，与农业企业和农产品交易系统对接，探索开发信用类金融"支农"产品和服务，积极研发额度小、频率高和季节性强的特色农贷产品和投资理财产品，增加农户的财产收益；积极且充分运用"三权"抵押（农村土地承包经营权、林权、农房）等抵押质押方式，并在此基础上结合各地实际情况、产业特点，创新更丰富、更灵活的抵质押方式，如大力开展保单质押贷款、农机具和大棚设施抵押贷款业务。二是要重视和满足客户的需求。金融机构要根据自身风险管理能力，优化金融服务流程，运用互联网等技术下放信贷审批权限，推出手续简便、价格低廉的金融服务，通过合理确定贷款额度、利率和期限缓解农户的资金压力，增加农村金融机构的客户黏性，从而提高农村金融支持乡村振兴的效率。三是扩大小农户小额信用贷款覆盖面。金融机构要支持返乡创业人员、大学生、专业军人、科技特派员等乡村振兴过程中的农业新兴群体的"三农"发展，加大对农村创业担保贷款的支持力度。四是加强农村金融基础设施建设。在可持续发展的前提下，金融机构要逐步提升农村地区的金融支付服务水平，大力推动移动支付方式在农村的普及，从服务生活向服务农业生产、农村生态延伸；积极推广符合农村、农业和农民需要的移动支付产品，支持助农取款服务与信息进村、电商和社保等工作合作共建。

四、推动金融政策与乡村振兴政策的配合实施

相关部门要综合运用信贷、"支农"再贷款、农业补贴贴息、准备金率差异化、奖励补助、税收优惠、差异性监管等政策，形成一系列有效激励与严格约束相结合的宏观政策，给农村金融机构提供稳定的政策支持。一是要积极发挥货币政策的作用。相关部门要利用各种货币政策工具，实现货币政策对乡村振兴的支持；通过差别化的存款准备金工具引导金融机构加强对乡村振兴的金融支持，如对贷款中支持乡村振兴达到一定额度或比例的商业银行提供较低的差异化存款准备金率，使其将增量用好、将存量盘活，释放更多资金支持乡村振兴；合力确定再贷款、再贴现的期限、额度和发放时间，提高涉农资金的使

用效率，确保"支农"再贷款资金全部用于发放涉农贷款，支持农业实体产业发展。二是要更好地发挥财政"支农"撬动作用。相关部门要有效发挥县域金融机构涉农贷款增量奖励政策和补贴政策，根据各地实际情况设置相应的补贴费率；若补贴率过高，会增加政府的财政压力，若补贴率过低，则不会真正发挥支持农户贷款、支持乡村振兴的实际作用。因此，相关部门需要根据各个地区的实际情况，设定补贴率和奖励额。三是要强化乡村振兴贷款审核。相关部门要严格审核贷款对象、贷款范围、贷款用途，保证将贷款资金落实到乡村振兴的各类经营主体；包括农户个人、家庭农场、农民专业合作社等，使贴息政策惠及各类农业经营主体；加强涉农贷款的贷前检查、贷时审查、贷后检查，确保项目真实可靠，确保金融贷款和优惠政策真正用在乡村振兴的产业发展上。

参考文献

安德鲁，1990. 公共决策 [M]. 唐亮，译. 北京：华夏出版社.

安树伟，1999. 中国农村贫困问题研究 [M]. 北京：中国环境科学出版社.

奥本海默，1993. 贫困真相 [M]. 伦敦：儿童贫困关注小组.

奥斯特罗姆，1995. 制度方针与发展的反思：问题与抉择 [M]. 王诚，等译. 北京：商务印书馆.

白钦先，郭纲，2000. 关于我国政策性金融理论与实践的再探索 [J]. 财贸经济（10）：21-26.

曾伟，刘雅萱，(2014-10-17) [2022-03-26]. 习近平的"扶贫观"：因地制宜"真扶贫，扶真贫" [EB/OL]. http://politics. people. com. cn/n/2014/1017/c1001-25854660.html.

陈庆云，1996. 公共政策分析 [M]. 北京：中国经济出版社.

陈澍，韩俊，2003. 在中国农村创造良好的投资环境：现状和前景 [J]. 农业经济问题（9）：4-11，79.

陈谭，2003. 公共政策学 [M]. 长沙：湖南师范大学出版社.

陈银娥，师文明，2011. 微型金融对贫困减少的影响研究述评 [J]. 经济学动态（4）：130-134.

崔艳娟，孙刚，2012. 金融发展是贫困减缓的原因吗？ [J]. 金融研究（11）：116-127.

戴伊，齐格勒，1991. 民主的嘲讽 [M]. 孙占平，盛聚林，译. 北京：世界知识出版社.

德罗尔，1996. 逆境中的政策制定 [M]. 王满船，等译. 上海：上海远东出版社.

丁志国，谭伶俐，赵晶 .2011. 农村金融对减少贫困的作用研究 [J]. 农业经济问题（11）：72-77.

樊怀义，等，2002. 贫困论：贫困与反贫困的理论与实践 [M]. 北京：民族出版社.

费孝通，1985. 乡土中国 [M]. 上海：三联书店.

费孝通，1986. 江村经济：中国农民的生活 [M]. 南京：江苏人民出版社.

冯海发，李澂，1993. 我国农业为工业化提供资金积累的数量研究 [J]. 经济研究 (9)：60-64.

付利，2006. 马尔萨斯 [M]. 北京：中国财政经济出版社.

国家统计局农调总队《农村贫困问题研究》课题组，1996. 九十年代中国农村贫困标准研究 [J]. 调研世界 (1)：25-29.

韩俊，2003. 推进农村金融体制的整体改革 [J]. 中国金融 (17)：16-17.

何广文，1999. 谈现代合作金融组织的激励机制 [J]. 金融科学 (1)：43-45.

何广文，2005. 中国农村金融发展与制度变迁 [M]. 北京：中国财经经济出版社.

何广文，2014. 中国农村金融供求特征及均衡供求的路径选择 [J]. 中国农村经济 (1)：40-45.

何广文，李莉莉，2003. 农村信用社制度创新模式评析 [J]. 中国农村经济 (10)：37-43.

胡宁生，2000. 现代公共政策研究 [M]. 北京：中国社会科学出版社.

湖南省财政厅，1986. 湘赣革命根据地财政经济史料摘编 [M]. 长沙：湖南人民出版社.

黄建新，2008. 论非正规金融之于农村反贫困的作用机制与制度安排 [J]. 天津财经学院学报 (5)：9-14.

黄宗智，1992. 长江三角洲小农经济与乡村发展 [M]. 北京：中华书局.

黄宗智，1986. 华北的小农经济与社会变迁 [M]. 北京：中华书局.

黄祖辉，刘西川，程恩江，2007. 中国农户的信贷需求：生产性抑或消费性：方法比较与实证分析 [J]. 管理世界 (3)：73-80.

江泽民，(2001-09-17) [2022-04-03]. 扶贫开发要切实解决实际问题 [EB/OL]. https://www.chinanews.com.cn/2001-09-17/26/123193.html.

金峰峰，2005. 在发展中反贫困相对发达地区农村反贫困财政政策选择 [M]. 上海：三联书店.

康晓光，1995. 中国贫困与反贫困理论 [M]. 南宁：广西人民出版社.

拉斯韦尔，卡普兰，2012. 权力与社会：一项政治研究的框架 [M]. 王菲易，译. 上海：上海人民出版社.

李海平，2008. 论我国农村金融政策支持体系的建设 [J]. 中央财经大学学报 (5)：28-31.

李锐，李宁辉，2004. 农户借贷行为及其福利效果分析 [J]. 经济研究 (12)：96-102.

李树生，1998. 略论农业经济成长中的资本投入及融通 [J]. 金融研究 (3)：20-26，59.

李兴江，2005. 中国农村传统扶贫开发的实践与创新 [M]. 北京：中国社会科学出版社.

李延敏，罗剑朝，2006. 农户借贷行为区域差异分析及金融对策 [J]. 农村经济 (11)：60-63.

李彦昌，2004. 城市贫困与社会救助研究 [M]. 北京：北京大学出版社.

李阳，2009. 西部地区农村金融深化中的政府行为研究 [D]. 兰州：兰州大学.

联合国开发计划署，2001.2000 年人类发展报告：中译本 [M]. 北京：中国财经经济出版社.

林闽钢，1994. 中国农村贫困标准的调适研究 [J]. 中国农村经济 (2)：56-59.

林万龙，杨丛丛，2012. 贫困农户能有效利用扶贫型小额信贷服务吗？ [J]. 中国农村经济 (2)：35-45.

林毅夫，1994. 关于制度变迁的经济学理论：诱致性变迁与强制性变迁 [M]. 上海：上海三联书店.

刘达，1994. 略论"农村金融"与"农业金融" [J]. 农业经济问题 (4)：58-60.

刘冬梅，2003. 对中国农村反贫困中市场与政府作用的探讨 [J]. 中国软科学 (8)：20-24

罗楚亮，2012. 经济增长、收入分配与农村贫困 [J]. 经济研究 (2)：15-27.

罗丹，1998. 略论"大推进"理论 [M]. 北京：中国经济出版社.

吕晓英，2012. 中国农业保险发展模式可持续性的模拟研究 [D]. 北京：中国农业科学院.

吕永斌，赵培培，2004. 我国农村金融发展与反贫困绩效：基于 2003—2010 年的经验证据 [J]. 农业经济问题 (1)：54-60.

马尔萨斯，1992. 人口原理 [M]. 朱映，等译. 北京：商务印书馆.

马克思，2004. 资本论：第 1 卷 [M]. 中共中央马克思恩格斯列宁斯大林著作编译局，译. 北京：人民出版社.

马克思，恩格斯，1963. 马克思恩格斯全集：第 15 卷 [M]. 中共中央马克思
　　恩格斯列宁斯大林著作编译局，译. 北京：人民出版社.

毛泽东，1991. 毛泽东选集：第一卷 [M]. 北京：人民出版社.

缪尔达尔，1991. 世界贫困的挑战：世界反贫困大纲 [M]. 顾朝阳，等译. 北
　　京：北京经济学院出版社.

缪尔达尔，2001. 亚洲的戏剧：南亚国家贫困问题研究 [M]. 方福前，译. 北
　　京：北京经济学院出版社.

纳尔逊，1956. 不发达国家的一种低水平均衡陷阱理论 [M]. 北京：商务印
　　书馆.

纳克斯，1966. 不发达国家的资本形成问题 [M]. 谨斋，译. 北京：商务印
　　书馆.

普拉哈拉德，2005. 金字塔底层的财富 [M]. 林丹明，徐宗玲，译. 北京：中
　　国人民大学出版社.

冉光和，1998. 初级阶段中国农村金融基本特征及发展战略研究 [J]. 农业经
　　济问题（5）：45-48.

阮红新，杨海军，雷春柱，2003. 信贷资产分散条件下的风险与收益：对农户
　　小额信用贷款的实证研究 [J]. 管理世界（9）：95-102.

瑞沃林，2005. 贫困的比较 [M]. 赵俊超，译. 北京：北京大学出版社.

萨缪尔森，诺德豪斯，2008. 宏观经济学 [M]. 萧琛，译. 北京：人民邮电出
　　版社.

森，2001. 贫困与饥荒 [M]. 王宇，王文玉，译. 北京：中国商务出版社.

森，2006. 以自由看待发展 [M]. 任赜，于真，译. 北京：中国人民大学出
　　版社.

陕甘宁边区财政经济史料编写组，陕西档案馆，1981. 抗日战争时期陕甘宁边
　　区财政经济史料摘编：第五编 [M]. 西安：陕西人民出版社.

师荣蓉，徐璋勇，赵彦嘉，2013. 金融减贫的门槛效应及其实证检验：基于中
　　国西部升级面板数据的研究 [J]. 中国软科学（3）：31-41.

石雷，1998. 人民币史话 [M]. 北京：中国金融出版社.

石毓符，1984. 中国货币金融史略 [M]. 天津：天津人民出版社.

史清华，陈凯，2002. 欠发达地区农民借贷行为的实证分析：山西 745 户农民
　　家庭的借贷行为的调查 [J]. 农业经济问题（10）：29-35.

世界银行，1990.1990 年世界发展报告：中译本 [M]. 北京：中国财经经济出

版社.

世界银行，2001. 2000/2001 年世界发展报告：中译本 [M]. 北京：中国财经
　　经济出版社.

舒尔茨，1990. 论人力资本投资 [M]. 吴珠华，等译. 北京：北京经济学院出
　　版社.

舒尔茨，1999. 改造传统农业 [M]. 梁小民，译. 北京：商务印书馆.

斯诺，2016. 红星照耀中国 [M]. 董乐山，译. 北京：人民文学出版社.

苏静，等，2013. 农村非正规金融发展减贫效应的门槛特征与地区差异：基于
　　面板平滑转换模型的分析 [J]. 中国农村经济（7）：58-71.

孙若梅，2006. 小额度信贷与农民收入 [M]. 北京：中国经济出版社.

孙天琦，2001. 小额信贷扶贫成功的商洛模式及对农村金融发展的启示 [J]. 农业
　　经济问题（4）：34-37.

索洛，1992. 增长理论 [M]. 冯健，译. 北京：经济科学出版社.

汤森，1997. 英国的贫困关于家庭经济来源和生活标准的调查 [M]. 伦敦：
　　阿伦莱恩和培根图书公司.

滕征辉，2003. 反贫困的金融政策选择 [J]. 商业时代（理论版）（20）：6-7.

童星，2007. 社会转型与社会保障 [M]. 北京：中国劳动社会保障出版社.

童星，林闵钢，1993. 我国农村贫困标准线研究 [J]. 中国社会科学（3）：
　　23-30.

图洛克，2007. 论投票：一个公共选择的分析 [M]. 李政军，杨蕾，译. 成
　　都：西南财经大学出版社.

托达罗，1992. 经济发展与第三世界 [M]. 印金强，等译. 北京：中国经济出
　　版社.

万广华，张茵，2006. 收入增长与不平等对我国贫困的影响 [J]. 经济研究
　　（6）：112-123.

汪三贵，1994. 贫困问题与经济发展政策 [M]. 北京：农村读物出版社.

汪三贵，2001. 信贷扶贫能帮助穷人吗？[J]. 调研世界（5）：20-23.

汪三贵，李莹星，2004. 中国西部地区农村信用社的治理结构、行为与业绩研
　　究 [J]. 农村经济问题（6）：38-42.

王朝明，2008. 马克思主义贫困理论的创新与发展 [J]. 当代经济研究，2008
　　（2）：1-7，73.

王芳，2005. 我国农村金融需求与农村金融制度：一个理论框架 [J]. 金融研
　　究（4）：89-98.

王绍仪，2002. 财政和农村金融 [M]. 北京：中国农业出版社.

王曙光，2009. 民族地区金融反贫困中的资本整合、文化融合与体制磨合：新疆案例 [J]. 农村经济 (11)：3-8.

王曙光，2011a. 金融伦理学 [M]. 北京：北京大学出版社.

王曙光，2011b. 中国的贫困与反贫困 [J]. 农村经济 (3)：3-4.

王曙光，王东宾，2010. 在欠发达农村建立大型金融机构和微型机构对接机制：以西北民族地区为例 [J]. 农业经济问题 (12)：60-63.

王志强，孙刚，2003. 中国金融发展规模、结构效率与经济增长关系的经验分析 [J]. 管理世界 (7)：13-20.

吴国宝，李兴平，2003. 小额信贷对中国扶贫与发展的贡献 [J]. 金融与经济 (11)：7-10.

吴永红，郭晓鸣，2001. 中国农村合作金融的发展与选择 [J]. 中国农村经济 (10)：51-53.

伍艳，余兼胜，2009. 中国农村金融的区域差异性研究 [J]. 农村经济 (1)：60-63.

夏英，1995. 贫困与发展 [M]. 北京：人民出版社.

谢平，2001. 中国农村信用合作社体制改革的争论 [J]. 金融研究 (1)：1-13.

熊德平，2009. 农村金融与农村经济协调发展研究 [M]. 北京：社会科学文献出版社.

薛小玉，李晶晶，2011. 中国共产党成立九十周年金融大事记 [J]. 中国金融 (13)：86.

杨德平，2014. 农村金融范畴新认识 [J]. 中国流通经济 (1)：105-109.

杨俊，王燕，张宗益，2008. 中国金融发展与贫困减少的经验分析 [J]. 世界经济 31 (8)：62-75.

杨秋宝，1995. 走出贫困的抉择 [M]. 西安：陕西师范大学出版社.

杨小玲，2009. 中国农村金融发展与贫困减少的实证研究 [J]. 金融教学与研究 (6)：12-16.

姚海明，张杰，2014. 我国农村金融改革：基于金融供求角度的分析 [J]. 苏州市职业大学学报 (11)：20-25.

姚耀军，2004. 中国农村金融发展水平及其金融结构分析 [J]. 中国软科学 (11)：36-41.

叶普万，2004. 贫困经济学研究 [M]. 北京：中国社会科学出版社.

易纲，赵先信，2001. 中国的银行竞争：机构扩展、工具创新与产权改革 [J]. 经济研究（8）：25-32.

尤努斯，2006. 穷人的银行家 [M]. 吴士宏，译. 上海：三联书店.

张根东，史小宁，2010. 西部农村反贫困范式转换的制度分析 [J]. 商业时代（11）：125-126.

张国庆，2004. 公共政策分析 [M]. 上海：复旦大学出版社.

张杰，2003a. 经济变迁中的金融中介与国有银行 [M]. 北京：中国人民大学出版社.

张杰，2003b. 中国农村金融制度：结构、变迁与政策 [M]. 北京：中国人民大学出版社.

张杰，2005. 农户、国家与中国农贷制度：一个长期视角 [J]. 金融研究（2）：1-12.

张军，2004. 制度、组织与中国的经济改革：改革后中国农村的非正规金融部门：温州案例 [M]. 上海：上海财经大学出版社.

张立军，湛泳. 金融发展与降低贫困：基于中国 1994—2004 年小额信贷的分析 [J]. 当代经济科学，2006（6）：36-42，123.

张元红，2002. 当代农村金融发展的理论与实践 [M]. 南昌：江西人民出版社.

赵冬缓，1994. 中国测贫指标体系及其量化研究 [J]. 北京中国农村经济（3）：3-5.

赵晓菊，刘莉亚，柳永明，2011. 正规金融与非正规金融合作会提高农户期望收益吗？：理论分析和实证检验 [J]. 财经研究（4）：4-14.

中共中央办公厅，国务院办公厅，（2014-1-25）[2022-04-10]. 中共中央办公厅 国务院办公厅印发《关于创新机制扎实推进农村扶贫开发工作的意见》[EB/OL]. http://www.gov.cn/gongbao/content/2014/content_2580976.htm.

中共中央文献研究室，1993. 毛泽东文集：第一卷 [M]. 北京：人民出版社.

中共中央文献研究室，中央档案馆，2011. 建党以来重要文献选编：第七册 [M]. 北京：中央文献出版社.

中央档案馆，1991a. 中共中央文件选集：七 [M]. 北京：中共中央党校出版社.

中央档案馆，1991b. 中共中央文件选集：九 [M]. 北京：中共中央党校出版社.

周彬彬，1991. 向贫困挑战 [M]. 北京：人民出版社.

周小川，2004. 关于农村金融改革的几点思路 ［J］. 经济学动态（10）：10-14.

周小川，2006. 积极推进中国政策性银行的改革和发展 ［J］. 中国金融（10）：6-8.

ARIE K，BERNARD V P，1977. The poverty line：concept and measurement ［J］. The Journal of Human Resources. 12（4）：503-520.

AYRES C E，MYRDAL G，1971. The challenge of world poverty：a world anti-poverty program in outline ［J］. Political Science Quarterly，86（3）：549.

BERHANE，GARDEBROEK，2009. Does microfinance reduce rural poverty? Evidence based on household panel data from northern Ethiopia ［J］. International Association of Agricultural Economists Conference：16-22.

BUCHANAN J，1866. Mr. Buchanan's administation on the eve of the rebellion ［D］. New York：Appleton and Co.

BURGESS R，PANDE R，2005. Do Rural Banks Matter? Evidence from the Indian Social Banking Experiment ［J］. The American Economic Review，95（3）：780-795.

DOLLAR D，KRAAY A，2001. Growth is good for the poor ［J］. The World Bank Policy Research Working Paper：2587.

EDWARD，SHAW S，1973. Financial deeping in economic dvevlopment ［M］. New York：Oxford University Press.

FOSTER，JAMES，THORBECK G，1984. A case of flecompable poverty mersuees ［J］. Econometrica，52：761-765.

GALBIS V，1977. Financial intermediation and economic growth in Less-Developed Countries：A theoretical approach ［J］. Journal of Development Studies，2（13）：300-340.

GILDSMITH R，1969. Financial structure and economic development ［M］. New Haven：Yale University Press.

HIRSCHL R，1993. The link between population density and welfare partici-pation ［J］. Demography，30（4）：607-622.

JALILIAN H，COLIN K，2005. Does financial development contribute to poverty reduction ［J］. Journal of Development Studies，41（4）：636-656.

KHANDKER，SHAHIDUR，1988. Fighting poverty with microcredit：Experience in Bangladesh ［M］. New York：Oxford University Press for the World Bank.

KING R，LEVINE R，1993. Finance and growth：schumpeter might be right ［J］.

Quarterly Journal of Economics, 108 (3): 713-717.

KUZNETS S, 1955. Economic growth and income inequality [J]. American Economic Review, 45 (1): 1-28.

NOEL M, STEPHEN H, 2007. Ralated lending and economic perforence: Evidence from Mexico [J]. The Journal of Economic History, 67 (3): 551-581.

OPPENHEIM, 1993. Poverty: the facts [M]. London: Child Poverty Action Croup.

PAGANO M, 1993. Financial markets and growth: an overview [J]. European Economic Review, 37 (2): 613-622.

RANJAN R, ZINGALES L, 2003. Saving capitalism from the Capitalists: Unleashing the power of financial markets to create wealth and spread opportunity [M]. New York: Crown Business.

RAVALLION M, DATT G, 2001. When is growth pro-poor. Evidence from the diverse experiences of India's states [J]. Policy Research Working Paper Series: 2263.

RONALD I, MCKINNON, 1973. Money and capital in economic development [M]. Washington: Brookings Institution Press.

ROWNTREE, 1901. Poverty: a study of town life [M]. London: Macmillan.

ROWNTREE, LAVERS, 1983. Poverty and the welfare state [M]. London: Longmans. Sen, A.

SABINA, ALKIRE, FOSTER, 2009, Counting and multidimensional poverty measurement [J]. Journal of Public Economics: 476-487.

STIGLITZ J, 1981. Andrew Weiss. Credit rationing in markets with imperfect information [J]. American Economic Review, 71 (3): 393-410.

THORSTEN B, ASLI, ROSS L, 2007. Finance, inequality, and poverty: Cross-country evidence [J]. Journal of Economic Growth, 12 (1): 27-49.

TOWNSEND P, 1979. Poverty in United Kingdom: a survey of household resources and living standard [M]. London: Allen Lane and Penguin Books.

TOWNSEND P, 1993. The international analysis of poverty [M]. Hemel Hempstead: Harvester Wheatsheaf.

VINCENT R J, 1986. John Vincent. Human rights and international relations [M]. Cambridge: Cambridge University Press.

WILSON W, 2009. The study of administration [J]. American Political Science Review, 2 (1): 197-222.

后记

年少求学时，我跟随父母进城，由农村村小转入城市小学就读，深刻感受到城乡之间的巨大差距。之后读大学，我又从中部地区来到西部地区，再次切身感受到地区之间的巨大差异。成长经历中感受到的地区差异和贫富差距，促使我对贫困地区和贫困群众有一种发自内心的特殊感情。每当我到山区农户家里调研和走访时就会发现，困扰农户想要改变生活现状的核心问题是没有启动资金、资金从何处来、担心还不起贷款、有了资金该发展什么产业、产业如何发展壮大等。在脱贫攻坚和乡村振兴过程中，人和资金的问题始终是焦点。

农村金融在配置资源、解决资金供需问题上具有重要作用。梳理农村金融改革发展历程可以发现，它为推进农户反贫困政策起到了积极效用，但仍存在诸多改善的空间，促使我对农村金融反贫困问题展开了更深的探索。农村金融作为现代农村经济资源配置的核心，不仅是众多发展中国家农村经济发展的先导力量和主要推动因素，而且还被证明是缓解贫困行之有效的途径之一。我国政府在不同历史时期均十分重视农村金融的建设与发展，密集出台了一系列农村金融政策，力图实现农村金融发展与农村贫困减缓的良性互动。

因此，本书从公共政策视角出发，对农村金融反贫困问题展开理论与现实研究。由于农业的弱质性和风险性，决定了农村金融存在"嫌贫爱富"的逆向选择和资金外流趋势。我国需要从公共政策供给角度，发挥政府政策引导、调节与分配作用，制定并执行一系列有助于政府提供公共产品、调节社会公共资源配置、促进社会公平和谐发展的公共政策。本书通过对农村金融反贫困政策的变迁历程进行梳理，总结了我国农村金融发展所取得的实践成效和呈现出的时代特征。在此基础上，本书对西部地区相对贫困的状况和农村金融发展的现状进行了总结，深入分析了我国西部地区农村金融发展情况，以及西部地区农村金融在反贫困过程中存在的突出问题。研究发现，西部地区经济不仅和金融发展的现状有关，还与西部地区农村金融反贫困的公共政策优化有关。因此，要发挥我国农村金融在反贫困方面的作用，客观上就需要提升政府公共政策主体能力，改善公共政策客体瞄准机制，优化农村金融公共政策环境，使用高效的公共政策工具，促进西部地区反贫困事业持续发展。我国向全世界做出了消除绝对贫困的郑重承诺，经过几代人的努力，取得了丰硕的成果。

未来，在巩固脱贫成果和助力乡村振兴发展中，我国仍需通过构建完善的农村金融机构组织架构、找到有效的金融产品定位和明确的客户定位、找准符合农村实际的贷款方式等，为农户尤其是相对贫困群体提供资金支持和发展助力，充分发挥农村金融的资金融通与资源配置作用，真正建立起广覆盖、差异化、普惠性的基层农村金融服务网络，形成多层级、多元化、体系化的农村金融组织架构。

由于时间仓促，加之笔者水平有限，本书难免有疏漏之处，恳请各位读者批评指正。

张飞霞

2022 年 5 月